전국교직원노동조합

교육 민주화운동
30년의 기억

전국교직원노동조합

교육 민주화운동
30년의 기억

2022년 4월 15일 처음 펴냄

지은이 이성대
펴낸곳 (주)우리교육
펴낸이 신명철
편집 윤정현
영업 박철환
경영지원 이춘보
디자인 최희윤
등록 제 313-2001-52호
주소 03993 서울특별시 마포구 월드컵북로 6길 46
전화 02-3142-6770
팩스 02-6488-9615
홈페이지 www.urikyoyuk.modoo.at

ISBN 978-89-8040-865-8 03370

전국교직원노동조합

교육 민주화운동
30년의 기억

이성대 지음

교사들이 밀어올린 역사의 수레바퀴,

빛과 소금이었던 자들에 대한 기록

우리교육

교육 민주화운동을 기억하기를

2021년은 한국인들에게 매우 특별한 한 해로 기억될 것 같습니다. 한국인들의 자부심이 이토록 높아진 해는 없었을 것입니다. 대한민국은 7월 2일 유엔무역개발회의UNCTAD 이사회에서 선진국 지위를 인정받았습니다. 가입국 가운데 개도국 그룹에 속했던 나라가 선진국 그룹으로 지위가 변경된 최초의 일이라고 합니다. 1996년 경제협력개발기구OECD에 가입한 바 있으나, 선진국의 위상을 확인할 수 있게 하는 상징적 사건이었습니다. 6월에는 런던에서 열린 G7 정상회의에 문 대통령이 2년 연속하여 특별 초청되었고, 10월에는 로마에서 열린 G20, 26차 유엔기후변화협약 당사국총회 정상회의에 참석하였습니다. 글로벌 펜데믹 상황에서 K 방역은 선진국들의 주목을 받았습니다. BTS가 작년 9월에 한국인 최초로 '빌보드 Hot 100' 1위를 달성한 이후, 통산 19번째 정상을 차지하여 11월 '2021 아메리칸 뮤직 어워드AMA'에서 3관왕을 차지하였습니다. BTS는 제76차 유엔 총회 중간에 유엔 역사상 유례없는 콘서트를 하기까지 하였습니다.

봉준호 감독의 영화 〈기생충〉이 아카데미 상을 받은 데 이어 영화 〈미나리〉로 윤여정 배우가 아카데미 여우조연상을 받았고 연말에는 드라마 〈오징어 게임〉이 넷플릭스 TV쇼 부문 전 세계 1위를 46일간 차지하고 공개 4주 만에 1억 1,100만 가구가 시청하며 넷플릭스 사상 최고 인기 콘텐츠에 올랐습니다.

그러나 이러한 눈부신 성취에도 불구하고 대한민국의 국민은 행복하기만 한 게 아닙니다. SDSN_{United Nations Sustainable Development Solutions Network}의 세계 행복 보고서에 따르면 한국은 국민 행복 지수가 OECD 37개국 중 35위이고, 노인 빈곤율은 34.3%로 평균치보다 3배 높다고 합니다. 2020년 노동자들의 연간 노동시간은 1,908시간으로 멕시코(2,124시간), 코스타리카(1,913시간)에 이어 OECD 38개 회원국 중 3번째로 높았습니다. 근로시간이 가장 짧은 독일은 연간 1,332시간이고, 덴마크(1,346시간), 영국(1,367시간)이 뒤를 이었습니다. OECD 회원국의 평균은 1,687시간으로, 한국의 노동자가 OECD 평균보다는 연간 221시간(9.2일), 독일보다는 576시간(24일)을 더 일하는 셈입니다.

한국의 학생들은 가장 긴 시간 동안 공부에 매달리고 행복 지수, 학업에 대한 흥미도가 가장 낮다고 합니다. 학부모들은 연간 25조 원의 사교육비를 지출하면서 노후 빈곤을 걱정해야 할 처지에 몰리고 있고 교육비를 포함한 양육비 부담으로 신생아 수가 계속 급감하고 있습니다.

문제는 난제들을 해결해 나갈 수 있는 사회 역량이 취약하다는 데에 있습니다. 2021년 6월 로이터저널리즘연구소가 발표한 바에 따르면 한국의 언론 신뢰도는 32%로서 조사 대상 48개국 가운데 38위였습니다. 조사 기관들은 한국 사회의 신뢰 자산이 너무 취약하다고 합니다. 특히 언론인, 정치인에 대한 신뢰도가 가장 낮습니다. 사회의 신뢰 자산의 취약은 일시적 현상이 아닙니다. 오랜 기간 독재 권력과 이에 굴종하는 언론과 지식인들이 허위와 기만의 산을 쌓아온 결과입니다. 독재자들은 교육을 통제하여 학생들에게 독재를 한국적 민주주의로 가르쳤습니다. 언론은 독재정치를 정당화하고 민주주의를 부르짖는 젊은 학생들을 과격 불순분자로 내몰았습니다. 사회의 신뢰 자산을 회복하고 건강한 공론장을 만들어내기 위해서 끊임없이 침식당해 온 민주화운동의 역사를 제대로 갈무리하는 일이 시급함을 알 수 있습니다.

'586 정치인'들이 기득권 세력이 되었다고 비판하는 가운데 어느덧 반독재 민주화운동은 '그 시절 데모 한두 번 참가'쯤으로 희화화되어 역사 허무주의를 낳고 있습니다. 민주화는 얼마나 많은, 이름 없는 희생자들의 피와 땀을 딛고 전진해 올 수 있었던가요? 1989년 결성된 전국교직원노동조합의 교육 민주화운동 과정에서도 수많은 교사가 해직되고 옥살이를 했습니다. 전교조 교사들은 보수 세력으로부터 끊임없이 학생들에게 좌편향 교육을 한다고 비난받았습니다. 개혁을 지지한다는 분들로부터 받는 '전교조가 초심을 잃고 집단 이기주의에 빠졌다'는 지적은 너무도 아픕니다.

교육 민주화운동과 한국교육이 걸어온 길에 대해 나누고 싶은 이야기가 너무나 많습니다! 한국의 교육을 교육답게 혁명하기 위해서는 교사들이 무엇을 개혁하자고 주장했는지, 한국교육이 해결하지 못하고 있는 문제들은 무엇인지 저간의 상황을 같이 살펴보아야 한 걸음이라도 나아갈 수 있을 것 같습니다.

이 책은 현장의 한가운데에 있었던 한 사람의 서술입니다. 직접 관여하지 않은 사실들은 자료에 근거하여 서술하면서 필자의 생각을 정직하게 드러내도록 노력하였습니다. 책의 첫째 마당은 전교조라는 교사 단체가 만들어지는 힘과 전개 과정을 서술하였습니다. 교사들은 더는 독재자들의 노예가 될 수 없다며 '엄석대들의 교실'과 그 뒷배에 맞서 싸웠습니다. 독재정치와 권위주의 학교 문화에 용기 있게 맞섰던 젊은 교사들의 이야기입니다. 이어서 김영삼 정부가 전교조 해직 교사를 복직시키고 '5·31 교육개혁안'을 마련한 이야기가 들어있습니다. 둘째 마당은 IMF 외환위기 국면에 출범한 김대중 정부가 교육 민주화 요구에 부응함과 동시에 민주노총에 노동 유연화 정책에 대한 협상 카드로 전교조 합법화 조치를 단행하고, 교원 정년 단축을 강행했던 이야기입니다. 셋째 마당은 '참여정부와 교사들이 어떻게 소통하고 갈등하였는가'에 대한 이야기입니다. NEIS 시스템, 새로운 교원 정책을 바라보는 시각의 차이, 교육을 바라보는 철학의 차이와 갈등의 원인을 다시 생각해 보려고 하였습니다. 넷째 마당은 10년 만에 다시 집권한 보수의 교육정책과 전교조에 대한 정책을 서술하였습니다. 일제고사와 특목고·자사고 확대로 대표되는 경쟁교육이 전면화되는 가운데 교육감 직선제에 따라 등장한 진보교육감들과의 갈등도 서술하였습니다. 다섯째 마당은 박근혜 정부의 '전교조 없는 나라' 만들기가 폭력적으로 추진되었던 과정과 전교조가 세월호 참사의 아픔을 함께 나누기 위해 노력한 이야기입니다. 여섯째 마당은 법적 지위 회복에 대해 문재인 정부가 취한 태도와 '법외노조화' 무효를 결정한 대법원 판결의 의의를 다루었습니다. 일곱 번째 마당은 그동안 전교조가 투쟁 주체만이 아니라 대안의 기획 주체이기도 하였음을 보여주고, '전교조 조합원 이야기'로 솔직하게 전교조의 모습을 보여주려고 노력하였습니다. 그리고, 그동안 전교조를 소통의 대상으로도 인정하지 않고 배제하려고 생각해 온 또 다른 한국인들의 논리를 살펴보았습니다. 시민의 시대, 평범한 사람들이 사회의 주체가 되어 있는 시대에 대립과 배제의 논리로 사회를 바라보아서는 안 될 것입니다. 이제 한국 사회도 갈등의 확대, 이념의 과잉에서 벗어나야 합니다.

언제부턴가 교육 민주화운동의 역사를 쓰는 것이 내 몫이라는 책임감을 느끼게 되었습니다. '사랑도 명예도 이름도 남김없이 나아가자.' 매 순간 다짐하던 사람들에 대한 기억을 조금이나마 되살릴 수 있기를 소망하였습니다. 제자들에게 항상 해야 할 일을 누구에게 미루어서는 안 된다고 말해 온 역사 교사의 숙명일까요? 이 무모한 결심 때문에 지난 3년은 얼마나 지난한 번뇌의 시간을 보냈는지 모릅니다. 전교조가 조금이나마 한국교육을 개혁해 낸 것이 있을까, 제대로 하지 못했거나 잘못한 점은 무엇일까 수없이 생각해 보는 시간이었습니다.

전국교직원노동조합의 30여 년 교육 민주화운동의 역사는 10만이 넘는 교사들의 이야기이고, 수많은 아름다운 사람들의 이야기입니다. 무엇보다도 해직되는 선생님을 따라서 전교조 지키기, 나아가 사회 운동에까지 뛰어들었던 수많은 젊은 제자들을 잊을 수 없습니다. 수많은 노동조합과 학부모단체, 교육 시민단체들이 어려운 길을 같이 걸어왔습니다.

젊은 정치인 노무현은 전교조가 결성된 직후 공안기관과 수구 언론이 전교조를 좌경집단이라고 서슬 퍼렇게 공격하는 상황에서, "부당하게 정치권력을 거머쥔 자들이 그 권력을 계속 유지해 나가려면 군대, 경찰뿐만 아니라 반드시 언론과 교육이 필요합니다. 그래서 모든 수단과 방법을 총동원해서 (전교조를) 탄압하고 있는 것이지요. 이것을 거꾸로 얘기하면 교직원노조 정당성을 이미 증명하고 있는 것이라고 봅니다."라면서 전교조 창립을 적극 지지하였습니다. 가수 정태춘은 법외노조를 결성하였다는 이유로 노태우 정부가 1,500명이 넘는 교사들을 해직시키고 이념 공세를 퍼부을 때, 전교조 지지 전국 순회공연을 열어 전교조 교사들을 위로하고 격려하였습니다. 유명 연예인 김미화 님은 박근혜 정부가 전교조를 법외노조로 내몰았을 때 이를 철회할 것을 요구하는 시민 집회를 진행하였습니다. 노회찬 의원은 문재인 정부에 전교조의 법적 지위를 조속하게 회복시키라고 요구했고, 수많은 양심적 지식인들이 전교조와 함께 싸웠습니다.

전교조의 교육 민주화운동의 기억을 제대로 갈무리하려는 이 책이 함께 했던 모든 분께 조금이나마 위로가 된다면, 한국의 교사들과 한국의 교육을 좀 더 깊이 있게 이해하는 데에 도움이 되고, 교육을 교육답게 만들어 가는 데에 작은 관심을 불러일으킬 수만 있다면 더 바랄 것이 없겠습니다.

2022년 3월

차례

나 태어난 이 강산에 교사가 되어

고등학교에 들어가 첫 번째 시험을 보던 날, 시험 감독을 들어오신 3학년 담당 국어 선생님께서 나를 부르셨다. 교실 뒤 게시판에 붙여진 시가 눈에 띈 것이다.

등굣길

산기슭 따라 안개가 자욱하게 깔린 아침
얼어붙은 대기 속을 혼자서 걸어간다.
멋쟁이 친구 규남이도
다소곳이 수업을 듣던 순이도 떠나버린 길을
혼자서 걸어간다.
어제 밤사이 쌓인 그리움처럼
서리 새하얗게 내린 길을 혼자서 간다.

3학년 국어 선생님께서 교무실에 기다리고 계셨다. "네가 쓴 시냐? 더 써 놓은 게 있느냐? 가져오면 내가 읽어보고 대학에 있는 내 친구에게 추천하고 싶구나."

소년은 공부 잘한다는 칭찬을 들으며 중학교를 마쳤지만, 집안 형편이 너무 어려워 광주로 유학 가지 못하였다. 이웃 면에 있는 법성상업고등학교에 3년 장학생으로 들어가 공부하게 된 것만도 큰 행운이었다. 날마다 8Km 남짓한 비포장 길을 비가 오나 눈이 오나, 더우나 추우나 자전거를 타고 통학하였다.

그렇게 2년을 마치고 겨울 방학이 끝날 무렵 군산제일고에서 편입생을 모집한다는 라디오 광고를 듣고 한 번도 가본 적 없는 군산을 찾아가 편입 시험을 치렀다. 가방을 메고 집을 떠나는 아들이 2월의 바닷바람을 맞으며 긴 제방을 지나고, 언덕 넘어 신작로 길로 들어설 때까지 어머니는 집 앞에 가만히 서 계셨다. 처음으로 도회지에 있는 인문계 고등학교에서 공부를 시작할 수 있었고 재수 끝에 서울대 사대의 80학번 신입생이 되었다.

새내기는 '날마다 도서관에 가서 맘껏 책을 읽고 실력을 쌓는다. 호연지기를 지닌 좋은 친구들을 사귄다. 사회의 훌륭한 인재가 된다.'는 세 가지 포부를 품고 대학 생활을 시작하였다.

5월 18일 새벽, 넷이 지내던 기숙사 방에서 혼자 잠을 자다가 난폭하게 두드리는 문소리에 잠을 깼다. 문을 여니 철모를 쓰고 손에 곤봉을 든 얼룩무늬 군복이 눈앞에 나타나 다짜고짜 곤봉으로 어깨를 내리쳤다. 아침 6시에 기숙사 앞마당에 집합 당한 학우들은 오후 2시가 될 때까지 영문도 모르고 곤봉에 얻어맞고 군홧발에 옆구리를 차였다.

사흘을 사당동의 작은 아버지 댁에서 끙끙 앓다가 겨우 몸을 추슬러 나온 서울역에는 곳곳에 계엄군이 총을 들고 서 있었다. 가판대에서 사든 동아일보 1면에는 '폭도들의 광주 소요사태'가 기사로 떠 있었다.

온몸에 어혈이 든 아들을 위해 아버지는 뱀술도 가져오고, 복숭아나무 껍질을 담근 술도 주셨다. 마을에는 광주에 갔다가 가까스로 돌아온 사람들이 가져온 살벌한 소문들이 떠돌았다. 23일 오후 조선대 공대 2학년이었던 이웃 마을의 친구 종선이가 더운 날씨를 무릅쓰고 긴 들판 길을 걸어 찾아왔다. 아무 말 없이 집을 나선 우리는 바닷가 모래밭을 걸을 때까지 한마디도 나누지 않았다. "술 마시러 갈까?" 700m 남짓한 간척지 제방을 지나면 전라북도 고창군 상하면 자룡마을이었다. 한낮 2시쯤부터 소주를 마시며 우리는 광주의 참상을 이야기하다 울고 소리쳤다. "세상에 무슨 부귀영화를 누리겠다고 이렇게까지 한다냐. 그 개새끼는 반드시 잡아 죽여야 한당게." "우리 절대로 이 일을 잊지 말자. 학교가 개학하면 친구들에게 호소하고 싸우자." 평생의 다짐을 하였다. 고개를 들어보니 벌써 달이 중천에 떠 있었다. 이제, 그만 가라고 말리는 주막 주인장의 만류에도 계속 술을 마시는 데 마을의 노인 한 분께서 오셨다. "자네들 맘 잘 아네. 우리도 지금 속이 속이 아닌데 이러면 쓰는가? 자네들이 뉘 집 자제들인지 다 아는데 그러지 말고 그만 일어서게. 이럴 때일수록 정신을 차려야지." 타이르셨다. 컴컴한 제방길을 울면서 걸어오는데 계엄령으로 해안에 배치되어 있던 군인들이 "손들어, 움직이면 쏜다!" 노리쇠를 후퇴시켰다가 장전하며 소리쳤다. "그래 쏴라. 살고 싶지도 않다. 느그들이 사람을 그렇게 잘 죽인다면서!" 악을 썼더니 "우리하고 광주 군인들하고 무슨 관계가 있냐!" 한다.

전두환이 기어코 체육관에서 대통령선거를 하여 대통령이 되고서야 대학교는 다시 문을 열었다. 9월 하순 어느 날 밤 도착한 기숙사 마당에서는 오랜만에 재회한 친구들이 모여 술을 마시고 있었고, 기타 소리도 들려왔다.

학생들은 광주의 참상에 대해 잘 알지 못했다. 방학을 앞둔 12월, 늪처럼 가라앉은 교정에 최초의 목소리가 울려 퍼졌다. 도서관 난간에 위태롭게 선 두세 명 선배들이 살인 정권을 타도하자 외치다가 사복 경찰들에게 잡혀갔다.

학생들의 저항은 몇 달 만에 한 번씩 터져 나왔고 시위 대열이 제대로 형성되었을 때도 3, 4백 명을 넘지 않는 학생들이 도서관과 학생회관 주위에서 저항가를 몇 곡 부르고 독재자를 규탄하는 구호를 외치다가 1시간이 채 지나기 전에 진압되는 일이 반복되었다. 제적과 감옥행을 각오한 주동자와 어쩌면 잡혀갈지도 모르는 위험을 감수한 시위 학생들이 잡혀갔고, 그 모습을 지켜본 학생들은 저녁 내내 술을 마셨다. 신문에는 보도가 되지 않거나 찾기도 어렵게 짧은 1단 기사가 나가는 게 고작이었다.

학생들은 광주의 참상에 분노하였고, 침묵하는 기성세대에 실망하면서 더 근본적인 사회 변혁을 생각하게 되었다. 사회과학을 학습하면서 소외되고 있는 노동자, 농민 속으로 들어가 노동조합을 만들고 혁명을 일으켜야 한다고 생각하였다. 3학년을 마친 1982년 겨울, 영등포에 있는 작은 공장에 다니고 있는데 민족교육연구회를 같이 하던 2학년 후배 범연이가 찾아와서 요즈음 아무도 만날 수가 없다고 했다. "야, 다 잡혀갔을 거야. 내일 아침 튀자." 직감했다. 아니나 다를까 다음날 새벽에 일어나 머리를 감고 있는데 사복들이 들이닥쳤다. 1983년 1월, 민교 회원들 4명은 꼬박 15일을 남영동 대공분실에 잡혀가 각각 독방에서 취조를 당했다. 사회주의 사상을 학습하고 공산주의 혁명을 꾀하였다는 진술서를 강요받았다. 며칠씩 잠을 재우지 않고 발바닥이 부풀어 오를 때까지 때리고 욕조에 머리를 처박았다. 남민전 독종들도 자기들에게 실토를 할 수밖에 없었다면서 협박을 했다. 긴 시간 취조를 해도 학생 시위 가담 이상의 무엇이 나올 리가 없다는 것을 알고는 감옥에 안 가려면 군에 입대하라고 협박을 했다.

1월 28일 부모님께 인사도 못 드리고 하루아침에 군에 입대하였다. 경찰 지프 차로 춘천의 103 보충대에 도착해 머리를 깎고 군복을 입은 우리는 서로를 보면서 어이없어 웃었다. 거기서 범연이와 환이 선배는 인제로 가고 육훈 친구와 그날 밤 양구의 신병훈련소에 도착하였는데 가까이서 북한의 대남방송이 들려왔다. 그렇게 시작한 2년 3개월의 군 생활 동안 혹시라도 꼬투리가 잡혀 보안대에 잡혀가지 않으려고 끽소리 하나 내지 못하고 조심했다. 당시 보안사령부는 강제 징집을 당하여 복무하고 있는 병사들을 불러 조사하고, 휴가를 내보내 학생운동가들에 대한 정보를 수집하는 '녹화 사업'을 벌이고 있었고, 이에 맞서다 죽는 학생도 나오고 있었기 때문이다. 당시 최전방 부대에는 500여 명이 넘는 학생들이 강제 징집되어 군 복무를 하고 있었다 한다. 내가 있던 중대에만도 같이 수업을 듣던 국사학과의 정숭교 씨와 고려대의 전모 씨, 숭실대 고모 씨 이렇게 4명이 소대별로 한 명씩 배치되어 있었는데, 서로 의지할 수 있는 처지였으나 눈치가 보여 제대로 어울리지도 못했다. 밤새워 비가 오는 가운데 철책선 경계 근무를 하면 온몸이 비에 젖었다. 긴

겨울의 끔찍한 추위도 견뎌내야 했다. 무엇보다 참기 힘든 것은 반인권적인 군대 문화였다.

철책 앞에서

동해에서 서해까지 이어진다는
철책선 앞
덤불 헤매다가
한 모금 물을 찾아 마시고
문득 고개를 드는 짐승처럼 맞은 아침
야전삽에 깎여
그예 불모지가 된 땅에
노란 꽃 한 송이 피어나다!
호랑나비 한 마리
눈부신 철책을 넘고
머리 위로는
삼한 시대 쪽빛 하늘이
깊어가고 있었다.

날마다 비무장 지대를 바라보며 분단의 현실을 깊이깊이 느꼈다. 수많은 젊은이가 거쳐 간 그곳에는 지금도 누군가가 서 있을 것이다.

1985년 4월 18일, 같이 입대했던 친구와 나는 2년 3개월 만에 만나 입대할 때처럼 군용선을 타고 소양호를 건넜다. 감옥 출소처럼 내던져진 4월 소양댐에는 나들이를 나온 시민들이 환한 봄날을 즐기고 있었다. 오후 늦게 도착한 대학가 술집에서는 이미 졸업을 하여 흩어진 친구들 대신 가까이 어울렸던 후배들이 우리를 맞아 주었다. 우리들의 20대의 전반은 이렇게 지나갔다.

고향 영광에 내려가 모처럼 아버지와 동생과 함께 농사를 지었다. 나는 4남 2녀 여섯 형제의 맏이였다. 몇 년을 떠나 있었던 터라 모처럼 가족과 함께하고 싶었고 앞으로 어떻게 할지 생각도 정리하고 싶었다. 집에는 초등학교만 나온 채 집을 지키는 두 살 아래 동생이 있었다. 동생은 초등학교 다닐 적에 선생님들께서 나보다도 더 재주가 뛰어나다고 하셨는데 학비를 낼 형편이 안되어 중학교도 들어가 보지 못했다. 아버지는 내가 상고를 졸업하고 은행에 취직하여 동생들을 뒷바라지해 주기를 기대하셨는데 나는 2학년에 대학 진학반을 택했고 3학년 때는 군산제일고로 유학까지 간 것이었다. 대학입시에 떨어지고 집에 온 날, 17세의 동생이 아버지께 형이 재수할 수 있도록 1년 더 기회를 주자고 말하는 걸 들으며 나는 숨죽여 울었었다. 동생은 대학 다니면서 내가 학생운동에 미쳐 있을 때 못마땅해했지만 나를 비난하지는 않았다. 그러다가 군대를 제대하고 돌아와 보니 동생은 가톨릭 농민회에 가입하여 영광의 농민운동 지도자가 되어 있었다. 제조업의 저임금 노동자들을 위해 값싼 농산물 가격 정책이 계속되었고 살기 어려워진 농민들이 제2차 이농의 물결을 이루고 있었다. 나는 평생 살아온 길에 대해 큰 후회가 없지만 젊은 날 동생을 돕지 못한 것은 마음이 아프다. 1987년에 교사가 되어 박봉이나마 동생을 공부시킬 마지막 기회였는데 나는 또 전교조 결성으로 해직되고 말았다. 1989년 여름 내내 홀어머님과 나이 어린 다섯 명 동생들을 생각하면서 탈퇴각서를 내야 한다고 수없이 결심하고서도 끝내 복받치는 가슴을 견뎌내지 못하였다. 한없이 나를 이해해주고, 어려움 속에서 가족들을 도맡아 돌보고, 나이 들어서도 우애를 잃지 않는 동생은 사실 나에게는 형 같은 존재이다.

　농사일이 마무리된 11월 나는 아버지께 서울을 가겠다고 말씀을 드렸다. 일제 강점기에 징용으로 일본의 규슈 지방의 탄광에서 일하셨던 아버지는 38세의 늦은 나이에 나를 낳고 너무도 좋아하셨다고 한다. 무척 강건하셨지만, 어느덧 65세의 노인이 되신 아버지는 그 무렵 마음이 많이 약해지셨다. 떠나던 날 큰절을 올리려고 하는데 아버지는 끝내 방에 들어가지 않으셨다. 소먹이를 줄 시간도 아닌데 축사에서 딴청을 하시면서 내게 눈길을 주지 않으셨다. 아버지는 내게 "안 가면 안 되냐?" 하셨고, "너무 오래 집에 있었습니다. 그만 올라가 보겠습니다." 말씀드리자, "저놈들이 요즈음 뉴스를 보니까 학생들을 많이 잡아가던데 조심해라." 하고 말씀하셨다. 결국, 이 말씀이 유언이 될 줄이야!
　서울에 올라와 공장에 취직할 작정으로 작은 사출기 공장을 다니기 시작하였다. 한 달 남짓 다녔을까 하는 어느 날, 퇴근하는데 오류역에서 친구들이 나와 기다리고 있었다. 아버지께서 돌아가셨다는 연락을 받고 조금이라도 빨리 내려가라고 나온 것이다.
　추운 겨울에 아버지는 광주 근교에 있는 토목 공사장에 감독 일을 맡아서 가셨다가 따뜻한 방에 들어오셔서는 그만 뇌출혈로 갑작스럽게 돌아가셨다고 한다. 집에 계시면 빚쟁이들 등쌀에 편치 않을 테니 같이 가

셔서 감독만 해달라는 후배 아저씨를 따라가셨다가 며칠 만에 돌아가신 것이다. 장례식날 얼마나 눈이 많이 왔는지…. 아버지를 여의고 나는 너무도 후회스럽고 마음이 아팠다. 그토록 아들을 자랑스러워하셨던 아버지께 내 고집만 피웠지 언제 한번 제대로 말씀을 들어드렸던 적이 있었던가?

고향 집에서 넋을 놓고 있는데 친구에게서 연락이 왔다. 복학하여 학교는 졸업해야 하지 않느냐? 올라가기 전에 아버지의 친구분으로 별정우체국장을 하고 계시는 어른을 뵈었다. "자네 아버님이 자네들을 살리려고 대신 돌아가신 거 같네. 이제 대학교를 잘 마치는 게 어떤가?" 말씀하셨다. 해방 정국의 소용돌이를 겪으셨던 어른께서는 나와 동생을 많이 걱정하고 계셨다.

학교를 마치고 1987년 3월 교사 임용을 기다리는데 학생운동을 하다가 군대에 강제 징집을 당하였던 졸업생들을 '성행 불량자'라면서 임용을 해주지 않았다. 6월 민주화운동이 승리하면서 9월에야 우리는 정교사 발령을 받았다.

봉천 중학교로 발령을 받아 처음으로 학생들을 만나던 날 얼마나 설레던지…. "선생님은 왜 교사가 되셨어요?" 묻는 학생에게 "여러분과 교실에서 진실을 이야기하면서 살아가는 게 무엇보다 보람 있는 일이라고 생각합니다."라고 대답하였다. 다음 해에 2학년 담임을 맡고 일요일에는 학생들과 국립중앙박물관(1995년 철거된 구 조선총독부 청사)을 가고, 여름 방학 때는 양평 용문산으로 캠핑을 갔다. 텐트가 부족하여 비닐을 사서 네 귀를 나무에 묶고 그 아래서 밤을 새웠다. 모닥불을 피우고 둘러앉아 아이들과 즐겁게 게임을 하였다. 가을에 아이들을 데리고 북한 산에 갔다가 덩치가 큰 녀석이 발목을 다치는 바람에 등에 업고 내려오는데 아이들이 선생님 힘드시다고 번갈아 업었다. 연말에는 학급 문집을 만들었다. 수업을 들어갔던 반에서 선생님들의 인기투표가 있었는데 그 천방지축 남학생들이 나에게 가장 많은 표를 주어 여선생님들로부터 부러움을 받았다. 그러나 젊은 날의 나의 교단 일기는 2년 반 만에 짧게 끝이 났다. 1989년 전국교직원노동조합 결성에 참여하여 해임처분을 받은 것이다.

전교조의 탄생과
합법화 없는 해직교사 복직

1989~1997

시대 돌아보기_ 신군부를 밀어내는 민중들의 투쟁

1987년, 억눌렸던 민중의 분노는 박종철 열사 고문치사에 이은 이한열 열사의 죽음을 계기로 6월 민주항쟁으로 분출하였다. 그러나 12월 대선에서 야당 지도자 김영삼, 김대중의 분열로 또다시 신군부의 노태우 정부가 탄생하였다. 이어서 치러진 13대 총선(1988.4)에서 여소야대 국회가 형성되자 노 정권은 1990년 1월 통일민주당, 신민주공화당과 3당 합당으로 민주자유당을 창당하였다.

1987년 6월 항쟁 이후 본격적으로 진출하기 시작한 노동자들은 저임금·장시간 노동, 노동 악법 철폐를 위한 투쟁에 나섰고, 제조업 종사 노동자들은 12월 14일 '마산 창원 노동조합 총연합' 창립을 시작으로 지역별 노동조합협의회를 조직해 나갔고, 1990년 1월 22일 민주노조의 전국 조직으로 '전국노동조합협의회(전노협)'를 결성하였다. 사무 전문직 노동자들도 출판, 사무금융, 병원, 언론, 건설, 화물, 외국인 기업 등 업종별로 협의체를 조직하고 전국 업종 회의를 조직하였다.

1989년 노태우 정권은 문익환 목사와 임수경 학생의 방북을 빌미로 민중민주운동에 대대적인 '공안 탄압'을 가하였다. 1988년 말에서 1989

년 6월 말까지 시국 관련 구속자 645명 가운데 266명이 노동자로, 1990년 5월 말 현재 구속노동자는 361명이었다. 이해 5월 28일 결성된 전교조는 윤영규 위원장을 비롯해 100여 명이 넘는 집행부 교사들이 구속되고 1,500여 명이 해직되는 상상을 초월하는 탄압을 받았다.

1991년은 노동자 민중의 대투쟁이 폭발하였다. 4월 21일 '구속노동자 석방과 노동운동 탄압 분쇄를 위한 권역별 노동자대회'가 열린 가운데, 4월 26일 백주에 명지대생 강경대 군이 경찰 곤봉에 맞아 사망하는 일이 벌어졌다. 4월 말에서 5월 초, 이에 항의하는 학생들이 연이어 분신하는 믿지 못할 상황이 전개되었다. 5월 1일 14개 지역에서 '노동절 102주년 기념대회'에 이은 가두 투쟁이 일어났고, 한진중공업노조 박창수 위원장의 의문사에 항의하여 5월 9일에는 98개 노조 5만여 명의 총파업과 전국에서 50만 명이 참가한 '해체 민자당, 타도 노태우'를 외치는 6공화국 최대 규모의 시위가 전개되었다. 5월 18일에도 노동자 9만여 명 참가하는 총파업과 전국 40~50만 명, 서울 시청 앞 국민대회에 10만여 명 참가하는 국민대회가 이어졌다. 연이어 터져 나오는 분신과 대규모 파업, 시위에 위기를 느낀 정권은 '유서 대필'이라는 기상천외한 사건을 조작하고 대대적인 역선전과 공안 탄압을 자행하였다. 절망과 분노 속에서 1991년 6월 3일 한국외국어대생들은 강의하러 온 정원식 총리에게 달걀과 밀가루 세례를 퍼부어 지배 권력의 허위와 위선에 가감 없는 분노를 표출하였다.

냉전체제가 해체되는 정세에서 노 정부는 공산권 국가와 북한을 대상으로 적극적인 '북방 외교'를 펼쳤다. 1988년 남북 동포 교류 추진 등 대북정책 6개 항을 골자로 한 '7·7선언'을 발표하고, 1990년 1월에는 북한에 이산가족 왕래 및 금강산 공동개발을 제의했다. 1990년 7월 3일의 남북고위급 회담에 이어 9월 4일 서울에서 남북 총리회담이 열렸다. 1991년 9월 17일 남북한 UN 동시 가입, 12월 13일 남북기본합의서, 12월 31일 한반도 비핵화非核化에 관한 공동선언이 성사되었다. 또 1988년 서울올림픽을 계기로 헝가리를 시작으로 소련, 중국, 몽골, 베트남 등 공산권 국가들과 외교 관계가 수립되었다.

문민 개혁과 신자유주의 세계화

김영삼 정부(1993~1997)는 '문민정부'를 내세우면서, 임기 시작과 함께 개혁을 추진해 나갔다. 우선 고위공직자의 부정부패를 예방하기 위해, 자신의 재산을 공개하고, 공직자윤리법을 개정하여 1급 이상 공직자의 재산을 공개토록 하였다. 나아가 문민정부의 기초를 다지기 위해, 군의 사조직인 '하나회'를 해체하고, 청와대 앞길을 시민에게 개방하였다. 5·16 군사 정변 이후 중단되었던 지방자치제를 전면적으로 실시하였다. 5·18 특별법 제정, 전두환·노태우 구속 등 일련의 개혁으로 민주화를 열망하는 국민의 지지를 얻고자 하였다.

북한과의 관계에서는 1993년 3월, 남북관계 개선 및 인도적 차원에서 무조건으로 이인모 씨를 북에 송환하는 등 전향의 모습을 보였다. 북한이 핵확산 금지 조약NPT을 탈퇴하고 핵 개발에 나서 1994년 6월 제1차 북핵 위기가 오자 미국의 카터 전 대통령이 특사로 북한을 방문하였다. 그 결과, 1994년 남북정상회담을 위한 예비 접촉이 이루어져 남북 관계가 진전될 기미를 보였지만 김일성의 사망으로 남북정상회담이 무산되고, 김일성 조문 문제로 남북관계는 다시 냉각되었다.

경제적으로는 1993년 '우루과이라운드'에 따른 국제적 자유무역 협약에 따라 쌀 시장 개방을 약속하여 국민의 반발을 샀다. 1995년 5월에는 검은돈을 투명화하기 위해 '금융실명제'를 선언하였고, 세계화를 외치면서 1995년 1월 WTO(세계무역기구)에 창립 회원국으로 가입하고, 1996년 10월 OECD(경제협력개발기구)에 가입 이후 자본 시장을 개방하고 노동 유연화 전략을 추진하였다. 그러나 한국 경제는 자본 시장 개방의 부정적 여파로 정권 말기인 1997년 11월 IMF 외환위기 사태를 맞았다.

집권 초기 전개한 해고자 복직, 노사 관계의 중립 등 신노동 정책과 달리, 1996년 12월 정리해고제, 노동시간 연장을 포함하는 노동법 개악으로 신자유주의 정책을 전면화하였고 노동자들은 이에 총파업 투쟁으로 저항하였다.

문화·교육 면으로는 식민 지배의 상징이던 중앙청(과거 조선총독부) 건물을 철거하고, 일제 식민지 교육의 잔재이던 '국민학교'가 국가주의적 전체주의의 이념 체제인 점을 비판하고, '초등학교'로 개명하였다. 정부는 1994년 3월 전교조 해직교사 1,294명을 특별채용 형식으로 복직시키고,[1] 1995년 '5·31 교육개혁안'을 발표하였다.

'문민정부'는 후반기 들어 정리해고제 등을 포함하는 노동법 개악으로 민주노총의 총파업 투쟁을 불러왔고, 성수대교, 삼풍백화점의 잇따른 붕괴와 측근 비리가 터지면서 타격을 받았고, 임기 말, 아들 김현철 비리와 외환위기로 IMF에 구제금융을 요청하게 되어 일련의 개혁이 빛이 바래게 되었다.

---

1. 『전교조 운동사 1』, 2011.5.28. 671쪽.

1987년 ··

6월   6월 항쟁, 7~8월 노동자 대투쟁, 파업 3천여 건, 5,000여 개 노
        조, 122만 명 참가

1988년 ··

2.25   노태우, 대통령으로 취임
7.7   남북 동포 교류 추진 등 대북정책 6개 항을 골자로 한 '7·7선언'
9.17   88 서울올림픽 시작

1989년 ··

2.1   헝가리와 수교. 이후 소련, 중국 등 공산권 국가에 북방 정책
        추진
3.9   국회 교사·공무원 단결권 인정하는 노동법 개정안 통과, 3.24.
        대통령 거부권 행사
3월   문익환 방북, 7월 서경원 방북 사건으로 '공안 정국' 형성
5.28   전국교직원노동조합(전교조) 결성
8.15   한국외대생 임수경 씨 방북
9.11   노태우, '한민족공동체 통일방안' 발표

1990년 ··

1.22   노태우, 김영삼, 김종필 3당 합당 선언, 민주자유당 탄생
1.22   전국노동조합협의회(전노협) 결성, 16만6,307명
6.5   한·소 정상회담 10.1. 한·소 국교 수립
10.3   독일 통일, 1991년 소련 해체로 냉전체제 붕괴
10.13   민생치안 확립을 위한 특별선언인 '범죄와의 전쟁' 선언

1991년 ··

4.26   명지대생 강경대 사망. 4.29. 연세대 결의대회에 7만여 명, 5월

민주화 투쟁 고조

5.11	88개 노조 95,663명 파업
5.4	'백골단 해체 공안 통치 종식 범국민결의대회'에 20만 명 참가
5.6	한진중 노조 박창수 위원장 의문사
5.9	100여 개 노조 5만여 명 파업, 국민대회에 30여만 명 참가하여 노태우 퇴진 요구
6.3	한국외국어대학교 대학생들, 정원식 총리에게 달걀, 밀가루 세례
9.17	대한민국 북한 유엔 동시 가입
12.9	대한민국 ILO 가입
12.13	남북한 공동 비핵화 선언

1992년 --

1월	노태우-부시 정상회담, 2월에 남북한은 나진-선봉 지구 개발 공동보조에 합의
8.24	중국과 국교 수립
8.28	노태우 민자당 총재직 사퇴
12월	민주자유당 김영삼 후보 대통령 당선

1993년 --

2월	하나회 해체
3.12	북한, 핵 확산 금지 조약(NPT) 탈퇴 선언
3.19	미전향 장기수 이인모 씨 송환
4.2	환경운동연합 창립
5.13	특별 담화, "문민정부는 5·18 광주 민주화운동의 연장선상에 있는 정부"라고 선언
6.1	전국노동조합대표자회의(전노대) 결성, 1,048개 노조, 42만 조합원
6.13	대통령, "5·16은 쿠데타."라 발언하고, 교과서에 군사혁명을 쿠

데타나 정변으로 고치게 함

12월   수년간 끌어오던 '우루과이 라운드' 협정을 타결

1994년 --

3월   전교조 해직교사, 특별채용으로 복직 조치

4.15   3대 정치 개혁 법안(공직선거 부정 방지법, 정치자금법, 지방자
        치법)에 서명

6월   정부, 전국기관사협의회, 전국지하철노조협의회 공동파업을 강경
        진압

6월   제1차 북핵 위기, 6월 18일 북측이 김영삼 정부에 남북정상회담
        을 제의하자 무조건 수락

7.8   북한 김일성 주석 사망

10.21   성수대교 붕괴, 남한을 제외한 북·미 간에 제네바 합의

1995년 --

6.3   전국연합, 천주교정의구현사제단 등 36개 단체, 1만여 명, '노동
        인권 보장촉구 국민대회'

6.25   북측에 대한 식량 지원(쌀 15만 톤 규모)

6.27   5.16 군사 정변 이후 처음 전국 동시 지방 선거 실시

6.29   삼풍백화점 붕괴

8월   교육부, 국민학교의 명칭을 '초등학교'로 변경

8.12   '금융실명거래 및 비밀보장에 관한 긴급명령' 발표

8.15   조선총독부 철거 작업 시작, 1996년 11월에 완전 철거

11.11   전국민주노동조합총연맹(민주노총) 결성, 15개 산별, 861개 노
        조, 41만8천 명

11.16   노태우, 12월 3일 전두환 두 전직 대통령을 전격적으로 구속
        수감

12.19   국회, 5.18 민주화운동의 명예 회복을 위해 5.18 특별법을 제정

1996년 --

2월   민주자유당의 당명을 '신한국당'으로 바꿈

8월   한총련 사태-연세대, 1,200여 명의 전경·학생 부상

8월   전두환(사형)과 노태우(징역 22년) 선고

10월   OECD 가입

12.26   노동법 개악(정리해고제 도입), 기아차·현대그룹노조 등 85개 사
        업장 143,695명 파업

1997년 --

1.15   3단계 총파업 388개 노조, 350,856명. 27일 21만 명, 28일 173
        개 노조 22만 명 파업

2월   김영삼 대통령의 차남 김현철 뇌물수수 및 권력남용 혐의로 체포

3.10   노동법·안기부법 재개정, 정리해고제 2년 유예

9.7   전국연합·민주노총 '국민승리21 준비위' 발족, 대선 권영길 후보
        30만 표(1.2%) 득표

11.2   1IMF에 외환 구제금융 신청, 실업률 7.0%, 실업자 200만 명

12.20   국민 대화합을 명분으로 5·18쿠데타 관련자를 모두 특별사면하
        여 석방

1. 젊은 교사들 전교조를 창립하다!

1989년 5월 28일!

'땅에서 아무것도 돋아날 수 없게 돌을 깔아도, 조그만 틈바구니로 올라오는 싹을 아무리 밟아버려도, 석탄이나 석유 연기로 공기를 아무리 오염시켜도, 나뭇가지를 꺾고 짐승과 새들을 아무리 죽여버려도, 오는 봄을 막을 수는 없다.' 톨스토이가 『부활』의 첫머리에서 봄을 노래한 것처럼 한국의 교사들은 1989년 5월 28일, 정권의 갖은 탄압과 방해를 뚫고 기어이 전국교직원노동조합의 깃발을 세웠다.

전교조 결성을 선언한 날이 다가올수록 어떻게든 이를 막아보려는 신군부 노태우 정권의 탄압은 광기를 더했다. '의식화 교육'을 했다 하여 조태훈(서울 인덕공고), 강성호(제천 제원고), 이수찬(영주 동산여중) 교사를 국가보안법 위반으로 구속하였고, 김지철(충남준비위원장) 등 37명의 교사를 직위 해제하였으며, 준비위원장 윤영규, 부위원장 이부영, 사무처장 이수호, 인천 준비위원장 신맹순 교사에게 사전구속영장을 발부하였다. 조선·동아일보는 온갖 논리로 '교원노조 결성 반대!'를 연일 외쳤고, 학교의 교장, 교감에게는 연일 소속 학교 교사를 수단 방법 불문하고 무조건 탈퇴시키라는 공문이 빗발쳤다.

5월 28일 전교조 결성식장으로 예정되었던 한양대를 경찰은 4,500여 명의 병력으로 봉쇄하였다. 광주·전남에서는 교사들이 상경하지 못하도록 경찰, 장학사, 교장들을 동원하여 고속버스터미널을 봉쇄하여 3천여 명의 교사들이 항의 연좌시위를 하였다. 전국에서 교육 관료들이 교사들의 상경을 막았다. 교사들은 '산 넘고, 물 건너', 택시 타고, 걸어서 서울로 집결하였다. 서울 시내 거의 모든 대학을 봉쇄하고 감시하는 가운데 오후 1시 넘어서 연세대에서 윤영규 위원장 등 200여 명의 교사가 결성대회를 하고, 한양대에서 200여 명의 교사와 300여 명의 대학생 사수대, 건국대에서 2,000여 명의 교사들이 모여 '전교조 결성 보고대회'를 가졌다.

전교조 결성이 추진되던 해에 본부 집행부원이었던 나는 연세대 '전교조 결성대회'에 참가하였다. 이수호 사무처장은 "동지 여러분! 훗날 제자들이 1989년 5월 28일 그날 어디에 있었냐고 물으면 나는 그날 전교조 결성의 현장에 있었다고 자랑스럽게 이야기합시다!"라고 외쳤다. 결성식을 마친 후 참가자들은 경찰에 연행될 수 있음에도 불구하고 당당하게 교문 앞까지 행진하여 노조 결성을 세상에 알렸다. 나와 김석근 선배는 맨 앞에서 현수막을 들고 행진했는데 소식을 듣고 교문을 통과해 올라오던 경찰들은 우리가 바로 교원노조 결성식을 치른 교사들인지도 모르고 부랴부랴 지나쳐 갔다. 이날, 경찰에 연행된 사람은 교사 567명을 포함하여 1,082명이고, 경찰과 교육 관료들의 방해로 결성대회에 참가하지 못한 교사들은 1만5천여 명에 이르렀다.[2]

---

2. 전교조운동사편찬위원회, 『참교육 한길로-전국교직원노동조합 운동사 1』(이하 『전교조 운동사 1』), 참교육, 364쪽.

교사들을 포함한 모든 공무원의 노동조합 설립을 법으로 금지하고 있던 신군부 노태우 정권에 맞서 교사들이 과감하게 노동조합을 결성한 것은 지난한 한국 사회의 시민혁명을 또 한 단계 전진시켜 가는 쾌거였다. '봄'이 오기를 기다리는 것이 아니라 얼음 장벽을 부수고 '봄'을 열어 가는 한국 현대사의 역동적인 한 장면이었다.

전교조 결성 과정을 돌아보면, 1987년 9월 전국교사협의회 결성에 이어 시·군·구 협의회까지 조직이 갖추어지고 1989년 상반기까지 3만여 명의 교사가 회원으로 단결함으로써 발판이 마련되었다. 시·도별 협의회가 연이어 대의원대회를 열어 노조 결성을 결의하는 가운데 서울 교사협의회는 1989년 2월 12일 대의원대회에서 단 1표 차로 1989년 상반기 노조 건설을 결정하였다. 교원노조법 개정 운동을 먼저 할 것인가, 노조를 결성하여 합법성을 쟁취할 것인가를 두고 토론한 결과 '노조 결성'으로 방향을 결정한 후에도 노조를 결성할 경우 탄압을 헤쳐 나갈 역량이 되느냐, 당분간 역량을 준비해야 하는 것 아닌가를 둘러싸고 토론을 거듭한 결과였다. 서울 교사협의회의 결정 이후 2월 19일 전국 대의원대회에서는 상반기 중 교원노조 결성을 만장일치로 결정하였다. 흥미로운 것은 시기상조론을 주장하며 반대했던 교사들이 결성 이후 탄압 국면에서, 되도록 탈퇴각서를 내지 말고 강력하게 투쟁하여 합법성을 쟁취할 것을 주장하였고, 즉시 노조 결성을 주장하였던 교사들이 탈퇴각서를 내고 현장에 남은 조합원들을 인정하는 방향으로 투쟁 방향을 잡았다는 점이다.

노조 결성이 본격화되면서 서울의 5개 교사협의회의 교육연구부장들을 일괄하여 본부 정책실로 불러들였는데 당시 관악동작 교사협의회에서 연구부장이었던 나는 본부 정책실원이 되어 노조 결성 과정을 더 가까이에서 함께할 수 있었다. 문익환 목사 방북으로 공안 정국이 형성되면서 불안감은 더욱 높아져, 시·도 교사협의회 회장단 회의는 자못 긴장된 분위기였으나 결론은 의외로 빨리 났다. 김윤수 전북 교사협의회회장이 "우리는 교사입니다. 국민 앞에 5월에 교원노조를 결성한다고 발표하였습니다. 정세가 어려워졌다고 발표를 뒤집는다면 누가 우리를 믿겠습니까?"라고 의견을 이야기하자 큰 반대 없이 '예정대로 추진'이 결정된 것이다. 회의 석상에서 가장 젊은 교사였던 나는 선배들의 꿋꿋한 기개에 감격하였다.

본부를 결성한 후 시·도 지부가 결성되었다. 6월 15일 서울지부 결성일 전에 학교에 분회를 창립하도록 결정하였다. 나는 젊은 선생님들께 "지금 미얀마에서 독재 정부가 민주화 시위를 하는 학생들을 학살하고 있는데, 우리가 1980년에 광주를 겪으면서 사회 정의를 학생들에게만 미루는 기성세대들을 얼마나 원망했었는가? 지금 교원노조를 결성하여 민주주의를 발전시켜 갈 수만 있다면 그런 비극을 다시 겪지 않게 될 것"이라고 전교조 가입을 권유하였다. 드디어 6월 14일 봉천중학교 분회 결성식을 긴장 속에서 준비하였다. 수업을 마치고 별관 1층 과학실에서 거사하기로 하였다. 모든 준비를 마치고 분회 선생님들을 모이도록한 후 교무실 출입문에 서서 큰 소리로 "선생님들, 지금 과학실에서 역사적인 전교조 봉천중학교 분회 창립식이 열립니다. 오셔서 축하해 주십시오." 외친 후 빠르게 달려 과학실로 들어갔다. 곧이어 교장, 교감, 부장교사들이 들이닥쳤다. 문을 밀치고 들어와 분회 창립선언문을 잡아채고 입을 틀어막았다. 조합원들은 한 사람이 제지당하면 다음 사람이 이어서 기어이 창립선언문을 다 읽고, "전국교직원노동조합 만세! 봉천중학교 분회 만세! 민족 민주 인간화 교육 만세!"를 외쳤다. 마침 교실 청소를 마치고 하교하던 학생들이 이 광경을 보고, "선생님들이 뭐 하시는 거냐? 응, 아마 연극연습 하시나 봐." 이야기를 나눴다고 한다. 그렇게 대소동이 지난 다음 미리 정해둔 식당에 갔을 때 전교조에 가입하기로 한 25분의 선생님이 한 사람도 빠짐없이 와 계셨다. 그분들의 자부심 어린 눈빛과 마주하던 순간의 감격은 지금도 생생하다.

방학을 얼마 앞둔 일요일 학교 당직 근무를 하는데 같이 있던 선생님이 지금 다른 학교에서는 다들 탈퇴각서를 내고 있는데 우리만 가만히 있다고 했다. 정부는 기한을 정하고 그때까지 전교조를 탈퇴하지 않으면 해직시키겠다고 위협하고 있었다. 나는 선생님들께 연락을 드렸다. 모인 선생님들께 여기까지가 선생님들의 몫인 것 같다. 분회장으로서 책임을 질 테니 선생님들께서는 학교에 남으시라. 연명 탈퇴서에 서명만 하면 내가 제출하겠다고 했다. 한 분 한 분이 교장에게 항복하는 수모를 겪게 하고 싶지 않았다. 선생님들은 같이 학교에 남자고 눈물을 흘렸다. 78학번 음악 선생님, 미술 선생님 두 분 선생님께서 서명하지 않겠다고 했다.

그날 탈퇴각서에 서명하고 학교에 남은 선생님들은 우리 세 사람이 1994년에 복직할 때까지 매월 상당한 조합비(생계보조금 포함)를 내셨다. 어쩔 수 없이 탈퇴각서를 내고 학교에 남았던 8천여 명의 현장조합원 선생님들은 해직자들이 복직할 때까지 무려 4년 반 동안이나 월 급여의 10분의 1이 넘는 조합비를 냈다. 복직하던 날 우리 셋은 선생님들을 초청하여 그동안 고맙다고 예쁜 향초를 하나씩 선물하였다. 세상을 밝히는 불….

전교조 결성의 충격-교육 시민 사회를 열다!

1987년 6월 민중항쟁은 해방 이후 이어져 온 독재정치를 타파하고 사회의 민주화를 역사의 큰 흐름으로 만든 분수령이었다. 대통령 직선제 헌법이 쟁취되었고, 그해 9월에 터져 나온 노동자 대투쟁은 수많은 노동조합을 탄생시켰다.[3] 1987년 7월부터 약 3개월 동안, 3천여 건에 달하는 노동쟁의와 가두투쟁이 일어났다. 그 결과 1987년 이후 1988년 6월 30일까지 결성된 신규노조는 2,337개로 2,725개 기존 노조 수에 달하였다. 1987년 12월 대통령선거에서 양 김 씨의 분열로 신군부 출신의 노태우가 대통령에 당선되어, 한국 사회의 민주주의는 여전히 가시밭길 앞에 놓여 있었으나 민중의 힘은 이제 막 거대한 분출을 시작하고 있었다. 눈부신 경제 성장에도 불구하고 철저히 소외되던 노동자들이 노동삼권과 정치시민권을 확보하려는 투쟁의 서막을 열고 있었다. 1958년 진보당 당수 조봉암이 국가보안법으로 사형을 당하면서 당이 해체되고, 4·19 혁명 이후 진보정당들이 잠시 모습을 드러냈다 5·16 군사 쿠데타로 모진 탄압을 받았는데, 1988년 한겨레민주당, 민중의 당, 1990년 민중당이 창당되고, 2000년 원내 10석의 민주노동당이 등장한 것이다.

1989년은 임수경, 문익환, 서경원의 방북 사건을 계기로 군사정권이 민중민주 세력에 대대적인 탄압을 가하던 이른바 신공안정국 상황이었다. 이제 '직장으로, 가정으로 돌아간' 시민들의 뒤에서 운동권 세력에 대한 공세가 몰아치고 있었다. 한국 사회는 여전히 민주화의 길로 들어설 것인가, 소수의 기득권이 다수 민중을 통치하는 권위주의 독재정치

---

3. 김영수 외, 『전노협 1990~1995』, 63~64쪽.

를 계속 이어갈 것인가의 갈림길에 서 있었다. 이러한 시기에 교사들이 교육의 민주화와 '노동'의 시민권을 주장하는 노동조합을 결성하고 나선 것은 교육의 민주화, 노동운동의 전진을 넘어 한국 사회 전체의 민주주의를 한 걸음 진전시키는 의미 있는 투쟁이었다.

전교조 교사들은 '전국교직원노동조합 결성 선언문'에서 "전국교직원노동조합 결성은 … 우리 교직원이 교육의 주체로 우뚝 서겠다는 엄숙한 선언이며 민족 민주 인간화 교육을 더욱 뜨겁게 전개해 나가겠다는 굳은 의지를 민족과 역사 앞에 밝히는 것"이라면서 "교육 민주화와 사회 민주화, 그리고 통일의 그 날까지, 동지여! 전교조의 깃발 아래 함께 손잡고 나아가자!"라고 노조 결성의 취지를 밝혔다.

노태우 정부는 교사들이 전교조를 결성하고 나서자 노조 결성을 주도하던 교사들도 예상하지 못했을 정도로 초강경한 탄압을 자행하였다. 정부는 '교원노조 박멸, 노조 가입교사 절대 용납 불가' 입장을 확고하게 견지하였다. 전교조와 조합원 교사들에 대한 '빨갱이 공세'는 아무런 거리낌 없이 자행되었고, 독재 정부에 순응해 온 언론은 전교조 교사들의 입장은 전혀 반영하지 않은 채 일방적인 왜곡 보도로 일관하였다.[4] 전교조 결성 직후부터 줄곧 된 정부의 무차별한 '노조 탈퇴 강요'에 맞서, 600여 명의 교사가 1989년 7월 26일부터 8월 5일까지 11일간 명동 성당에서 단식농성을 전개하여 다수의 교사가 건강을 잃고 병원에 입원하고 있을 때, 조선일보가 '먹고 자는 천막촌'이라는 제하의 왜곡 보도로 교사들과 시민들의 분노를 산 것이 대표적인 사례이다.

당시 한국 사회는 정부와 국민만이 있었고, 민주사회를 이끌어 가는

---

4. 『전교조 운동사 1』, 451~454쪽.

공론의 장을 이루는 시민 사회는 아직 형성되지 않은 상황이었다.[5] 공무원이자 공교육의 담당자들인 교사들이 '교육의 시민권', '교육 시민 사회'라는 열린 공간을 만들기 위해 나선 것은 너무도 생소한 현상이었고 충격적인 일이었을 것이다.

6·25 전쟁으로 돌이키기 어렵게 되어 버린 남북 분단체제는 정치, 사회의 분단과 함께 첨예한 이데올로기 대립을 가져왔고, 교육이 치열한 이념 전쟁의 최전선을 담당하게 되었다. 국가는 교육을 통하여 '반공' 이데올로기를 설득하고 유지해 왔다. 분단국가 체제에서 분단국가의 정체성을 유지하는 데에 교육의 역할이 중요하였고, 공산주의를 적으로 하는 '반공 이념'에는 그 어떤 의문을 갖거나 이의를 제기할 수 없었다. 교육이 담당해 온 이러한 역할이 처음으로 심각한 도전에 직면하게 된 것은 1960년 4월 혁명 이후 결성된 4·19 교원노조[6]의 등장이었다. 4·19 교원노조는 그 등장 자체가 '반공'의 유지에 불안감을 주었다. 교사들이 단결하여, 국가가 요구하는 방향대로 가르치지 않고, 스스로 역사의식, 사회의식을 가지고 미래 세대를 가르치겠다고 나서는 것은 집권 기득권 세력에게는 용납할 수 없는 일이었다. 4·19 교원노조는 5·16 쿠데타로 등장한 박정희 군사 정부의 극심한 탄압으로 와해되었다. 박정희는 군경에 '용공 세력'을 색출하도록 명령하여 5월 22일 2,014명을 검거하였

---

5. 이상백, 『그람시의 시민 사회론 재조명』, 2001. 요약.
　　그람시(1891~1937)는 "시민 사회는 국가의 강제력이 작용하지 않고, 시민들 사이에 자유로운 의사소통이 이루어지는 자율적이고 중립적인 영역이다. 이러한 자율적이고 중립적인 공간인 시민 사회 안에서 지배계급과 피지배계급을 위시하여 여러 계급 간에 이데올로기 경쟁이 이루어진다. 이 이데올로기 경쟁 속에서 지배계급은 '지적·도덕적 지도력', 즉 '헤게모니'를 행사하여 피지배 계급들로부터 동의를 얻어낸다."고 하였다.
6. 『전교조 운동사 1』, 63쪽. "박정희 군사정권은 전국의 교원노조 활동가 1,500명 이상을 체포하여 교단에서 추방하고, 핵심 간부 54명을 서대문 형무소에 구금·기소하였다."

는데[7] 그 가운데 '교원노조' 조합원 교사가 546명이나 되었다. 당시 교원들은 법률로 노조 결성의 권리를 보장받고 있었음에도, 무시무시한 반공법, 국가보안법 위반 혐의를 받았다. 이후 박정희 정권, 그 뒤를 이은 전두환, 노태우의 신군부 정권은 교원들의 노조 결성을 법률로 금지하였고, 한국의 공교육은 줄곧 별다른 저항 없이 집권 세력이 요구하는 '관제 교육'을 계속 수행해 왔다.

이 시기에 정권이 체제와 권력 유지를 위해 교육을 어떻게 통제하고 동원했는지는, 박정희가 10월 유신을 단행하고 국민투표로 유신헌법을 통과시키려 하면서 교사들에게 마을을 방문하여 유신헌법을 홍보하도록 한 데서 단적으로 드러난다. 나는 10월 유신이 나던 해에 초등학교 6학년이었는데 담임 선생님께서 마침 우리 동네에 오셨다. 10월 유신을 설득하러 가라는 영을 받은 거였다. 4km 가까운 길을 오는 동안 선생님께서는 내내 한마디 말씀도 안 하시다 마을 입구가 가까워졌을 때 어린 제자에게 "나는 한마디도 안 할란다." 하셨다. 나는 그때 선생님의 말씀이 무슨 뜻인지 알지 못했다.

정부는 4·19 교원노조 때처럼 교사들의 전교조 결성을 교사들의 권리문제나 교육정책의 문제가 아닌 국가 안보 관점에서 대응하였고 전교조 조직의 와해에 초점을 맞추었다.[8] 국가안전기획부가 직접 개입하여 전교조 와해를 진두지휘했다. 안기부는 전교조 결성을 주도한 핵심 교사들을 국가보안법 위반으로 구속하고, '반상회'[9]까지 동원하여 대국민 홍보심리전을 병행하였다. 정부는 문교부와 시·도 교육청은 물론이고 청

7. 한성훈, 2013, 12~13쪽 요약 인용.
8. 『국정원 과거사위원회 보고서』 2007. 366쪽.

와대를 정점으로 안기부, 감사원, 총무처, 경제기획원, 내무부, 치안본부, 법무부, 문화공보부, 전국 시·도를 망라하는 전 행정기관을 동원하여 전교조를 와해시키기 위한 탄압 작전을 전개하였다. 청와대는 안기부와 검찰을 포함한 차관급 실무자로 관계기관 대책회의를 정례적으로 운영하고, 당정회의를 통하여 민정당의 전 조직을 동원하는 탈퇴 공작도 벌였다. 정부의 총체적인 탄압으로 결성 당시 12,610명에 달했던 전교조 가입교사 중 11,145명이 탈퇴각서를 제출하였고, 탈퇴각서를 제출하지 않은 1,465명의 교사는 파면, 해임되어 교단을 떠나야 했다.[10]

4·19 교원노조가 불꽃처럼 잠시 피어올랐다가 사라진 지 29년 만에 다시 등장한 교원노조, 전교조는 과연 어떤 운명을 겪을 것인가?

전교조의 합법화와 해직교사 복직 문제

전교조 해직교사 문제는 사회 민주화의 지표가 되었고, 한국은 국제사회에서 인권탄압 국가로 지탄받았다. 1990년 5월 4일 전교조 서울지부는 '해직교사원상복직추진위'(대표 심충보)를 조직하고 해직교사의 복직을 촉구하는 교사 서명 운동을 전개하여, 5월 23일까지 504개교 8,146명이 서명에 참여하였다. 이를 이어받아 6월 16일에는 '전국해직교사원

---

9. 한국정신문화연구원, 『한국민족문화대백과사전9』, 1991.12.152쪽. 행정 단위의 최말단 조직인 반을 구성하는 가구주, 또는 주부들의 월례회. 1917년 일제가 조선인을 통제하기 위한 기구로 만들었고, 1976년 정례 반상회의 날(매월 25일)을 정하면서 본격적으로 등장하였다.

10. 이영재, 「한국 사회 운동에서 교사 운동의 의미와 역할 변화-전교조의 결성, 변화, 과제를 중심으로」, 『기억과 전망』 여름호(통권 26호), 2012.3. 66~68쪽.

상복직추진위'(공동대표 심충보, 임종대)가 조직되고, 6월 말까지 2,997 개교 40,342명의 교사가 서명하고, 885건의 신문광고를 게재하였다.[11]

1992년은 3월 국회의원 선거와 12월 대통령선거를 치르는 권력 개편기였다. 전교조는 양대 선거를 계기로 노태우 정권의 교육 실정을 국민에게 알리고, 올바른 교육개혁안을 마련해 공약 채택을 요구하는 투쟁을 벌이기로 했다. 법외노조이지만 교육 대안 세력으로서 전교조의 영향력을 높임과 아울러 합법화와 해직교사 원상복직 문제 해결을 위해서도 힘쓰기로 했다. 교사 서명 진행 과정에서 운동에 공감하는 교사들이 '교육 대개혁과 해직교사 원상회복을 위한 전국교사추진위원회'(전추위)를 구성해 활동했다. 6월에는 '교육 대개혁과 해직교사 원상복직을 위한 범국민 서명운동본부'도 꾸려져 서명 운동이 한층 폭넓게 진행됐다. 9월까지 진행된 '교육 대개혁과 해직교사 원상복직을 위한 범국민 서명'은 큰 호응을 받아 1992년 10월 14일에 102만3,426명의 국회 청원을 제출하였다.[12] 교육 운동 사상 최대의 서명 운동이었다.

노태우 정권은 서명 운동을 추진한 전추위 활동을 문제 삼아 8월 김종연 전추위 위원장과 조성덕 부위원장을 해임시켰다. 이어 9월에는 12명의 시·도 추진위원장(인천 하인호, 강원 정재욱, 충북 박종순, 충남 배현준, 대전 문성호, 전북 송동한, 전남 엄익돈, 광주 박정남, 경북 장병직, 대구 박지극, 경남 김종문·박성대)까지 쫓아냈다. 1989년 전교조 결성으로 해직된 동료 교사들을 원상회복시켜 달라고 요구한 교사들을 또 해임하는 납득할 수 없는 상황이 벌어진 것이다. 현직 교사들은 이에 항의해

---

11. 『전교조 운동사 1』, 657~658쪽.
12. 『전교조 운동사 1』, 905쪽

대대적인 광고와 교사선언을 이어갔다. 1992년 10월에 전개한 현직 교사 광고 투쟁에 2,032개교, 11월에 전개한 교사선언에 2,532개교 10,434명의 교사가 참가하여 전교조에 대한 지지와 단결력을 보여주었다.[13] 사회 여론은 압도적으로 전교조 해직교사들의 복직을 지지하였다. 교통경찰이 가벼운 법규를 위반한 사람이 전교조 해직교사라는 것을 알고는 다음부터 조심하라고 그냥 보내준 경우까지 있을 정도였다.

14대 대선에는 민자당 김영삼 후보, 민주당 김대중 후보, 통일국민당 정주영, 신정치개혁당 박찬종, 무소속의 백기완 등이 출마하였다. 김대중·김영삼 후보 모두 당선되면 전교조를 합법화하겠다고 약속했다. 그런데 김영삼 후보는 약속 일주일 만에 전교조 합법화 문제를 공약에서 완전히 빼버렸다. 선거에서 김영삼 후보가 당선되면서 전교조 합법화와 원상복직은 달성되지 못했고, 과제 해결을 위한 지난한 투쟁은 계속 이어졌다.

---

13. 전교조 누리집 보도자료.

2. 전교조 해직교사의 복직과 '5·31 교육개혁'

전교조 해직교사 특별 채용으로 복직

전교조는 김영삼 정부의 등장에 맞추어 1993년 1월 31일에 동국대에 서 1천여 명의 해직교사들이 결의대회를 열고 투쟁을 결의하였다. 5월 30일 경희대에서 열린 전국교사대회에는 2만여 명의 교사가 참가하였다.

김영삼 정부는 '문민정부'를 표방하고 군 인사개혁과 정치개입 금지를 통한 정치의 문민화, 금융실명제 등 일련의 개혁을 추진하여 정권의 지 지기반을 마련하려 하였고, '세계화'를 내세워 OECD 가입을 추진하였 다. 이러한 대내외적 조건 속에서 김영삼 정부는 '해직교사의 복직'을 추 진하였으나 '원상회복'[14]이 아니라 '전교조 탈퇴각서' 제출을 조건으로 하는 특별채용을 추진하였다. 전교조는 전교조 결성을 민주화운동으로 인정하고, 독재 정부가 대규모 교사 해고를 자행한 데 대하여 정부가 사 과하고 원직 복직시켜야 함을 주장하였으나, 정부 방침은 노태우 정권의 대규모 교사 해고를 이미 시행된 행정행위로 인정한 바탕에서 해직교사 들에게 '잘못을 인정'하게 하는 꼴이었다. 하물며 전교조의 합법화는 논

---

14. 정부가 해직이 부당하였음을 인정하고, 해직 기간의 임금 지급, 호봉과 경력을 인정하는 원 직 복직을 의미한다.

의 대상도 아니었다. 기나긴 해직 생활에도 불구하고 전망이 보이지 않는 상황에서 1993년 9월에 서울 신양중학교에서 해직되었던 길옥화 교사가 투신자살하는 일이 일어났다.

전교조는 해직 기간이 길어지는 데 따른 해직교사들의 어려움, 교사들은 교단에 서 있어야 한다는 점들을 고려하여 '교단으로 돌아가는 길'을 선택하였다. 1994년 3월 1일 자 특별채용은 전·현직 위원장 3명과 결코 전교조 탈퇴각서를 쓸 수 없다는 교사들, 전업 등의 이유로 복직을 원하지 않는 교사 등 59명을 제외하고 1,421명의 해직교사가 특별채용을 신청했다. 그러나 정부는 사학 민주화 관련자 94명과 사회 민주화 관련자 22명, 임용 제외자 69명을 전교조 관련자가 아니라는 이유로 복직 대상에서 제외하고, 전교조 관련 해직자 중에서도 26명을 '비전교조 관련자'[15]로 분류하여 제외하였다. 이들 복직 제외자 223명의 대표단 20여 명은 11월 26일부터 12월 4일까지 민주당사에서 농성 투쟁을 벌이며 투쟁하였으나 복직을 관철하지 못하였다.[16] 결국, 1994년 3월 1일 1,294명의 교사가 다시 교단에 돌아오게 되었다. 1989년 해직 이후 투쟁 과정에서 8명의 해직교사가 세상을 하직한 이후였다.

전교조는 쓸쓸한 교단 복귀에 실망하고 있을 겨를도 없이 사회의 민주화에 앞장섰다. 1995년 7월 검찰이 5.18 유혈 진압에 대해 '기소권이 없다'라고 발표하자, 8월 전남, 광주의 199개교, 407명의 교사가 '5·18 민주화운동 특별법제정촉구 교사선언'을 발표한 것을 받아, 전교조는

---

15. 전교조 관련이면서도 1989년 전교조 교사 대량 해직 이후 복직 촉구 투쟁을 주도하다가 해직되었거나, 사학 민주화운동, 국가보안법 위반 등으로 해직된 교사들을 제외하였다. 이들 교사들은 1998년 전교조 합법화까지 4년 동안이나 더 해직교사로 살아야 했다.
16. 『전교조 운동사 1』, 2011, 671쪽.

'특별법제정촉구 교사선언' 추진을 결정하였고 제주까지 15개 시도에서 1만3,773명 참가하는 선언을 발표하여, 1995년 12월 '5·18 민주화운동 등에 관한 특별법'이 제정되도록 하는 데에 일조하였다. 1995년 6월 지방자치 선거에서는 '교육개혁을 촉구하는 교사선언'을 발표하였고, 전교조 조합원 가운데 5명이 지방의원에 당선되고, 이수호 등 4명이 시·도교육위원으로 선출되었다.[17]

정부가 1996년 5월 OECD 가입(10.11)을 앞두고 참여와 협력으로 전환하는 신노사 정책을 발표하고 노사관계개혁위원회(노개위)를 설치한 것을 계기로 민주노총은 교사·공무원이 노조 설립권을 포함하는 노동법 개정 운동을 전개하였다. 그해 전교조의 5월 교사대회에는 1만여 명 참가하여 합법화를 요구하였고, 9, 10월 서명 운동에도 8,949명의 교사가 참여하였고, 10월 10일 여의도 전국교사대회에 다시 1만여 명 교사들이 참가하여 합법성 쟁취의 의지를 보여주었다. 1997년 12월 대선을 앞두고 전교조는 '21세기 교육 복지국가를 향한 15대 교육개혁 과제'를 발표하여 합법화 요구를 넘어 교육 전반의 개혁을 요구하는 대안을 제시하였다.

전교조는 극심한 탄압과 계속되는 이념 공세에도 불구하고 해직 조합원과 현장 조합원들이 함께 전국에 지부, 지회 사무실을 열고 조직의 합법화와 해직교사의 원상복직은 물론 교육개혁과 사회 민주화를 위해 계속 투쟁하였다.

---

17. 위의 책, 798쪽.

5·31 교육개혁

김영삼 정부는 출범 직후인 1993년 2월 5일 대통령 직속의 교육 분야 자문기구인 '교육개혁위원회'를 설치하였다. 위원회는 1994년 제1차 보고서, 1995년 5월 31일 '세계화·정보화를 주도하는 신교육체제 수립을 위한 교육개혁 방안'이라는 2차 보고서를 내고, 1996년 2월, 8월, 1997년 6월에 각각 3, 4, 5차 교육개혁안을 발표하였는데, 이를 통틀어 5·31 교육개혁안이라고 한다.[18]

개혁안 가운데 초·중등 교육 관련 주요 내용을 살펴보면, 다음과 같다.

	주제	세부 항목
2차 (1995.5.31.)	초·중등 교육의 자율적 운영을 위한 '학교 공동체' 구축	학교 운영위원회 설치, 교장·교사 초빙제 실시
	인성, 창의성을 함양하는 교육과정	봉사활동 생활기록부 기재, 방과 후 교육활동 강화, 선택과목 확대·수준별 교육과정
	학습자의 다양한 개성을 존중하는 초·중등 학교	특성화 고교 설립
	교육 공급자에 대한 평가 및 지원 체제 구축	규제 완화, 교육과정 평가원 설치
	품위 있고 유능한 교원 육성	
	교육재정 GNP 5% 확보	1998년까지
3차 (1996.2.9.)	초·중등 학교 교육과정 개혁	교과 과정의 다양화, 수준별·선택 중심 교육과정 도입, 초중등 학교 통합 운영

---

18. 장일순, 「신자유주의적 교육정책과 교육 공공성 위기: 5·31 교육개혁안 이후 교육개혁을 중심으로」, 성공회대 교육학석사 학위논문, 2006.2.1.

4차 (1996.8.20.)	지방 교육 자치제도의 개혁	수요자 중심의 교육 실현을 위한 지방 교육행정 협조 체제 마련
	교원 정책의 개혁	양성기관 평가 실시, 계약직 교원 제도 도입, 전문직 개편 등
	사학의 자율화	이사회 구성의 자율화
5차 (1997.6.2.)	민주시민교육	국가 정체성 및 세계 시민의식의 확립, 학생 자치 활동 확대, 체벌 금지
	초·중등 교육의 혁신	수요자 중심체제로 전환 가속화, 수업 공개 및 학급 선택제 도입, 학기제 전환
	정보화 사회 적응력 향상	정보 기술 활용 교육
	유아 교육 공교육 체제 구축	
	과외 대책을 통한 사교육비 경감	

학교 운영위원회 설치, 교장·교사 초빙제 실시, 수준별·선택 중심 교육과정 도입, 수요자 중심의 교육, 수업 공개 및 학급 선택제 도입 등이 주요 내용이다.

개혁안은 교육 주체를 교육 공급자와 교육 수요자로 재설정하면서, 수요자 중심의 교육을 강조하고 있다. 학교 운영위원회는 교육 주체의 참여와 협력이라는 교육 공동체의 관점에서 설치되기보다는 학부모를 교육 수요자로서 학교 교육에 들어오도록 한 것이다. 개혁안이 바탕을 두고 있는 기본 관점, 교육 철학은 교육에 시장주의 경쟁 원리를 도입하고 수요자의 선택권을 강화하겠다는 것이었다.

5·31 교육개혁안의 이러한 방향은 1980년대부터 영국, 미국을 중심으로 진행되어 온 신자유주의 교육정책에 바탕을 둔 것으로 평가를 받는다. 신자유주의는 1970년대 자본주의 경제의 위기에 대응하여 케인즈주

의의 복지 정책을 공격하면서 등장한 사조로서 복지 정책의 해체, 정부의 기능 축소, 시장 중심의 경제정책을 주장하였다.

근대 시민혁명이 달성한 공교육의 이념은 모든 사람이 평등하게 교육을 받을 수 있는 인권으로서 교육이었다. 교육은 학생이 자신의 인간적, 사회적 능력을 총체적으로 발현할 수 있도록 도와주는 것을 목표로 하고, 교육 내용과 방법은 학생의 참된 인간화, 사회화를 지향하는 것이다. 그러나 신자유주의 교육정책은 교사-학생 사이를 인격 주체 간의 관계가 아니라 시장 원리의 상품 거래관계로 본다는 데에 문제가 있다. 교육이 바탕하고 있는 철학이 시장 논리가 되면 학생들은 경쟁의 논리, 능력주의를 내면화하는 인간으로 성장하게 될 것이다. 시민 참여의 민주주의 복지 사회의 전망은 요원하게 될 것이 틀림없다. 당장 학생 사회의 문화는 우승열패의 서열화가 심화하여 왕따와 학교폭력이 더욱 심각하게 될 것이다.

또 신자유주의 교육정책은 수월성을 강조하여 자립형 사립학교, 특목고를 설립하여 고교평준화를 해체함으로써 교육의 불평등을 심화시켰다. 공교육이 사회적 불평등을 완화하고 보정하여 사회 통합에 기여하기는커녕 오히려 계층의 대물림하는 기능을 하게 되었다. 경쟁은 필연적으로 우승열패의 정글의 법칙을 현실화하게 되는 것이다.

신자유주의 교육정책은 교원에 대해서 다양한 선택과목을 공급할 수 있도록 복수 전공을 요구하고 교사 간 경쟁을 제도화한다. 김영삼 정부가 마련한 개혁안은 대부분 기획 단계 또는 준비 단계였으나 이후 들어선 김대중 정부는 이를 계승하여 본격적으로 실천하였다. 고교평준화의 해체와 서열화, 교원평가·차등성과급 도입이 본격화하면서 교육개혁은 방향을 잃고 교원단체와 정부의 갈등이 확대되었다.

김영삼 정부의 교육정책

김영삼 대통령은 교육 대통령이 되겠다고 약속할 만큼 교육개혁에 의
욕을 보였다. 교육개혁위원회가 결정한 개혁방안을 집행하기 위해 1995
년 8월에는 국무총리를 위원장, 교육부장관을 간사로 하고, 정부 12개
부처의 장관으로 구성하는 '교육개혁추진위원회'를 출범시켜 개혁을 추
진하였고, 임기 내에 교육재정 GDP 5% 확충 약속을 지켰다.

대통령은 1993년 5월 13일 특별 담화를 통해, "문민정부는 5·18 광주
민주화운동의 연장선상에 있는 정부"라고 선언하였고, 6월에는 "5·16은
쿠데타"라 발언하고, 교과서에 군사혁명을 쿠데타나 정변으로 고치게
하여 군사정권의 반민주적인 역사교육을 바로잡으려고 하였다. 1994년
에는 전교조 해직교사들을 복직시켜 교단으로 돌아갈 수 있도록 하였
다. 1995년 8월에는 일제가 황국신민을 기르는 교육을 의미하여 붙였던
국민학교라는 명칭을 '초등학교'로 변경하여 국가주의를 청산하려고 하
였다. 초등교육을 중심으로 열린 교육을 강조하여 학생 중심의 교육과
정으로 변화를 꾀하기도 하였다.

이러한 긍정적인 개혁에도 불구하고 김영삼 정부의 5·31 교육개혁은
그동안의 교육 실패에 책임을 져야 할 교육 관료들이 상명하달식으로
개혁을 추진하고 실제로 교육을 새롭게 변화시키고 개혁을 학교와 교실
에서 실천해야 할 교사들을 개혁의 대상으로 삼는 방향의 착오가 있었

다. 낡은 교육관행과 타성의 교직 사회를 개혁한다면서도, '교육을 경제 논리에 따라 재단해서는 안 된다. 교육의 논리를 존중해야 한다.'고 주장하는 교사들을 개혁에 저항하는 세력으로 보는 접근 구도 때문에 교사들의 개혁에 대한 동의와 참여를 이끌어내지 못하는 한계를 보였다.

전교조 합법화와
교원 정년 단축

1998~2002

시대 돌아보기_ 평화적 정권교체로 탄생한 국민의 정부

　1997년 12월 대선에서 새정치국민회의[19]와 자유민주연합[20]은 김대중을 단일후보로 내세워 이회창(한나라당), 이인제(국민신당) 후보에 승리하여, 선거를 통한 평화적인 정권교체에 성공하였다. 국민의 정부는 민주주의와 시장경제의 병행 발전을 천명하였다.

　국민의 정부는 IMF 외환위기 속에 출범하여 IMF와 협상으로 취임한 달 뒤 214억 달러를 도입했다. '뼈를 깎는 구조조정'의 성과로 금리와 금융시장이 점차 안정되고 빠른 속도로 경기가 회복되었으며, 경제수지 흑자와 외국인 투자자금 유입 등에 힘입어 외환보유액이 사상 최대 규모로 증가하여, 2001년 8월, 예상보다 3년을 앞당겨 IMF 차입금을 전액 상환했다. 그러나 기업 구조조정, 금융개혁, 공공부문의 민영화, 외국 자본에 대한 규제 완화, 정리해고제·근로자 파견제 도입으로 수많은 해고 실업자가 발생하여 중산층 붕괴를 불러왔고, '고통의 분담'이 아니라 노

---

19. 1992년 대통령선거에서 패한 후 정계 은퇴를 선언했던 김대중이 1995년 7월 정계 복귀를 선언하고, 자신을 지지하는 민주당의 의원들과 함께 탈당하여 1995년 9월 창당한 정당.
20. 1995년 3월 김종필을 중심으로 민주자유당의 공화계 의원들이 탈당하여 창당하였고, 2006년 4월까지 존속했던 보수정당.

동자에게 '고통의 전가'가 이루어졌다.

정부가 정보 기술IT 관련 벤처기업을 육성하는 데 힘을 쏟은 결과 1998년 말에 2,000개 회사에 불과했던 IT 관련 기업의 숫자가 2001년 6월에는 1만 개를 기록하였고, 초고속 인터넷 가입자 수가 1998년 1만4천 명에서 2002년 1,040만 명으로 급증하고, 정보 산업 분야의 총생산액도 1998년 76조 원에서 2002년 189조 원으로 증가하여 국내 총생산의 14.9%로 확대되었다.

남북관계에서는 '햇볕 정책'을 내세워 남북 화해와 협력의 시대를 여는 데 주력하였다. 2000년 남북정상회담을 개최하여 6·15 남북 공동선언을 발표하고, 이산가족 상봉, 경의선·동해선 연결, 민간 통일 운동의 활성화 등 교류 확대와 금강산 관광, 개성공단 설립 등 남북 경제협력으로 평화 체제 구축에 힘썼다. 이 공로를 인정받아 노벨평화상을 수상하였으나 불투명한 대북 송금으로 논란을 불러일으켰고, 제1, 2차 연평해전을 막지 못하였다.

정리해고로 거리에 실업자가 넘쳐나는 상황을 겪으면서 한국 사회는 IMF 외환위기 이전과 이후를 나누는 엄청난 변화를 겪었다. 기업이든, 개인이든 경쟁력을 강화해야 살아남을 수 있다는 경쟁력 이데올로기가 사회를 뒤덮는 가운데 정부는 경쟁과 효율을 중시하는 신자유주의 정책을 경제와 사회, 교육의 기본 방향으로 정하였다.

김대중 정부는 IMF 외환위기를 극복하고 5년 연속 경상 수지 흑자를 기록하는 경제정책의 성과를 거두었으나 부동산 경기 활성화를 추진하면서 부동산 투기를 불러왔고 벤처 거품 붕괴, 벤처 비리가 터졌고, 신용카드 활성화가 카드대란을 초래하기도 하였다. 남북 화해 협력 체제를 구축하였으나 정권 말기에 연이어 터져 나온 대통령의 측근과 세 아들의 비리 사건으로 비판을 면치 못했다.

1997년 --

12.3   IMF 195억 달러 구제금융

12.27   김대중 당선자 민주노총 위원장 면담, 'IMF 극복을 위한 노사정
        위원회' 참여 요청

1998년 --

1.20   노사정위원회 공동선언문 타결, '교원·공무원 노동기본권 보장'
        포함

2.6   노사정위, 공무원·교원의 노조 허용, 실업자 초기업 단위의 노
        조 가입 허용, 노조 정치활동 보장, 정리해고제·근로자 파견제
        법제화 등 '경제위기 극복을 위한 사회 협약' 체결, 2.9. 민주노
        총 제8차 대대에서 합의안 부결, 총파업 결의

2.7   한나라당 노사정위 철수, 전교조 합법화 반대

6.5   2기 노사정위, 대통령 방미를 앞두고 정리해고제, 근로자파견제
        남용 방지, 근로시간 단축, 산별교섭, 노동절 집회 구속자 석방
        등 논의

11.18   금강산 관광 시작

1999년 --

1월   국민연금 전 국민 대상으로 확대

1.6   교육공무원법 개정, 교원 정년을 62세로 단축

1.29   교원노조법 제정

5월   옷 로비 의혹 사건

6.15   제1차 연평 해전

9.1   전교조 합법화

2000년 --

1.30   민주노동당 창당

2월	용산 미군기지 독성 물질 무단 방류 사건
6.15	남북정상회담(13~15), 6·15 남북 공동선언 발표
6월	국민기초생활 보장제도 도입
12.10	김대중 대통령, 노벨평화상 수상

2001년 ───

5.24	국가인권위원회법 제정
8.23	IMF 차관 195억 달러 전액 상환, IMF 관리체제 종료

2002년 ───

5.31	FIFA 월드컵 한·일 공동 개최(5.31~6.30)
6.13	여중생 신효순, 심미선 양 주한 미군 장갑차에 깔려 사망
6.29	제2차 연평해전
12월	대선에서 민주노동당 권영길 후보 96만 표(3.9%) 득표

2003년 ───

1.25	인터넷 대란
2.18	대구 지하철 참사

3. 전교조 합법화와 신자유주의 교원 정책

전교조 합법화와 단체교섭

김대중 정부가 IMF 외환위기 극복을 위하여 설치하였던 노사정위원회의 합의에 따라 1999년 1월 29일 교원노조 특별법이 제정되어 1999년 9월에 전교조는 10년 만에 합법노조로 새로운 출발을 하게 되었다. 노사정위원회에서 전교조 합법화와 함께 이후 폭발적인 비정규직 노동자의 증가를 불러온 정리해고제와 근로자파견제가 같이 논의되었기 때문에 전교조는 정치적 부담을 안은 채 합법노조의 첫걸음을 시작하였다. 교원노조 합법화는 OECD의 인권 기준을 충족시키기 위해서 뿐만 아니라, 교사 집단 내부에 현실적인 세력을 형성한 전교조를 제도권으로 진입시켜 교단을 안정화하려는 것이었다.

많은 전교조 교사들은 비합법 노조로서 겪어야 했던 고난이 드디어 끝났다고 감격하였고 이제 교육개혁의 요구들은 정부, 교육청과의 단체교섭을 통해 해결해 나갈 수 있을 것으로 기대하였다. 또 항상 불법 단체로, 과격집단으로 매몰차게 비판해온 신문과 방송도 전교조의 목소리에 귀를 기울이지 않을까 기대하였다. 이제 거리에 나가 투쟁하지 않아도 되리라, 교단에만 전념할 수 있으리라 희망하였다.

합법화가 결정된 1999년 신학기에 후원회원의 조합원으로 전환, 신규 회원 확대에 노력한 결과 4.13 위원장 선거를 앞두고 확인된 조합원 수는 1998년 2월 노사정 합의 이전보다 3배 이상 늘어난 30,839명에 이르렀고[21] 노조설립신고서를 제출한 7월 1일 62,654명으로 증가하였다.[22] 학교별로 분회가 결성되고, 시·군·구 지역 교육청 단위로 지회가 결성되고, 지부장, 위원장 선거가 치러졌다.

나는 10년 만에 합법노조가 된 전교조를 통해 꿈꾸어 왔던 교육개혁을 이룰 수 있다는 기대를 품고 공립 중등 관악동작지회장에 출마하여 경선 끝에 당선되었다. 관악·동작구에는 34개 공립 중고등학교에 1,600여 명의 교사들이 재직하고 있었는데, 학기 초부터 연일 분회 창립식이 열렸고 많은 교사가 조합원으로 가입하였다. 지회 게시판에 '1,000명 지회를 향하여'라고 큼지막하게 써붙여 놓았는데 정말로 선거 시기에 400명 정도였던 조합원 수가 2학기에는 900명 가깝게 늘어났다. 대부분 학교에서 조합원 교사가 과반수를 차지하게 되었다. 지회장 당선 후 학교로 분회 선생님들을 찾아 방문하였는데 어느 교장 선생님은 "소탐대실하지 말고 교직 사회 전체를 위해 전교조가 노력해 달라."고 기대 섞인 충고를 해주기도 하였다. 새로 부임한 신림여중(현 삼성중)에서도 4분이던 조합원이 분회 창립식까지 20여 분이 넘게 증가하였다. 전교조의 봄날이었고 교육개혁의 희망이 넘치는 시기였다.

이부영 위원장은 조합원들에게 보낸 담화문에서 "전교조의 합법화는 단순히 한 노동조합의 탄생을 의미하는 것이 아닙니다. 굴절의 현대사

21.『전교조 운동사 1』, 769쪽.
22. 위의 책, 775쪽.

속에서 권력과 자본이 일방적이고 획일적으로 지배해 온 교육에 대해, 우리 교사들의 뜻과 의지를 펼칠 수 있게 된 '역사적 사건'입니다. 교육에서 진정한 민주주의가 시작되는 것입니다."라고 선언하였다.

실로 한국 사회는 전교조 결성 이후 값비싼 '기회비용'을 치르고 '교원노조 있는 나라'라는 사회적 합의를 이루었다. 이제 모든 교육정책이 공론의 장을 거쳐야 하는 '교육 시민 사회'가 형성되는 한국 사회의 대전환이었다.

전교조는 일반 노동조합법의 노동삼권을 보장받는 방식으로 합법화되지 못하고, 특별법으로 단체행동권이 없는 노조, 단체교섭 의제도 교원의 사회 경제적 지위 향상으로 제한하는 1.5권의 노조로 법제화되었다. 교육의 주체인 교원단체로서 교육정책에 대해 폭넓게 교섭을 할 수 있어야 하는데 불가능하게 규정되었을 뿐 아니라, 일체의 단체 행동이 부정되어 사회와 노동의 개혁을 위한 연대 활동이 제약을 받았다. 교원노조가 교육과 노동, 사회의 진보에 대해 무관심한 채 오로지 자신들의 이해관계에만 몰두하는 것은 바람직하지 않을 터였다.

교사 개인은 물론 교원노조의 정치활동을 포괄적으로 금지하는 현행 법 체제는 뼈아픈 제약이 되고 있다. 교원노조에 정당 후원이나 정책협약은 말할 것도 없고, 의사 표현을 포함한 모든 정치활동을 금지하고, 정당인의 출마를 금지하고 있는 교육자치 선거에도 일절 관여하지 못하도록 하고 있다.

단체교섭을 하려고 할 때는 복수의 교원노조가 단일한 교섭안을 합의하여 제출하도록 한 것도 문제였다. 극소수의 조합원만을 가진 노조의 비협조로도 단체교섭은 바로 가로막히게 되어 있다. 오직 기대할 수 있는 것은 정부가 '모범적인 사용자'로서 교원노조를 함께 교육을 이끌어가는 주체로 인정하고 성의있게 교섭에 임해주기를 기대하는 수밖에는 없었다.

1999년 9월 8일 제1차 본교섭위원회가 교육부 장관과 교원노조 대표가 참가한 가운데 열렸다. 그러나 단체교섭은 교육부가 교육정책, 교육과정 등을 교섭 의제에서 제외할 것을 주장하면서 첫걸음부터 벽에 부딪혔다. 정부는 전교조가 제안한 208개 조항 가운데 33개 조항만 협의하자고 하였다. 교육부는 교사의 주당 수업시수, 학급당 학생 수, 교원의 법정 정원과 같이 교원의 근무조건과 관련한 사항도 교육정책 사항이라며 교섭 의제에서 제외할 것을 요구하였다.

교육부의 무성의한 교섭 회피에 맞서 전교조는 6월 8일 전국의 분회장 2,117명이 참가하는 '연가 투쟁'을 전개하였다. 마침내 2000년 6월 10일 '단체교섭 잠정 합의안'이 체결되어 6월 21일 전국 대의원대회를 통과하였다. 단체교섭을 개시한 지 1년 만에 교육부와 첫 단체협약이 체결되었다. 초중등 교원의 수당 차이 해소, 기말수당 일부 본봉 산입, 사립 과원 교사 공립 특채, 초과 수업 수당 지급 등 내용이 포함되었다. 그러나 단체협약 이행에 필요한 예산은 기획예산처가 9월에 국회에 제출한 예산안에 거의 반영하지 않았다. 천신만고 끝에 체결한 첫 단체협약이 무산되면 교원노조는 존재 의의를 잃고 말 것이었다. 이제 거리에 나가지 않아도 될 것이라고 기뻐하였던 낙관이 여지없이 무너지는 순간이었다. 정부의 약속 파기에 분노한 전교조 교사들은 9월 27일에 1,500여 명 분회장이 참가한 연가투쟁을 전개하고, 10월 13일 481명의 선봉대가 청와대 앞에서 대통령과 면담을 요구하는 연좌시위를 벌여 400여 명이 경찰서에 연행되는 투쟁을 전개하였다. 다음날 오후 3시에는 정부종합 청사 앞마당에서 시위를 벌여, 301명이 또다시 경찰에 연행되었다. 10월 24일에는 조합원 연가투쟁에 7,000여 명 참가하여 정부의 약속 파기, 교원노동조합에 대한 무성의한 태도에 강력하게 항의하였다.

단체협약 불이행에 대한 항의 투쟁에는 두고두고 곱씹어 볼 두 가지 지점이 있었다. 첫째는, 돌이켜보면 10월 13일을 디데이로 잡지는 말았어야 했다. 그날은 김대중 대통령이 노벨평화상을 받던 잔칫날이었다. 최초의 남북정상회담과 6·15 남북 공동선언이 갖는 의의를 모르는 바 아니었고, 민주당과의 범진보 세력 차원의 연대 관계를 좀 더 고려해야 하지 않았나 생각이 든다.

둘째는, 이부영 위원장이 10월 13~14일 투쟁을 앞두고 남북 교원 교류에 참석한다고 북한을 방문한 일이다. 수개월의 교섭 끝에 양보를 거듭한 협약안을 겨우 받아들었다가 허무하게 약속 파기 당한 사태는 크게 분노할 일이었고 강력하게 항의할 만한 일이었다. 조희주 서울지부장을 비롯한 전교조의 가장 적극적인 활동가들은 청와대 앞 기습 시위와 정부종합청사 정문 돌파 시위라는 초유의 단체 행동으로 분노를 표출하였다. 그렇다면 위원장은 정부 관계자들을 따라 북한에 가는 앞뒤 안 맞는 행보를 해서는 안 되었다. 위원장은 남북 교원 교류가 너무 중요하다고 판단하였다면 수석부위원장을 대신 보내든지, 정이 안되면 자신이 귀국한 이후까지 투쟁을 미루는 결정이라도 하고 갔어야 했다. 전교조는 정무적 판단의 중심이 되어야 할 위원장이 부재한 상황에서 분수령이 될 수밖에 없는 강경 투쟁을 전개하였다. 합법화 원년 가을에 전교조는 낭패한 상황에서 초보 노조다운 행보를 보였다.

교원의 정년 단축과 교원평가·차등성과급제의 도입

'IMF 사태', 외환위기 상황에서 '뼈를 깎는 구조조정', 노동자들에 대한 대규모 정리해고가 진행되는 가운데 교직 사회도 예외가 될 수 없었다. 정부는 1999년 1월 6일 교육공무원법을 개정하여 교원정년을 62세로 단축하고 정년 단축에 따른 교원 부족에 대하여는 기간제 교원을 고용하였다. 교육부 당국자는 나이 든 교사 한 사람이 나가면 젊은 교사 두세 사람을 쓸 수 있다는 여론을 일으켰다. 교사의 전문성, 교직 경험, 지식과 소양을 논의할 여지가 없는 분위기가 만들어졌다.

정년퇴직, 명예퇴직 교원 수는 1999년에만 중등 9,082명, 초등 15,890으로 24,972명이나 되었다. 초등 교사 퇴직률은 1999년 6.3%, 2000년 7.4%에 달하여, 교사 수급에 큰 불균형이 초래되었다. 매년 초등 교사 자격을 취득하는 사람은 4,500여 명 정도였기 때문이다. 이에 중등교사 자격증 소지자를 단기 연수를 거쳐 임용하고, 퇴직 교사를 다시 기간제 교사로 채용해야만 했다. 나이 든 교사를 퇴물 취급하는 분위기에 실망하고, 공무원 연금 개혁과 명예퇴직금 재원에 대한 우려가 겹치면서 교사들이 앞다투어 명예퇴직을 신청한 결과였다.

정년 단축으로 교단을 떠난 교사들은 1999년부터 2001년까지 3년 동안 전체 교원의 11.3%인 28,914명에 달하였다. 이 기간에 퇴직한 학교장은 전체 8,434명의 88.25%인 7,437명에 달하였다.[23]

정년 단축을 추진하는 과정에서 정부와 언론은 촌지 문제, 학생체벌,

---

23. 『참교육 교육노동운동으로 꽃피다 전국교직원노동조합 운동사 2-1』, 2016.12.20. (이하, 『전교조 운동사 2-1』), 45~246쪽.

학교폭력, 교실 붕괴를 비판하면서 교직 사회의 물갈이가 필요하다는 여론을 일으켰다. 관료 통제의 대상일 뿐 교육을 책임지는 주체가 될 수 없었던 교사들에게 교육정책 실패의 책임이 오롯이 돌아오고 있었다. 교직을 '철밥통'이라고 비난하는 언론 보도로 교사들은 큰 상처를 받았다. 정년 단축은 권위주의 교직 문화의 중심을 이루던 교장들의 대대적인 교체, 나이 든 교사들의 퇴장에 따른 세대교체에 따라 교무실과 교실에서 권위주의 문화가 크게 약화되는 계기가 된 한편, 경쟁과 효율의 경제 논리가 더 강조되는 방향으로 분위기가 바뀌는 전환점이 되었다.

문민정부 이후 교원 정책은 권위주의 관료 통제에서 치밀한 제도화를 통한 통제로 변화하였다.[24] 학교의 민주화에 따라 교장을 통한 교사 통제가 어렵게 되자 정부는 차등성과급, 교원평가, 국가수준학업성취도평가(일제고사), 학교평가, 학교폭력대책위 설치 등 표준화된 제도들을 도입하였다.

새로 도입된 대표적인 교원 정책에는 차등성과급제와 교원평가제가 있는데, 성과급은 1995년 제도화되었다가 IMF 사태로 중단되었는데, 2001년 기준이 마련되고 2002년 10%이던 차등 지급률이 2010년 50%까지 증가하게 되었다.[25] 1998년부터 추진한 교원평가제는 교사들의 강한 반대에도 불구하고 계속 강화되어 2010년에 이르러 전면 시행되었다. 이들 정책을 도입하면서 정부와 언론은 학부모들의 요구를 강하게 들고

---

24. (구)교육법의 "교원은 학교장의 명을 받아 학생을 교육한다."는 조항은 1997.12.13. 〈초·중등교육법〉이 제정되면서, "제20조(교직원의 임무) ① 교장은 소속 교직원을 지도, 감독하며, 학생을 교육한다. ④ 교사는 법령에서 정하는 바에 따라 학생을 교육한다."로 개정되었다.
25. 성과급 가운데 균등하게 지급하는 부분과 평가에 따른 등급을 기준으로 차등을 두어 지급하는 부분으로 나누어졌다. 차등 부분이 점차 확대 지급되었다.

나와 전교조의 반대를 제어하려 하였다.[26] 교육 관료들과 언론이 교사들의 무사안일한 행태를 집중하여 공격하는 과정에서 교사들에 대한 지지와 신뢰의 사회 자산은 큰 손실을 보았다. 그동안 집권 세력이 펼쳐온 교사들에 대한 권위주의 관료 통제의 폐단은 무엇인가, 교사들의 창의성과 자발성이 제대로 발휘될 수 있게 하려면 무엇을 개혁해야 하는가, 교육계다운 이성과 철학에 바탕 한 토론은 엄두조차 내지 못하도록, '선동'과 '냉소'가 모든 것을 휩쓸고 지나갔다.

'7차 교육과정'과 '교직 발전 종합방안'

2000년부터 수준별, 선택 중심의 7차 교육과정[27]이 시행되어, 교원 정책에도 심각한 변화가 일어났다.[28]

7차 교육과정은 종전까지의 교육과정이 공급자(교사) 위주였다면, 수요자(학생) 위주의 교육과정이라고 할 수 있다. 확대된 선택

---

26. 조선일보, 2007.9.20. "교육과학기술부가 성인남녀 1,000명을 대상으로 '교사 평가 도입'에 대해 전화 조사한 결과 응답자의 82.1%가 '도입이 필요하다.'고 대답하였다고 19일 밝혔다."
27. 7차 교육과정은 초등학교 1학년부터 고등학교 1학년까지의 10년간을 국민 공통 기본교육 기간으로, 고등학교 2, 3학년(11, 12학년)은 선택 중심 교육과정을 운영하는 것으로 설정하였다. 학교급별, 학년별 시행 시기는 다음과 같다.
   2000년 3월 1일 : 초등학교 1, 2학년
   2001년 3월 1일 : 초등학교 3, 4학년, 중학교 1학년
   2002년 3월 1일 : 초등학교 5, 6학년, 중학교 2학년, 고등학교 1학년
   2003년 3월 1일 : 중학교 3학년, 고등학교 2학년
   2004년 3월 1일 : 고등학교 3학년
28. 김이경·한유경, 「한국의 교원 정책-OECD 교원 정책 검토 배경 보고서」, 한국교육개발원, 2002.

과목 중에서 학생들이 원하는 교과를 자유롭게 선택하고 국가가 그에 필요한 교원을 확보하여 가르쳐줄 의무가 명시된 것이다. 이는 중등학교의 경우 다양한 교과목의 교원수요를 증가시켰다. 따라서 교원 집단은 정년이 보장되는 정규직 교원으로만 구성되는 경직성을 탈피하고 그때그때 학생의 필요에 따라 교과를 개설할 수 있는 탄력적이고 유연한 교원 제도가 필요하고, 교원이 누려왔던 강력한 신분보장 제도에 어떤 형태로든 변화가 도입되어야 한다는 것을 의미하여 교원노조로부터의 저항이 예상된다.

이러한 7차 교육과정에 대하여 두 가지 의문이 제기되었다. 첫째는 보통교육을 고등교육처럼 선택형 교육과정으로 하는 것이 바람직한가. 사회의 변화와 요구를 교육과정에 제대로 반영하는 것이 필요하지 않을까 하는 것이다. 둘째로는 대학입시 경쟁이 치열한 상황에서 적성과 흥미에 따른 교과 선택이 가능한가 하는 것이다. 7차 교육과정은 집중이수제[29] 같은 파행적 교육과정 운영을 초래하였고, 정작 학생들의 교과 선택권 확대는 극히 제한적 의미밖에는 없었다. 수준별 수업이라는 명목하에 우열반 편성이 나타났고 학교에 비정규직 교사가 대거 증가하게 되었다. 2000년 354,681명이었던 정규 교원은 2020년 440,505명으로 약 24% 증가하였으나, 기간제 교원은 15,564명에서 57,776명으로 271%나 증가하여 전체 교원의 4.2%에서 11.6%로 그 비율이 크게 높아졌다.

1999년 6월 국민의 정부는 정년 단축과 함께 '교육 발전 5개년계획'을

---

29. 매주 3시간씩 1년 동안 가르치던 교과를 1학기 동안에 매주 6시간씩 집중하여 가르치는 방식이다.

발표하였는데, 교원 정책의 6대 과제[30]의 하나로 설정한 '신축적이고 개방적인 임용제도 구축' 정책은 교직을 기업체 종사자 등에게 개방하고, '비정규직 임용'을 제도화하겠다는 것이었다. 사범대와 교대를 설치하여 교원을 양성하는 취지와 다르게, '교직'의 문호를 열겠다는 교원 정책이었다. '능력과 실적 중심의 인사·보수 제도 정착' 항목에 따라 '차등성과급·교원평가제'가 도입되었고 이후 계속 확대 시행된다. 교육의 성과가 계량이 가능한 것이 아닐뿐더러 억지로 평가하게 되면 부작용만 나타나게 될 것이라는 비판은 묻히고 말았다.

국민의 정부가 2001년 7월에 발표한 '교직 발전 종합방안'은 '교원의 사기를 진작시키고, 우수 교원을 양성, 유지하기 위한' 10대 과제를 제시하였다.[31] 정부는 사교육비의 증가, 학교폭력, 체벌 문제 등으로 공교육에 대한 국민의 불신이 높아져 교원에 대한 비난으로 이어지고 있다면서 산업체 근무 경력자나 특수분야 전문직업인에게 교직을 개방하겠다고도 하고, 계약제 교원이나 순회 교사제도를 활성화하겠다는 등 교원의 직업 안정성을 흔드는 정책을 도입하겠다고 하였다. '방안'은 교육과 교사에 대해 정부가 어떻게 바라보고 있는지를 여실히 보여주었다.

---

30. '학교 현장 중심의 우수 교원 양성체제 확립, 신축적이고 개방적인 임용제도 구축, 교직 인력 및 직무관리의 효율화, 능력과 실적 중심의 인사 및 보수 제도 정착, 생애에 걸친 교원연수체제 구축, 교원의 권익과 전문성 신장을 위한 여건 개선'을 포함하였다.

31. 김이경·한유경. 2002, 6쪽.
〈교원의 사기 진작 방안〉 ① 교원 존중 풍토 조성을 위한 법적, 제도적 장치의 재정비, ② 업무부담 완화, ③ 처우 개선을 위한 보수 인상, 호봉 산정 시 교원임용 전 산업체 근무경력의 상향 인정, ④ 교원 복지 및 후생의 증대, ⑤ 현장 교원의 정책 과정 참여 확대, ⑥ 교육공동체 형성을 위한 제도의 구축
〈교원의 전문성 신장 방안〉 ⑦ 우수 교원의 양성을 위한 초·중등 교원양성 교육과정의 개선, 특수분야의 전문직업인 교직 입직 방안 마련, ⑧ 교원연수 강화, ⑨ 성공적인 제7차 교육과정 운영을 위한 복수 자격 및 부전공자격 취득 기회 확대, 계약제 교원 배치기준의 개선, 순회 교사 제도의 활성화 방안 마련, ⑩ 교원의 장단기 해외 체험 연수 기회의 확대

'IMF 외환위기'를 극복하는 데에 전력을 다하던 국민의 정부는 교육을 국가경쟁력을 높이는 수단으로 바라보았다. 교육부를 교육인적자원부로 개편하여 학생 교육을 인적자원의 개발 차원에서 접근하였다. 이에 따라 수준별·선택형 7차 교육과정이 도입되고, '능력'을 강조하는 교원 정책이 도입되었다. 또한 '노동 유연화' 정책을 교원 인사 정책에도 그대로 적용하려는 것이었다.

오랜 독재 정치하에서 교사들은 '교장의 명을 받아 학생을 가르치는' 말단 공무원으로밖에 존재할 수 없었다. 교사들의 자발성과 창의성이 발휘될 수 있도록 하기 위해서는 교무회의 의결기구화, 교장 선출보직제 등 교육의 민주화가 절실하였으나 국민의 정부는 시장주의 논리에 따라 교육을 재편하려 하였다. 이러한 분위기 속에서 배우는 즐거움과 가르치는 보람을 동기로 하는 교육자치가 교육개혁의 방향이 되기는 어려웠다.[32]

촌지 문화의 척결과 체벌 금지

국민의 정부 첫 교육부 장관으로 기용된 이해찬 장관은 취임 이후 의욕을 갖고 교직 사회의 잘못된 풍토를 개혁하고자 하였다. 연구팀을 만들어 과제를 제출하면 500만 원의 연구비를 지급하여 공부하는 교사 문화를 만들려고 하였고, 촌지 문화의 척결을 적극, 추진하였다.

그러나 전교조가 1989년 결성 초기에 강하게 추진하였던 촌지 거부

---

32. 교사들이 중심이 된 가장 대표적인 교육개혁으로는 2010년 이후 전개된 혁신학교 운동을 꼽을 수 있다.

운동이 사회의 지지를 받았던 데에 바탕을 두고 추진한 교육부의 '촌지 문화 척결 정책'은 교사들로부터 교단 전체를 모독한다는 반발에 직면하였다. 학교 교문에 '우리 학교는 촌지를 받지 않습니다.'라는 현수막을 내걸라든지, 촌지 반납 장부를 비치하여 기록하고 실적을 승진에 반영하라고 하는 엉뚱한 '공문 시행하기' 방식 때문이었다. 때마침 서울의 강남 지역에서 교육 관료들까지 연루된 불법 고액과외가 적발되었으나 그 처리 결과는 신통치 않았는데, 교육부가 고질적인 사학비리라든지, 교육 관료들의 비리에는 약하고 힘없는 교사들에게만 강하다는 불만을 사게 되었다. 촌지 척결과 함께 단행된 잘못된 관행 바로 잡기는 체벌 금지 조치였다. 만시지탄이 있는 당연한 조치였으나 교사와 학부모가 문제를 제대로 파악하도록 하는 사회적 토론 과정이 생략되고, 예상되는 과도기 혼란에 대한 대책도 미흡한 상황에서, 일방적으로 체벌 금지 지시를 내린 것은 '교육'이 아니라 '정치'라고밖에 볼 수 없었다. 급기야 학생들이 교사들의 체벌을 경찰에 신고하고, 경찰이 학교에 들어와 교사를 연행해 가는 초유의 사태가 벌어지고 나서야 몇 차례의 TV토론이 전개되었다.

교육을 바라보는 관점

국민의 정부 교육개혁은 오랜 권위주의 독재정치를 끝내고 등장한 민주 정부가 교육개혁의 방향을 어떻게 설정하느냐 하는 점에서 중요한 분수령이 되었다. 정년 단축, 체벌 금지, 촌지 척결, 학교운영위원회 확대

강화 등을 통해 권위주의와 '관행'을 타파하고 참여를 확대하는 등 일정한 성과를 가져왔으나, 김영삼 정부 신자유주의 교육정책을 답습함으로써 '참여와 자치', '아래로부터 개혁'으로 큰 방향을 설정하지 못하는 아쉬움을 남겼다.

첫째, 국민의 정부 교육정책은 교육을 바라보는 기본 관점, 교육을 바라보는 철학에 문제가 있었다. IMF 사태 한가운데서 경쟁력을 강화해야 한다는 사고 때문에 교육의 목적을 '경쟁력 있는 인재의 양성'으로 설정함으로써 가치의 전도를 가져왔다. 교육의 목표가 몇몇 뛰어난 인재를 육성한다든지, 기업에 필요한 노동력을 양성해 내는 것으로 그칠 수는 없다. 교육은 인간 자체를 목적으로 삼아야 하고 인간의 성장을 돕는 것이 되어야 한다. '인적자원'이 아니라 '인간'이고, 건강한 민주사회야말로 가장 경쟁력 있는 사회인 것이다. 국민의 정부 교육개혁은 경쟁력 이데올로기에 치우쳐 초등학생까지 우열반으로 나누어 경쟁하도록 함으로써 학생들을 돕기는커녕 실패하게 만드는 우를 범하였다.

둘째, 교육을 시장주의 논리에 따라 재편하는 것을 교육개혁으로 생각하였다. 교사-학생의 관계를 교육의 공급자와 수요자로 설정하여 교육적인 관계 설정을 어렵게 만들었다. 7차 교육과정 등을 통하여 학생들의 교과 선택권을 넓히고, 학교 선택권, 담임 선택권까지도 부여하자고 주장하게 되었다. 또, 자립형 사립학교를 세워 비싼 등록금을 낼 수 있는 중산층의 요구에 부응함으로써 교육의 평등, 사회 정의의 가치를 가볍게 본 것도 문제였다.

셋째, 개혁의 목적과 대상, 주체를 잘못 설정하였다. 전교조를 비롯하여 교육개혁을 열망하는 교사들의 에너지가 강하게 결집하고 있었음에도 국민의 정부는 아래로부터 개혁이 부담스러웠는지 오랜 기간 독재정권의 충실한 시녀로 교육을 황폐화시켜 온 교육 관료들을 교육개혁의 주체로 내세우는 우를 범하였다. 개혁의 대상이 되어야 할 자들이 개혁의 주역으로 등장하고, 개혁을 열망하는 현장 교사들이 '개혁'의 대상이 되어버린 기막힌 역전이 국민의 정부 교육개혁의 모든 것을 말해주었다. 한국교육의 기본적인 문제점은 낮은 효율성이 아니라 군사독재 정권의 시녀로 전락한 반민주의 구조에 있었으므로 권위주의, 관료주의를 청산하는 것을 개혁의 목표로 삼아야 하였다. 개혁은 교사들이 주체가 되어 창의성과 자율성을 살릴 수 있도록 하는 방향에서 추진되어야 했다. 교사들뿐만 아니라 학생, 학부모의 참여도 확대되도록 제도를 개선하여야 했다. 국민의 정부는 다수의 교사를 불신하고, 소수의 교육 관료들이 제시하는 시책들을 개혁방안이라는 이름으로 일방적으로 내려보내는 일을 반복하였다. 한국 사회의 민주주의를 전진시켜야 한다는 역사의식의 부족이 근본적인 문제였다고 볼 수밖에 없다. 국민의 정부가, 교육을 변화시키기 위해서는 교사들의 자발성과 참여가 반드시 요청된다는 점을 염두에 두고, '의욕에 넘치는 교사 단체' 전교조의 목소리에 조금 더 귀를 기울이고 함께 교육개혁을 추진하였다면 많은 것이 달라질 수 있었다. 관료주의, 비리 사학재단의 전횡, 다수 교사의 체념과 방관을 극복하기 위한 법과 제도, 교육 여건의 개혁으로 교육개혁의 큰 방향을 잡아야 했다.

셋째 마당

기대와 실망,
전교조와 노무현 정부
2003~2007

시대 돌아보기

_ 탈권위주의 사회 개혁과 노동 정치의 민주화 사이에서 길을 잃다

노무현 당선자 대통령직 인수위는 12대 국정과제로 한반도 평화 체제, 지방분권과 국가균형발전, 공정한 시장 질서, 참여복지, 차별금지법 제정과 비정규직을 위한 법률 제·개정, 고교평준화 정책, 학력 차별금지, 사회 통합적 노사관계 등을 설정하여 진보세력으로부터도 민주개혁에 대한 기대를 받았다.

그러나 정부는 집권 첫해인 2003년 이라크전 파병을 결정하고, 김대중 정부의 대북 송금 의혹을 조사하는 특검법을 통과시켜 새천년민주당과 결별하고 열린우리당을 창당하였다. 2006년 평택 미군기지 건설을 위한 대추리 강제 철거, 한·미 FTA 추진 등으로 남북관계의 후퇴와 미국 중심 외교를 보여주어, 집권 말기인 2007년에야 제2차 남북정상회담이 이루어졌다.

2004년 정치개입 시비로 대통령이 국회에서 탄핵을 받았으나 오히려 제17대 국회의원 선거에서 과반 의석을 확보하는 압승을 거두었다. 이에 힘입어 국가보안법, 과거사 진상규명법, 언론 관계법, 사립학교법 등

'4대 개혁 입법'을 추진하였으나 사립학교법과 언론 관계법을 소폭 개정하는 데에 그쳤다. 2004년 성매매 금지법 제정, 2005년 진실과 화해를 위한 과거사 정리위원회 출범, 2008년 호주제 폐지 등 사회 개혁의 성과를 남겼다.

정부는 무역 개방 정책을 추진하여 2004년 한·칠레 FTA로 농산물 시장개방, 2005년 WTO 쌀 관세화 협상 비준에 이어, 2006년 한·미 FTA 협상을 시작하여 2007년 2월 타결하였다. 이는 농축 수산물, 교육·의료·금융을 포함하는 서비스 산업의 개방은 물론 신자유주의 세계 질서에 참여하는 문제였으므로 많은 논란과 반대에 직면하였다.

김대중 정부가 입법화한 정리해고제, 근로자파견제로 비정규직 노동이 일상화한 상황에서 노무현 정부는 '사회 통합적 노사관계 구축'을 목표로 설정하고 노사정위원회의 강화, 주5일근무제, 공무원 노동삼권 보장, 비정규직 보호 입법 등을 추진하였는데, 2003년 전개된 일련의 노사 분쟁을 겪으며 대통령이 공개적으로 대기업 노동운동을 비판하는 등 방향을 선회하였다. 2007년 2월 정부와 한국노총은 기간제 노동자 사용 사유 제한 완화와 2년 이상 고용노동자의 무기계약직화에 합의하였으나, 민주노총은 정리해고제·근로자 파견제의 유지, 다른 무엇보다 노조 전임자 임금 지급 금지와 복수노조 허용의 3년간 유예에 강력하게 반발했다. 3월 철도노조 파업, 6월 이랜드 비정규직 노동자 대량 해고 사태에 대한 정부 개입은 갈등을 최악의 상황으로 만들었다. 노동 정치의 민주화는 미해결 과제[33]로 남았고, 참여정부는 '좌측 깜빡이를 켜고 우회전'한다는 평가를 받았다.

33. 이선향, 「노무현 정부 시기 노동 정치의 갈등과 한계」, 『담론 201』 2011, 14(1), 57~82쪽.

교육에서는 2003년 NEIS 도입, 2004년 교원평가제 발표에 이어, 2008
학년도 대입제도 개선안을 발표하여 수능 등급제를 시행하였다. 보수 세
력은 2005년 뉴라이트전국연합, 2006년 뉴라이트 교사 연합, 뉴라이트
학부모연합 등을 출범시켰다.

참여정부는 정경유착의 단절, 권위주의의 청산, 시민 사회의 성장 등
성과를 거두었으나, 청년실업과 비정규직의 급증, 부동산 가격 폭등으로
10:90의 사회, 사회적 양극화를 초래하였고, 정치에서는 대북 송금 특검
수용을 계기로 열린우리당 창당, 한나라당에 연정 제안 등 지지층의 기
대와 다른 불안정한 행보를 보임으로써 보수 세력의 집권을 불러왔다.

2003년

2.6 김대중 정부의 대북 송금 조사 특검법 국회 통과

4.30 이라크 전쟁에 국군 공병, 의료부대 파병

9월 노무현 대통령, 새천년민주당 탈당

11.11 열린우리당 창당(새천년민주당 분당), 노무현 대통령 입당

2004년

3.12 국회, 노무현 대통령 탄핵 소추

4.1 KTX 서울–부산 개통

4.5 성매매 금지 특별법 입법

4.15 17대 총선에서 열린우리당 152석으로 과반 확보, 한나라당 121
석, 민주노동당 10석

6.22 김선일 씨(가나무역 사원), 이라크 2차 파병 중단을 요구하는 이
슬람 무장단체에 피살

8월 국군 자이툰 부대(3,000명 규모) 이라크 파병, 8월부터 4대 개
혁 입법 공방(사립학교법 2005.12.29. 개정)

9월 전자 정부 개통

10월 헌법재판소, '신행정수도 특별법'에 위헌 결정

2005년

3월 호주제 폐지 입법, 발효 2008.1.1.

4.5 관동팔경 낙산사 화재로 전소

6월 노무현 대통령, 지역구도 타파를 위해 한나라당에 대연정 제안

11.7 뉴라이트전국연합 출범

2006년

5.4~5 평택 미군기지 건설 강행으로 대추리 사태. 560명 부상, 23명
중상

6.5	한·미 FTA 협상 시작(2007.4.2. 정부 간 협상 타결, 2010.12.3. 재협상 타결)
7~10월	북한 장거리 미사일 발사
10.13	반기문 전 외교통상부 장관, 유엔사무총장 선출(재임 2007.1.1. ~2016.12.31.)
11월	황우석 사건, MBC PD수첩에서 의혹 제기로 시작
11.30	현재 구속노동자 62명, 참여정부 하 구속노동자 1,037명으로 김영삼 정부 2배
12월	일심회 사건, 장민호, 최기영(전 민노당 사무부총장) 등 5인 간첩 혐의로 기소

2007년

2.13	북한 핵무기 6자 회담 합의
7.19	샘물교회 봉사단 23명 아프간에서 파병 철회 요구하는 무장단체에 피랍, 목사 2명 피살
10.2~4	노무현 대통령, 평양 방문. 남북정상회담
10.29	김용철 변호사 '삼성 비자금 의혹' 폭로, 11.23 '삼성 비자금 특검법' 국회 의결
12.7	삼성1호-허베이 스피릿호 충돌, 태안 앞바다 원유 유출 사고
12.19	제17대 대통령선거, 이명박 후보 당선(정동영, 이회창에 승리)

2008년

1.1	국민 참여 재판 제도 시행
1.7	이천 냉동창고 화재 사고
2.10	숭례문 화재 사건, 방화로 숭례문 90% 전소

4. 교육행정 정보화 시스템NEIS과 정보 인권

참여정부에 대한 기대와 시각의 차이

전교조는 2002년 12월 20일 노무현 대통령의 당선을 축하하면서, 교육의 불평등을 심화시키는 자립형 사립고 확대 방침 철회, 유아 교육의 공교육화, 사립학교법의 민주적 개정, GDP 6% 수준으로 교육재정 확보, 수능의 자격고사화와 대학의 서열화 구조 타파를 촉구하는 성명을 발표하여 신자유주의 교육정책을 바로 잡고 교육의 공공성을 바로 세워주기를 요청하였다.

김영삼, 김대중 정부의 교육정책을 신자유주의라고 비판해온 천보선 교사[34]는 언론 인터뷰에서 "노무현 정부에 대해 전교조만큼 큰 기대를 걸었던 단체는 없을 것이다."라고 한 적이 있었는데, 성명서에도 그러한 기대가 잘 나타나고 있다. 김대중 정부의 신자유주의 교육정책을 이어갈까 염려하면서도 교육의 공공성을 강화하는 교육개혁을 기대한 것이다.

그러나 큰 기대를 받았던 참여정부는 교육정책의 큰 방향으로 신자유주의 정책을 고수하였다. 경쟁과 효율을 중시하는 신자유주의 정책을

---

34. 전교조의 정책 이론가로 활동해 왔고 현재는 전교조 활동가들이 설립한 진보교육연구소의 소장으로 활동하고 있다.

개혁으로 보는 정부와 시장경제의 논리를 교육에 도입하여 교사에 대한 통제를 제도화하려 한다고 보는 전교조의 입장에는 큰 시각의 차이가 있었다. 신자유주의 개혁은 인간보다는 효율을 우선하는 자본의 논리, 보수의 방향이었고, 교육의 공공성, 교육복지를 강조하는 진보의 방향과는 지향점이 달랐다.

제일 먼저 시각의 차이를 확인한 문제는 교육행정 정보시스템NEIS, National Education Information System[35]의 도입 문제로, 참여정부와 전교조 교사들 사이에 생각지도 않은 암초가 등장하였다. 충분히 소통하여 해결할 수 있다고 믿었던 문제로 정부와 전교조는 2003년, 가장 중요한 집권 1년차를 대립과 갈등 속에서 보냈다.

NEIS 문제와 달리 전교조와 참여정부가 힘을 모아 추진하였던 사회개혁이 있었는데 바로 사립학교법 개정을 통한 사학의 민주화였다. 참여정부가 4대 개혁 입법의[36] 하나로 추진한 사립학교법 개정 법률안이 2005년 12월 국회를 통과한 것이다. 사립학교법 개정은 전교조가 김대중 정부 시기였던 2001년부터 5년 동안이나 줄기차게 투쟁을 전개해 온 사업으로, 2001년 한 해에만 전국에서 모두 2,547회의 집회에 연인원 17,437명의 교사가 참가했을 정도로 전교조 교사들의 강한 열망이 담긴

---

35. 교육행정 정보시스템. 시·도 교육청에 시스템을 구축해 모든 교육 행정기관 및 초·중등 학교를 인터넷으로 연결해 행정 처리는 물론 전 교육 행정 기관에서 처리해야 할 학사·인사·예산·회계 등 교육행정 전체 업무를 전자적으로 연계 처리하는 시스템. 기존의 폐쇄적인 클라이언트 서버(CS) 시스템이 학생 데이터를 해당 학교에서만 활용하는 것과 달리, NEIS는 학생 전·출입 및 진학 시 관련 정보를 자유롭게 전송하는 등 편리하게 학사 행정을 지원하고 학부모가 자녀의 학습 성과를 집에서 살펴볼 수 있어 자녀 지도에도 도움이 된다. 하지만 이 같은 접근성 때문에, 정보유출의 우려가 제기되고 NEIS의 운용에 반대하는 주장이 제기되었다.
36. 노무현 참여정부가 추진한 국가보안법, 사립학교법, 과거사진상규명법, 언론관계법의 네 가지 개혁법안을 말한다.

사업이었다.[37] 많이 미흡한 내용이었지만 범진보 개혁 진영의 힘이 모여 이룩한 성과였다. 참여정부와 전교조가 이 문제부터 함께 풀어나갔더라면 하는 아쉬움이 있다. 참여정부의 실패를 아쉬워하면서 NEIS 문제에서 전교조가 물러서서 좀 더 인내심을 갖고 정부와 공조를 취할 수는 없었을까 하는 주장이 있으나,[38] 전교조가 학생의 정보 인권을 두고, 최소한의 원칙마저 포기하고 '타협'을 할 수는 없었다.

NEIS를 둘러싼 전교조와 참여정부의 '첫 만남'은 너무도 강렬하여 이후 '함께 하기'의 여지를 좁힌 게 아니냐는 평가가 전교조 내외에서 나왔다.

너무도 큰 아쉬움을 남긴 NEIS 저지 투쟁

교육부는 2002년 9월 개통을 목표로 NEIS 도입을 추진하였다. 전자정부를 추진하는 일환이었다. 전교조는 불필요한 정보 입력을 삭제하고 전산 인력을 충원하는 등 여건이 갖추어질 때까지 시행을 연기할 것을 요청하였고, 2003년 3월로 시행이 연기되었다. 전교조는 본격적으로 이 시스템을 검토한 결과 학생과 학부모, 교사의 개인정보를 과다하게 입력하여 정보 인권을 침해하는 치명적인 문제점이 있다는 결론을 내렸다. 10대 위원장으로 당선된 원영만은 2003년 1월 21일 기자회견을 열

---

37. 『전교조운동사2-1』, 632쪽.
38. 김기원. 『한국의 진보를 비판한다』, 창비, 2012. 대표적으로 '진보'와 '개혁'의 차이를 살펴보지 않고 모두 '진보'라고 부르면서 '진보'가 대국을 보지 못하고 '개혁', 참여정부를 어렵게 몰아감으로써 소탐대실했다는 논리로 비판한다.

어 'NEIS에서 교무/학사(보건 포함) 부분을 분리하여 운영할 것'을 요구하고, 교육부가 3월 시행을 강행하면 입력거부 투쟁을 시작할 것을 천명하였다. 전교조 합법화 이후 가장 치열하고 장기간에 걸쳐 전개된 'NEIS 저지 투쟁'의 시작이었다. 당시 전교조 교사들도, 정부도 이 문제가 그렇게 심각하고 치열한 투쟁 사안이 되리라고는 예상하지 못하였을 것이다.

2003년 1년 내내 전교조는 시민단체들과 학생과 학부모의 정보 인권 보호를 주장하면서 교육부의 NEIS 추진에 대응하였다.

2.6.	〈프라이버시 보호-NEIS 폐기 연석회의〉(23개 단체가 참가, 이하 NEIS 연석회의) 발족. '중대한 인권침해, NEIS를 폐기하라.' 공동성명 발표.
2.19.	NEIS 문제를 '국가인권위원회'에 제소.
3월	3월 초까지 주요 언론, '정보 인권 침해'의 문제점을 집중 보도, 교육부가 3월 개통을 밀고 나가자 조합원 교사에 인증거부 지침, 반대 서명 조직.
3.4.	노무현 대통령, 첫 국무회의에서 교육부에 조속한 대책 마련 지시.
3.8.	윤덕홍 교육부 장관, KBS 방송 인터뷰를 통해 "NEIS 중단하겠다." 발언. 이후 교육부 관료들과 보수 언론의 반격이 시작되자 "시행하면서 보완하겠다." 물러섬.
3.27.	전교조, 여의도에서 3,000여 명 분회장 연가투쟁 전개-'NEIS 폐기와 교육 개방 음모 분쇄를 위한 결의대회'
4.8.	국가인권위, 청문회를 열어 김학한 전교조 정책기획국장과 김정기 교육부 국제교육정보화기획관 등 10명의 진술 청취.
4~5월	전교조 '교육희망' 신문에 인증거부 교사 명단 게재.
4.29.	'학부모 정보입력거부 동의서' 14만 부 청와대에 전달.
5.11.	이미경 의원이 교육부총리와 전교조 위원장을 차례로 만나 전교조가 '교단 갈등 해소와 교육개혁에 협조'를 발표하고, 교육부가 'NEIS 중단' 발표하기로 합의.
5.12.	아침에 교육부, 전교조에 약속을 파기한다 연락, 오후 국가인권위원회 '교무/학사, 입(진)학, 보건 영역을 NEIS에서 제외하라' 결정, 인권위는 결정문에서 '사생활과 비밀에 대한 제한은 법률로써만 하여야 하며, 기본적 인권을 현저히 침해할 우려가 있는 개인정보를 수집해서는 안 될 것'이라고 함.

5.13.	조선일보, 교육부 관료들의 말을 받아 'NEIS를 중단하면 최대 2조 원의 추가 비용이 발생한다' 보도. 조선, 중앙, 동아, 한국일보, '학사 대란이 일어난다' 협박성 보도. 장관의 중단 의견에도 교육부 관료들 '5월 20일 행정정보위원회를 열어 결정하겠다' 발표.
5.16.	16~19일 연가 투쟁 찬반 조합원 투표. 72,318명이 투표에 참여하고, 49,387명이 찬성(69.6%)하여 28일 연가 투쟁 결정.
5.20.	대통령, 국무회의에서 "전교조는 정부의 굴복을 일방적으로 요구하고, 국가의 의사 결정 절차를 마비시켰다." "시스템을 폐기하라는 인권위 권고는 지나치다." "연가투쟁을 중징계할 때 교사 부족 사태를 대비하라." 발언.
5.25.	전교조 원영만 위원장, 윤덕홍 교육부총리, 문재인 청와대 민정수석, 이미경 의원이 참석한 노정 교섭에서 극적인 합의가 이루어져 합의문에 서명.
5.26.	교육부총리, 대통령의 재가를 거쳐 합의안 발표, 'NEIS 체제 27개 영역 중 교무/학사, 입(진)학, 보건 영역 등 3개 영역에 대해서는 시행을 전면 재검토' 합의 발표 후, 한국교총 회장단이 '장관사퇴서'를 들고 교육부를 방문하는 상황이 신문과 방송으로 중계.
5.31.	고건 국무총리, 고위 정책조정 회의를 열고 5.26 합의를 파기하는 'NEIS 시행 지침' 발표.
6.21.	전교조, 동국대에서 연가 투쟁 집회, 전국 8,657명 참여.
6.24.	위원장을 포함한 8명의 전교조 지도부에 경찰서 출석요구서, 26일 체포영장 발부.
6.27.	국무총리 직속의 '교육정보화위원회' 설치.
7.15.	경찰 출두한 위원장에 구속 수사 결정. 17일 구속영장 발부.
8.21.	위원장 보석으로 석방, 전교조 '교육정보화위원회' 참여하기로 결정. 전교조, 하반기에 100만인 서명 운동을 전개하여 위원회에 전달.
10.7.	수도권 대학교 입학처장 회의에서 '학생부 자료를 NEIS로 통일해 주기 바란다' 발표.
10.17.	전교조 서울지부 기자회견, '430여 개교 5,589명' 교사가 NEIS 입력거부 발표.
10.19.	여의도에서 10,772명의 교사가 참여한 가운데 전국교사결의대회.
11.26.	전교조 '교육희망' 신문에 1만6천여 명의 NEIS 입력거부 선언교사 명단 공개.
11.28.	서울지방법원, 학생 3명이 낸 'NEIS 시스템에 의한 대입 전형자료 CD 제작 배포금지 가처분 신청'을 받아들임.
12.15.	정보화위원회 전체 회의에서 '교무/학사, 입(진)학, 보건 3개 영역의 DB는 기존의 NEIS로부터 물리적으로 분리, 별도의 시스템으로 구축' 합의.

전개 과정을 보면 알 수 있는데 전교조와 시민단체의 엄청난 에너지가 투여된 결과 학생·학부모·교사의 정보 인권을 일정하게 보호할 수 있게 되었고, 무엇보다 아직은 생소한 '정보 인권' 문제를 사회문제로 인식하도록 하는 성과를 거두었다. 전교조는 '더 많은 개혁'을 견인하는 역할을 자임하고 나름대로 그 역할을 해냈다. 그러나 '진보'와 '개혁'이 처음으로 갖게 된 '개혁의 기회' 앞에서 공동 전선을 펼치기는커녕 대립과 갈등의 길로 갔다는 점이 많은 아쉬움을 남겼다.

과정을 살펴보면 5월 11일에 이미경 의원의 중재로 장관과 위원장의 합의가 이루어졌으나 조선일보의 과장된 보도와 관료들의 반발로 무산되었다가, 5월 25일에 다시 청와대 민정수석까지 참석한 합의문이 작성되었으나 또다시 국무총리가 나서서 합의를 파기하여 6월에 전국 8천여 명의 교사가 참가하는 연가투쟁이 전개되고, 전교조 위원장이 구속되는 갈등 상황이 전개되었음을 알 수 있다. 12월 15일에 정보화위원회에서 '교무/학사, 입(진)학, 보건 3개 영역의 DB를 별도의 시스템으로 운영한다.'고 합의함으로써 일단락되었으나 후유증은 심각하였다.

5월 11일의 합의가 존중되었다면 정부도, 전교조와 시민단체도 함께 승리할 수 있었다. '비 온 뒤에 땅이 더 굳는다.'는 속담처럼 정부가 진보 세력과 함께 더 힘있게 사립학교법 개정 등 교육개혁을 추진해 갈 수 있었을 것이다. 그날, 사직동 전교조 서울지부 사무실에서 열린 중앙집행위 회의에서 합의가 보고되자 노무현 정부와 범진보 연대가 깨지지 않을까 우려하던 지부장들이 유승준 서울지부장에게 "정말 기분 좋다! 투쟁과 협상이 무엇인지를 한 수 배웠다."며 그간의 긴장을 풀고 악수를 했었다. 그러나 합의는 조선일보와 교육부 관료들의 저항에 정부가 끌려

가면서 하루 만에 파기되었다. 노무현 정부에게는 이 순간이 굉장히 중요한 고비였던 것 같다. 한국 사회의 주류세력이 누구인지, 노무현 정부의 개혁 의지와 진보세력에 대한 관계 설정까지 모든 것이 확연히 드러나는 순간이었다. 수구 교육 관료 세력이 개혁을 가로막지 못하도록 선을 긋지 못한 것은 참으로 안타까운 일이었다. 대체 정부는 무엇이 그렇게 두려웠을까? 그리고 그때부터는 하나의 정책을 둘러싼 찬반 논란이 아니라 전교조와 진보세력을 제어하느냐, 못하느냐의 세력 대결로 변질되고 말았다. 참여정부와 민주당으로서도, 전교조로서도 두고두고 아쉬운 순간이었다.

전교조는 2차례의 연가투쟁(3월 27일 분회장 연가투쟁 3,000여 명, 6월 21일 조합원 연가투쟁 8,657명)과 전국교사대회(10,772명), 조합원의 생활기록부 입력거부 선언 등을 통하여 단결력을 보여주었다. 또, 2월 초에 23개 단체로 NEIS 연석회의가 결성된 이후 전국에서 수천 개의 시민단체가 투쟁에 참여하고, 4월 인권위에 10만 명이 넘는 '학부모 정보입력거부 동의서' 전달, 4월 29일 '학부모 정보입력거부 동의서' 14만 부 청와대에 전달, 8월 이후 100만인 서명 운동이 전개되어 진보세력의 연대의 힘을 보여주었다.

그러나 역설적으로 진정한 승자는 교육 관료·학교장·교총 등 보수 세력과 보수 언론이었다. 그들은 NEIS 문제를 전교조를 봉쇄하는 정치 문제로 생각하고 대응하였다. 합법화된 지 겨우 4년 만에 전교조가 정부의 교육정책을 변경하게 한다면 교육의 주도권을 잃게 된다고 본 듯하다. 사상 처음으로 개혁 세력이 집권하자 위기의식을 느끼던 보수는 개혁 세력과 진보세력 사이에 틈새를 만들고, 서로 대립하도록 하였을 뿐만 아니라 한국 사회를 움직이는 힘은 여전히 자신들이 가지고 있다는 것을 과시하였다.

전교조가 결성 시기, 탄압으로 고통받을 때 신실한 친구였던 노무현 대통령은 5월 20일 국무회의에서 "전교조가 정부에 굴복을 요구하고, 국가의 의사 결정 절차를 마비시켰다."고 섭섭한 발언을 하였다. 특유의 직설적이고 진솔한 표현이겠지만 사안의 본질은 온데간데없게 되어버린 상황을 잘 보여주었다.

오랜 기간 계속되었던 권위주의 독재정치 하에서 진보세력은 독자의 정치 세력으로 성장할 수 없었고 개혁 세력은 진보의 지지를 받으면서도 항상 일정한 거리 두기를 계속해 왔다. NEIS 문제는 참여정부 초기에 너무도 빨리 개혁과 진보 연합의 허술함을 드러나게 만든 사안이었다.

5. '2008 대입제도 개선안'과 교원평가제

2008 대입제도 개선안과 고교 교육

노무현 정부 2년 차인 2004년 10월 안병영 교육부총리는 '2008 대입제도 개선안'을 발표하였다.[39] 노무현 정부는 김대중 정부 시기에 마련한 '2002 대입제도'가 고등학교의 내신 부풀리기로 학생부 불신을 초래하여 대학들이 수능의 비중을 지속하여 높이는 결과를 초래하였다고 판단하고, '공교육의 내실화·정상화, 대학 서열화 극복'을 위하여 '대입제도 개선안'을 추진하였다. 2003년 12월 노무현 대통령이 교육혁신위원회가 주관하여 '2008 대입제도 개선안'을 마련하라고 지시하여, 2004년 3월 대입제도 개혁특위가 구성되고 2년 가까운 진통 끝에 대입제도 개선안이 마련된 것이다. 개선안의 내용은 크게 세 가지였다.

첫째, 내신 성적을 석차 등급(9등급)과 원점수만 학생부에 기재하도록 한다. 원점수에는 해당 과목에 대한 평균과 표준편차가 함께 표기된다.

둘째, 2007학년도까지는 수능 성적표에 표준점수와 백분위, 등

---

39. 〈2008 대입제도〉 교육부총리 발표문 요약, 연합뉴스, 2004.10.28.

급이 제공됐지만 2008학년도부터는 표준점수와 백분위를 없애고 9등급만 표기한다. 일정 수준의 변별력 확보를 위해 현행과 같이 1등급을 4% 이내로 하는 9등급 방식을 유지하기로 하며, 학생부 중심의 전형이 정착되는 시점에서 등급을 완화하는 방안을 강구한다.

셋째, 대학의 교육목표와 모집 단위별 특성에 맞는 전형 방법을 개발하고 대입 전형업무의 전문성을 강화하기 위하여 학생선발 업무만 전담할 '입학사정관제'를 도입한다.

정부는 개선안을 통하여, "대학이 시험 성적과 석차만을 강조하는 '선발 경쟁'에서 벗어나 소질과 잠재력을 갖춘 학생을 발굴하여 교육하는 '교육 경쟁' 체제로 전환할 것을 기대한다."고 하였다.[40] 특위의 논의과정에서는 대학서열 체제 타파, 학생부를 대신하는 교육 이력철 도입, 수능을 폐지하고 평가 방식을 달리하는(과목별 특성에 맞는 평가, 지역별 시험) 새로운 학력고사의 도입, 수능 5등급제 등 혁신적인 방안들이 논의되었으나 '현실적인 개선안'으로 귀결되었다.[41]

'개선안'이 발표되자, 명문대학들은 내신 성적 반영률을 30%로 낮추고 논술 등 대학별 선발을 강화하겠다고 반발하고 나섰고, 학부모와 학생들은 수능·내신·논술의 '죽음의 트라이앵글'이라며 부담이 강화되었다고 비판하였다. 대학은 '성적 좋은 학생선발'이라는 관성에서 한 발짝도 내딛으려 하지 않았고, 개선안이 지향한 '선발 경쟁 탈피'가 왜 필요

---

40. 이윤영, 「2008 대입제도 어떻게 달라지나?」, 동아일보, 2007.3.21.
41. 민경찬, 「2008 대입제도 개선안」, 2007.12.6.

한지 진지하게 귀 기울이지 않았다. 그러니 학부모와 학생들이 부담 가중을 하소연하지 않을 수 없게 된 것이고….

전교조는 "이 시안은 사실상의 대학별 본고사 부활을 가져오고 고교 등급제 논란을 불러올 것이다. 학교 교육 정상화를 위한 정책으로는 미흡하고, 오히려 사교육비를 증가시킬 가능성이 있다. 교사의 업무부담을 증가시키고 학생들을 더욱 불안하게 만들 것이다. 대입제도 개혁은 대학 서열 해소와 연계시켜야 성공할 수 있으므로, '수능 폐지-대입 자격고사화'와 '국공립대 통합 전형'을 제안한다."고 하였다. 서열화되어 있는 대학 체제의 해체 없이는 결코 입시경쟁을 완화할 수 없을 것이라고 다시 한번 강조한 것이다.

한국교총은 "학교생활기록부 반영 비중 확대와 수능 등급제 도입은 대학의 학생선발을 위한 수능과 내신의 변별력을 떨어뜨려 결과적으로 학생들에게 논술 및 심층 면접 대비 등을 위한 맞춤 과외 성행과 같은 또 다른 입시부담을 초래할 뿐만 아니라 새 입시제도 도입에 따른 혼란을 초래할 가능성도 있다. 교과별 독서 활동 기록은 학생들의 독서 활동이 형식화될 수 있다. 학교생활기록부의 반영 비중이 확대되는 만큼 교사 업무부담 경감과 진로지도 강화를 위한 교육 여건 개선이 매우 중요하다."고 하였다.

전교조와 한국교총이 교사의 업무부담 가중을 거론하기보다는 '대입제도 개혁' 문제에 더 집중했더라면 좋았을 것이라는 아쉬움이 남는다. 개혁안을 발표한 정부는 '노력한 개선안'이라는 평가를 기대했을 테지만 한국의 대학입시 경쟁은 양量을 완화해서 될 문제가 아니라 경쟁 자체를 폐지하는 질質의 전환을 통해서만 해결할 수 있는 문제라는 점이 곧 현실로 드러났다.

개혁안은 시행 1년 만에 기득권 명문대학들의 선발권 논리, 학부모·학생의 공정성 시비 속에서 새로 등장한 이명박 정부에 의해 1년 만에 등급제가 점수제로 제자리로 돌아감에 따라 물거품이 되고 말았다. 입학사정관제는 전형의 기준이 공개되지 않으면서 공정성 논란마저 초래하였다. 대학서열 해소와 입시경쟁 폐지는 그 거대한 뿌리를 생각할 때, 학부모와 학생, 교사, 대학을 포함하는 사회 주체들의 진지한 토론과 '대전환'의 합의가 반드시 이루어져야 개혁이 가능한 사회문제임을 깨닫게 된다.

대학입시 경쟁교육과 평행하여 발생하는 문제가 고교서열화 문제이다. 노무현 정부는 김대중 정부에서 처음 도입하여 귀족학교로 비판받는 자립형 사립고를 계속 유지하는 것은 물론, 추가로 설립하여 고교평준화를 위협하였다.

자립형 사립고는 김대중 정부 마지막 해인 2002년 민족사관고, 포항제철고, 광양제철고가 세워지고, 노무현 정부 첫해인 2003년에 현대청운고, 해운대고, 상산고가 설립되면서 등장하였다. 이들 학교는 시범실시 기간을 가진 뒤에 2005년에 평가를 거쳐 계속 자사고로 존속시킬 것인지를 결정하기로 하였는데, 모두 평가를 통과하여 자사고로 유지되고 있다. 시범실시 결과, 자사고가 저소득층은 한 해에 수백만 원이 드는 학비로 엄두조차 못 내는 귀족학교이고, 건학 이념이나 독자적인 교육과정은 명분에 불과할 뿐 실제로는 철저하게 입시 위주 교육을 하는 것으로 드러났음에도 시범실시만 2년 더 연장하기로 결론이 났다. 자사고는 이명박-박근혜 정권을 거치면서 자율형사립고로 이어지고 그 수가 증가하여 고교평준화를 사실상 해체하게 하였다.

노무현 정부가 공약으로 내세운, '학벌 사회를 실력사회로'가 대학 서열화를 타파하자는 의미이고, '획일적인 교육을 다양성 교육으로'가 교육 내용의 다양화, 학교의 수평적 다양화를 의미하였다면 자립형 사립고 확대는 공약을 정면으로 뒤집는 정책이었다. 이는 노무현 정부가 입시경쟁 완화를 위해 마련한 2008 대입제도 개혁안의 취지와도 맞지 않는 교육정책이었다. 경쟁 중심의 교육을 그만두어야 한다는 확고한 철학이 부족한 데서 비롯되는 문제점이 아닌가 한다.

노무현 정부의 '2008 대입제도 개선안'과 고교 정책은 '현실적'이고, '무난한' 쪽을 선택하였다. 문제를 바라보는 시각이 낭만적이라는 비판을 피할 수 없을 것이다. 그러나 역대 어느 정부도 이 정도 수준의 입시경쟁 개혁안을 제출한 적은 없었다.

WTO 교육 개방

2006년 노무현 대통령은 신년 연설에서 교육과 의료를 서비스 산업이라며, 과감하게 개방하고 경쟁하도록 해야 한다고 역설하고, WTO 무역협정과 한·미 FTA를 체결하여 교육과 의료 산업을 개방하려고 하였다. 교육 개방은 교육을 공공재가 아니라 무역할 수 있는 상품으로 전환하는 것을 의미하였다. 외국의 명문대학교가 국내에 분교를 설치하거나 영어를 비롯한 외국어 학원을 설립하여 영업하는 것을 허용하고, 외국인 교사, 강사들이 국내의 학교, 학원에 취업하는 것을 허용한다는 것이었다. 이렇게 하면 외국 유학을 가지 않아도 되고 국내 학교들도 경쟁을 통하여 그 서비스를 향상하게 될 것이라는 발상이었다.

　정부는 이미 2002년 9월부터 외국의 우수대학원을 유치하기 위한 계획을 추진하였고 2003년 3월에 WTO에 1차 양허안(개방 계획안), 2005년 5월에 2차 양허안을 제출하였다. 정부는 교육 개방이 대세이고 불가피한 선택이라고 하였으나 2차 양허안을 제출한 나라는 WTO 148개 회원국 가운데 12개 국가에 불과하였다. 교육을 서비스 산업으로 보고 개방하는 것은 교육이 공공재이고 궁극적으로는 모든 국민이 대학교까지 무상으로 교육을 받을 수 있어야 한다는 공교육의 이념을 포기하는 일이다. 또 교육을 세계 시장에 개방하는 것은 지구촌의 문화의 다양성을 지켜가는 것이 얼마나 소중한가를 생각하지 못하는 처사이다. 교육은 한 사회가 발전시켜 온 가치와 문화에 바탕을 두고 있는바, '세계화'를 내세워 공교육을 포기하는 것은 '문화식민지'를 자처하는 일일 터이다.

　전교조는 WTO 교육 개방을 중차대한 문제로 인식하고 초기부터 강력하게 대응하였다. 2004년 민중 진영의 30여 단체들이 참여하는 〈WTO 교육 개방 저지와 교육 공공성 실현을 위한 범국민교육연대〉(이하 범국민교육연대)를 결성하여 교육 개방을 막고 교육의 공공성을 강화하는 활동을 적극적으로 전개하였다. 전교조는 2003년 9월 멕시코 칸쿤에서 열린 'WTO 5차 각료회의' 반대 투쟁, 2004년 1월 반세계화 인도 세계사회포럼, 2005년 12월 홍콩 각료회의에 대표단을 보내 WTO 협상 반대 투쟁에 동참하였다. 2차 양허안 제출을 앞두고 〈WTO 서비스협상에 대해 알고 싶은 열 가지〉라는 교육자료집을 제작하여 전국에 배포하였다. 12월 홍콩에서 개최된 각료회의가 포괄적 합의에 도달하지 못함으로써 신자유주의 세력들은 지역 간 경제협력체 협정이나 양자 간, 다자간 FTA로 방향을 돌렸다. 또 정부는 제주특별자치도와 부산, 인천, 광양을 경제자유구역으로 지정하고 외국인 투자자 자녀교육을 명분으로 외국 교육기관 설립을 허용하였다. 〈범국민교육연대〉는 국회 상임위를 대상으로 외국 교육기관의 '영리활동 허용', '내국인 입학 허용', '국내 학력 인정' 등 3대 독소조항의 문제점을 설명하여 분위기를 바꾸어 나갔다. 2005년 4월 상임위에서는 싱가포르와 중국이 정부 주장과 달리 중등 교육은 개방하지 않고 있음을 밝히기도 하였다. 그러나 정부는 아랑곳하지 않고 5월에는 특별법을, 11월에는 시행령을 공포하였다.

외국 교육기관들은 한국 학생들의 입학을 허용하고, 학력을 인정해 주고, 등록금·선발·교원·교육과정 등에 국내 교육 관련 법 적용을 받지 않는 것은 물론 세제 혜택, 부지 제공, 재정지원 등 각종 특혜를 받을 수 있게 되었다. 2006년 송도국제학교가 공사를 시작하였는데 당시 이미 국내에는 44개나 되는 외국인학교가 존재하고 있었다. 2009년 1월에 이명박 정부는 '외국인학교 및 외국인 유치원 설립 운영에 관한 규정'을 제정하고 5월에는 학교 운영으로 발생한 이익금을 본국에 송금할 수 있도록 하는 방안을 발표하였다. 노무현 정부는 제주특별자치도에 영어 공용화 기반을 구축하고, 초중등과정 외국 교육기관, 국제고등학교, 자율학교의 설립을 허용하였는데, 이명박 정부는 2009년 3월 '제주특별자치도 설치 및 국제자유도시 조성을 위한 특별법'으로 개정하여 제주를 영어 교육도시로 만들기 위하여 국내외 영리법인에 학교설립을 허용하였다.

차등성과급제와 교원평가-경쟁의 제도화를 통한 교원 통제

　김대중 정부가 2001년 처음 발표한 '차등성과급제'는 전교조 교사들의 성과급 반납, 연가투쟁 등 대대적인 반대에 부딪혀 교육부가 차등 지급률을 10%로 낮추고 단체협약에 '성과급의 수당화 또는 폐지'를 포함하는 것으로 그쳤다.

　그러나 단체협약의 약속은 지켜지지 않았고, 노무현 정부는 2005년 10월 성과급 확대 입장을 발표하고[42] 2006년 7월 차등 지급률을 20%로 확대하여 지급하였다. 전교조의 반대 투쟁에도 불구하고 2007년에는 차등성과급 금액을 총보수의 3%로 확대하고 등급 간 비율도 2:1에서 3:1로 확대한다고 발표하였다. 이로써 A-C등급 간 차등 액수는 429,620원으로 벌어지게 되었다.

　2011년 이명박 정부 시기에는 학교별 성과급이 도입되고, 개인별 성과급의 차등 폭도 50%로 확대되었다. 전체 성과급의 10%를 학교별 성과급으로, 90%를 개인별 성과급으로 지급하였는데, 개인별 성과급은 S(3,066,400원), A(2,561,640원), B(2,183,170원) 등급으로 나누고 S-B 간 차액은 883,330원에 이르게 되었다.

　2015년 박근혜 정부는 2016년 학교 성과급 폐지를 발표하였으나 개인별 성과급은 차등 폭을 70%로 확대하겠다고 발표하였다. 이에 따라 성과급 총액과 차등액은 큰 폭으로 증가하게 되었다.

　2004년 노무현 정부는 '2.17 사교육비 경감 대책'을 발표하면서 새로

---

42. 차등폭을 50%로 확대하고 지급 기준에서 경력을 제외하며 연 2회 지급, 성과급의 비중을 총보수의 2%에서 2010년까지 6% 수준으로 확대하겠다고 발표.

2011년 차등성과급 현황

성과급 구분	전체 성과급 지급 비율	차등 지급률 평가 등급	지급 방식
학교 성과급 구분	10%	3등급(S, A, B) (30%, 40%, 30%)	학교별 평가 후 자율 지급
개인 성과급 구분	90%	3등급(S, A, B) (30%, 40%, 30%)	개인별 평가 후 자율 지급

※ 총 지급액(개인+학교) SS 3,499,650원 BB 2,327,480원 차액 SS-BB=1,172,170

개인 성과급	S	A	B
차등 지급율(50%)	균등+1,766,650	균등+1,261,890	균등+883,320
1인당 지급액(원)	3,066,400	2,561,640	2,183,070

※ 균등지급액 1,299,753원 S-B=883,330

운 교원평가제 실시를 발표하였다. 교육부는 "공교육이 부실하여 학부모가 사교육에 의존하고 있다. 교원평가로 부적격 교원을 퇴출하고 교원의 전문성을 향상시켜 교육의 질을 높이겠다."고 하였다. 한국의 교육은 국제 학업 성취도 평가에서 높은 성취도를 보였고, 대학입시에는 전통적으로 '공부 잘하는 아이들'이 사대에 진학하여, 교원의 능력 부족으로 사교육이 확대되고 있다고 볼 근거는 별로 없다. 사교육은 한정된 명문대 입장권을 쥐려는 무한경쟁, 경쟁 상대보다 +a를 더 하려는 경쟁이어서 공교육의 질 향상과는 결이 다른 문제였음에도 교육부는 교사들을 궁지로 모는 여론몰이를 하였다. 소속 부서인 교육부의 이와 같은 '교사 때리기'는 교사들에게는 참으로 인내하기 어려운 처사였다.

전교조는 공교육의 실패는 교육정책의 실패가 원인이다. 지금이라도 교육재정을 확충하고, 교원을 대폭 충원해야 하고, 학교자치를 강화하여 학교에 활력을 불어넣어야 한다고 주장하였다. 교원평가에 대해 교사에 대한 관료주의 통제를 강화하려는 정책으로 교원 간 불필요한 경쟁을 유발하고, 교사-학생의 관계를 악화시킬 것이라는 입장을 천명하였다.

2005년 새로 들어선 전교조 제11대 집행부는 반대 투쟁과 협상을 병행하였다. 정부가 6월 1일부터 시범 실시, 2007년 전면 시행을 발표하자, 전교조는 5월 28일 '교원평가 저지, 학교자치 실현과 교장선출보직제 쟁취 2005 전국분회장 대회'를 열고 교원평가에 반대하였다. 전교조와 교육부의 협의가 11월 4일 최종 결렬되자, 전교조는 조합원 찬·반 투표를 거쳐 11월 12일 연가투쟁을 결정하였다. 그러나 이수일 위원장은 연가투쟁 하루 전날, 긴급 기자회견을 열고 연가투쟁을 유보하고 교육부와 교섭을 재개하였다. 위원장은 11월 26일 제46차 대의원대회에 교육부와의 교섭 결과를 설명하며 승인을 요청하였다. 위원장은 자신이 제출한 협상안이 부결되면 위원장직을 물러나겠다고 배수진을 쳤으나 1표 차이로 부결되자 즉시 사임하고 의장석을 물러났다. 전교조 내에서 교원평가를 둘러싼 논쟁이 얼마나 치열하였고 얼마나 고심이 컸는지를 잘 보여준다.

교육부는 2005년 11월 48개교를 시범 실시 학교로 발표한 데 이어 2006년 1월 19개교를 추가 선정하였고 9월에 공청회를 열고 연내에 법제화하겠다고 발표하였다. 2006년 4월 보궐선거에서는 '교원평가 저지 투쟁'을 호소한 장혜옥 후보가 위원장(제12대 집행부)에 선출되었다. 제48차 대의원대회는 신임 집행부가 제시한 대로 교원평가 강행 시 하반기에 총력투쟁을 전개할 것을 결정하였다. 전교조는 교원평가의 부당함을 알리기 위하여 연대단체와 순회 간담회, 심포지엄을 잇따라 개최하였다. 교원평가제도의 문제점을 여론화하려는 노력의 결과 교원평가에 대한 국민 여론에도 일정한 변화가 일어났다. 교원평가가 관료주의 통제를 강화하여 학교의 민주주의를 후퇴시킬 것이라는 공감대가 형성되기 시작하였다.

한국사회여론연구소(KSOI)에 의한 조사 결과 비교

	2005년 5월	2005년 11월	2006년 8월	2006년 9월
찬성	56.8%	65.0%	57.1%	47.8%
반대	36.9%	31.9%	38.9%	47.1%

※ 2006.10.13. 제51차 전국대의원대회 자료 중

전교조의 노력에도 불구하고 교육부는 9월 26일 시범실시 결과를 발표하면서 연내 법제화, 2007년 500여 개교 선도학교 지정 계획을 발표하였다. 또 10월 20일 기습적으로 공청회를 강행하고 이에 항의하는 전교조 교사들을 전격 구속하였다. 당시 전교조 조직실장을 맡고 있던 나는 집행부 회의에서 "시범 실시를 미리 발표하고 하는 공청회는 중단해야 한다."고 항의하기로 결정한 데 따라 앞장서 항의를 하다가 이민숙 대변인, 고진오 조직국장과 함께 현장에서 연행된 후 구속까지 당하였다. '선고유예' 결정으로 풀려나기까지 100여 일 생각해 본 적도 없는 감옥살이를 했다. 최후진술에서 나는 "황산이 위험하다고 쇠그릇에 담으면 어떻게 되겠습니까? 황산은 약해 보이는 유리그릇에 담아야 안전하게 보관할 수 있습니다. 교원평가는 교육을 담을 수 있는 그릇이 될 수 없습니다. 효도를 장려한다고 자식들을 평가하려 한다면 어떻게 되겠습니까? 교사의 교육활동은 측정할 수도 없고 측정할 수 없는 것을 측정하면 교육을 교육이 아닌 것으로 만들어 버릴 것입니다."고 호소하였다. 내가 갇혀 있는 동안 전교조는 11월 22일 약 5천 명의 조합원이 참가한

'교원평가 반대, WTO 교육 개방 저지' 연가투쟁을 전개하였다. 집권 첫해 시작한 NEIS 시행을 둘러싸고 시작된 전교조와 노무현 정부의 대립은 정권 후반기까지 확대되고 있었다.

교육부는 2006년 교원평가 법제화에 실패하였으나 2007년 506개교, 2008년 669개교로 시범학교를 확대하였다. 노무현 정부는 교원평가에 교육정책의 성패가 달려 있으며, 대통령의 임기 내에 반드시 완수해야 하는 과제라고 판단한 듯, 교사들의 반대가 오로지 이기심에서 비롯하는 것이라고 확신하는 듯 교사들의 강력한 반대를 꺾고 교원평가를 밀어붙였다.

뒤를 이은 이명박 정부는 시범학교를 2009년 3,121개 교로 확대하였고, 2010년에 전국의 모든 학교에 교원평가를 전면 실시하였다. 박근혜 정부 시기인 2013년에는 교원평가 결과에 따른 연수 심의대상과 기준을 발표하였다. 전교조는 교사에 대한 통제의 강화, 민주주의의 퇴보를 막으려고 '민주 정부'와 혈투를 벌였으나 거기까지였다. 참여정부에 의해 '집단 이기주의'로 몰려 명분을 인정받지 못한 전교조는 이명박, 박근혜 정부의 교원평가 전면 실시에 별다른 저항을 조직해 낼 수가 없었다.

노무현 정부 교육정책을 바라보는 전교조 내부의 두 시선

노무현 정부가 전교조와 함께 '더 많은 민주주의'를 향해 나아가지 못한 점은 참으로 안타까운 일이었다. 노무현 정부의 NEIS, 교육 개방, 교원 평가제에 대한 전교조의 반대 투쟁은 역설적으로 그 정책들의 부작용이 크게 나타나지 않게 만드는 효과를 냈다. 교원 평가제를 통한 교원에 대한 통제와 구조조정이 설계대로 관철되지 못한 것처럼 NEIS, 교육개방도 지연되거나 완화되었다. 전교조는 '개혁'을 내세운 정부가 제대로 방향을 잡을 수 있도록 하는 비판자의 역할을 다하였다. 그러나 전교조는 노무현 정부와 대립 갈등하면서 반독재 투쟁을 함께 해 온 '개혁' 세력으로부터 초심을 잃고 집단 이기주의로 기울었다는 비판을 받게 되었다. 신자유주의 교육정책은 새로운 것, 현실을 '개혁'하는 것으로 인식되었고, 이에 저항하고 진보의 교육개혁을 주장한 전교조는 어느덧 '반개혁'으로 비치게 되었다.

노무현 정부와 대응하면서 전교조 내부에서도 의견 대립이 더욱 심각해졌다. 교원평가는 전교조 결성 시기부터 경쟁해온 두 노선 간의 대응 방향을 둘러싸고 가장 첨예하게 대립한 사안이었다. 이는 교원평가, 더 근본적으로는 참여정부, 개혁 세력을 어떻게 바라보느냐 하는 차이에서 비롯되었다. 2005년 11월 26일의 46차 대의원대회에서 교원 구조조정의 제도로 삼지 않는다는 약속을 받고 교원평가를 수용할 것을 제기하다 부결되어 사임한 이수일 위원장과 2006년 보궐선거로 위원장에 당선한 장혜옥 위원장의 집행부를 필두로 하는 두 활동가 그룹이 그들이다. 전자는 대체로 전교조는 '개혁 세력(민주당-열린우리당)과 연대하여 교육개혁을 추진해야 한다. NEIS 문제는 사활적인 교육 문제가 아니므로 문제점을 지적하는 정도에서 그쳐야 했다. 교원평가의 제도화는 국민 다수가 찬성하고 있어 막기 어려우므로 교원 퇴출 제도가 되지 않도록 협상하는 게 최선이고 참여정부와 갈등을 확대해서는 안 된다.'는 입장이었다. 후자는 대체로 전교조는 '진보의 입장에서 개혁 세력의 문제점을 비판하고 진보의 대안을 제시해야 한다. NEIS 투쟁을 통해 전교조는 정보 인권 문제를 사회 문제화하는 성과를 거두었고 참여정부의 불철저함을 비판하였다. 교원평가는 성과급제와 함께 교원 통제, 교원 구조조정을 위한 제도이므로 강력하게 투쟁해야 한다.'는 입장이었다. 전교조 내부 노선의 대립은 여전히 범민주주의 세력의 연합이 중심이 되어야 하는지, 신자유주의에 맞서 복지와 연대를 주장해야 하는지를 두고 한국사회를 바라보는 입장의 차이에서 비롯되었다. 전교조 내부의 노선 차이는 신자유주의 교육정책에 대한 대응, 법외노조화에 대한 대응을 둘러싸고 계속되었다.

넷째 마당

반反 민주화 반反 교육의
공세를 넘어

2008~2012

시대 돌아보기_ 10년 만에 돌아온 보수, 이명박 정부

한나라당 이명박 후보는 노무현 정권에 대한 실망이 빚어낸 반사이익으로 대통령에 당선되었다. 신자유주의 정책이 초래한 90:10의 사회를 '진보 아마추어 정권'의 무능으로 몰아 공격한 정치 전략의 성공이었다. 개혁적이지도 유능하지도 못했던 '진보'에 실망한 국민은 성공한 CEO 출신 정치가에 기대를 걸었다.

집권 직후 방미를 앞두고 발표한 한·미 소고기 협상 타결과 '4.15 학교 자율화 조치'(학교 학원화 정책)에 반대하는 대규모 촛불시위가 일어났다. 6월 10일에 광화문 70만, 전국 100만 명 촛불시위에 명박산성으로 대응하다 6월 19일에 공공부문 민영화 철회, 미국산 쇠고기 30개월 미만 수입, 한반도 대운하 포기를 발표하였다. 2009년 1월에는 용산 철거민 참사 사고가 일어났고, 5월에는 쌍용자동차 노조의 정리해고 반대 파업을 강경 진압하였다.

이명박 정부는 '잃어버린 10년'을 반복하지 않기 위해선지 언론과 교육을 장악하기 위해 나섰다. 보수신문에 종합편성채널을 허용하고, 정연주 KBS 사장을 해임하였으며, YTN과 MBC 사장에 친정부 인사를 임명하였다. 뉴라이트 계열의 교과서포럼은 금성출판사 교과서를 좌 편향이라 공격하면서, 식민지근대화론에 입각한 '대안교과서'를 출간하였다. 공안기관의 민간인 사찰, 국방부의 불온서적 지정 등 시대착오적 사상 통제가 재현되었다. 2008년 8월 15일에는 옛 중앙청 광장에서 '63주년 광복절 및 건국 60년 경축식'을 열고 이명박 대통령과 함께 시청 앞 광장까지 행진하였다.

경제면에서는 '작은 정부, 큰 시장', 747 공약(연평균 7% 성장과 10년 뒤 1인당 소득 4만 달러, 세계 7대 강국 진입)을 내세워 한반도 대운하, 대기업 계열사 간 출자 총액제한 폐지, 금산분리 완화, 공기업 민영화를 추진하였다. 그러나 정부는 노사관계에서, 과도하게 자본가 입장만 대변해 노동자들의 시위에 대해 신속하게 경찰력을 투입하고 노동자들을 무차별 구속한다는 비판을 받았다. 일자리 최우선 경제정책을 내세웠음에도 불구하고 2009년에는 사상 처음으로 실업자 수가 90만 명을 돌파했다. 특히 청년 실업이 2년 연속 8%를 기록했고, 2011년 2월, 대졸 실업자 수가 34만 명을 넘어 사상 최대치를 기록했다. 장애인 지원 예산, 보육 지원 예산, 기초수급생활자 의료비, 실직자 생활 안정 예산, 결식아동 급식 지원금 등 복지예산을 일부 또는 전액 삭감하였고, 2011년 예산안에서는 방학 중 결식아동 예산과 장애인 연금 인상분도 전액 또는 일부를 삭감하였다.

경쟁을 강화하는 교육정책을 추진하여 영어 몰입교육, 4.15 학교 자율화 조치(우열반, 0교시, 야간자율학습 강제 보충 규제 폐지), 일제고사, '고교 다양화 300 프로젝트'(자사고 확대), 국제중 허용, 고교선택제 등으로 '교육은 없고 경쟁만 있는' 상황을 초래하였다. 전교조에 대해서는 2009

년 7월에 시국 선언 교사 15명, 2010년 5월에 민주노동당에 후원금을 낸 134명 교사에 대해 파면과 해임 등의 중징계를 내렸다.

북한과의 대립은 유례없이 격화되어 대청해전, 천안함 침몰 사건, 연평도 포격이 일어났고, 제도권 밖에서는 극우 단체들이 우후죽순으로 등장하였다. 이명박 정부 5년은 사회 양극화가 심화하고, 집권 세력이 국민을 아我와 비아非我로 나누어 공격한 시기였다. 민주주의와 평화, 민생과 인권, 언론의 자유, 교육의 공공성이 모두 후퇴한 5년이었다.

2008년 ··

3월   일제고사 강행

4.9   18대 총선에서 한나라당 153석, 범보수 210석 차지

4.18   한·미 소고기 협상 타결, 소고기 수입 반대 촛불시위 정국

4.19   청소년 단체 주관, '4.15 학교 학원화 정책 반대 촛불문화제'-토
        요일 촛불문화제로

5.2   '이명박 탄핵을 위한 범국민운동본부' 촛불 집회, 탄핵 청원에
        100만 명 돌파

5.19   인권위, 성적 우수반 차별행위라고 결정

6.10   광화문 70만, 전국 100만 명 촛불, 6.10 항쟁 21주기 행사에 명
        박산성으로 대응

6.19   물·의료·가스·전기 민영화 철회, 미국산 쇠고기 30개월 미만 수
        입, 한반도 대운하 포기 발표(12월 4대강 사업 발표, 22조 원 투
        입하여 2012.4.22. 완공)

7.5   국민승리 선언을 위한 촛불문화제

7.11   금강산 관광객 박왕자 씨 사망

8월   미국 서브프라임 모기지 사태로 인한 경제 위기

2009년 ··

1.20   용산 철거민 참사 사고

5.22   쌍용자동차 노조, 평택공장에서 정리해고에 맞서 파업 투쟁, 정
        부의 강경 진압(5.22.~7.30.)

5.23   노무현 전 대통령 서거

5.25   북한, 제2차 핵실험 강행

6.18   전교조 교사 시국 선언에 사무실 압수수색, 조전혁 의원 등 전
        교조 명단 공개

8.18   김대중 전 대통령 서거

11.10   대청해전 발발

11월	OECD 산하 DAC(Development Assistance Committee) 24번째 회원국이 됨.
12월	대통령 UAE 방문 당시 200억 달러 규모의 한국형 원전 수출에 성공

2010년

3.26	천안함 피격 사건으로 해군 46명 전사
5.6	지방 선거 앞두고 전교조에 공세, 민주노동당 후원 교사 탄압. 7.29. 1,318명 기소
6.	제5회 지방 선거, 진보교육감 6명 당선
11.23	연평도 포격 사건으로 군인, 민간인 사상자 발생

2011년

1.21	아덴만 여명 작전으로 소말리아 해적에게 피랍된 삼호주얼리호 선원들 구출
7.6	2018년 동계 올림픽 유치 성공
12.17	북한, 김정일 국방 위원장 사망
12.31	종합편성채널 출범

2012년

3.15	한·미 FTA(자유무역협정) 발효
4.11	제19대 국회의원 선거, 새누리당 152, 민주통합당 127, 통합진보당 13석
8.10	이명박 대통령 헌정 사상 최초로 독도 방문
12.19	제18대 대통령선거

2013년

1.30	나로호 3차 발사(성공)
2.12	북한, 3차 핵실험 강행

6. 경쟁만 있고 교육은 없다

4·15 '학교 자율화 조치'

이명박 정부가 집권한 지 채 몇 달도 되지 않은 2008년 6월, 중학생들이 연일 거리 시위에 나서는 예상하지 못했던 상황이 전개되었다.[43]

> 5·6월 '촛불 항쟁의 발화점이 된 10대. 이제 그들은 이명박 정부의 교육정책에 울분을 토한다. 밥 먹고 잠잘 권리를 달라며 묻는다.
> "이게 이명박 대통령의 실용주의 교육인가요?"
> "이명박은 청소년과 싸운다. 덤벼라! 2MB"
> '72시간 촛불 집회'의 마지막 날인 6월 7일, 서울 대학로에서 광화문으로 향하는 대오의 맨 앞에는 이런 현수막을 든 청소년들이 있었다. '10대 연합'이다. "청소년은 여기로 모여라!"라는 깃발도 펄럭였다. 이들이 들고 있는 피켓을 보면 이들이 거리로 나온 이유를 쉽게 알 수 있다.
> "야자 하면 대학 가나."

---

43. 박형숙, 「"10대는 모여라" 깃발 든 자율화 세대」, 『시사IN』 39호, 2008.6.14. 54~55쪽.

"잠 좀 자자. 밥 좀 먹자."

"강제 야자 반대. 강제 보충 반대."

"학교의 주인은 학생."

"7시 등교 10시 하교, 집이 그리워요."

"우리도 행동하고 말할 권리가 있다."

"0교시가 웬 말이냐. 엄마 밥 먹고 싶어요."

이명박 정부는 2008년 4월 15일 '학교 자율화 조치'를 발표하여 0교시·야간 보충수업, 우열반 편성, 교내 사설학원 강사 수업, 사설 모의고사 등을 허용한다고 하였다. 야당 시절 정부를 비판하다가도 집권하여 실제 책임을 맡게 되면 신중해야 하는데, 이 정권에서는 책임성이 전혀 보이지 않았다.

학생들은 새벽 5~6시쯤 일어나 7시까지 등교를 하고, 7교시 정상 수업이 끝나면 보충수업과 야간자율학습을 해야 했고, 그러고도 많은 학생이 학원으로 가서 밤 12~1시가 되어야 집으로 돌아가는 살인적 '학습 노동'을 견뎌야 했다. 많은 학교에서 우열반이 편성되었고, 평균 한 달에 한 번 교육청에서 치르는 모의고사 외에도 사설 모의고사를 추가로 치러야 했다.

실로 '학교의 학원화'요, '교육은 없고 경쟁만 있는' 상황이었다. '누구를 위한, 무엇을 위한 학교이고, 교육'인지 묻지 않을 수 없었다. 이런 극한 상황을 견디다 못한 중학생들이 교복을 입고 연일 거리에 나서 항의 시위를 하게 된 것이다.

이명박 정부는 인수위 단계에서부터 영어 몰입교육, 자사고 확대, 대학입시의 대학 이관 등 교육 부문에 대한 거침없는 시장주의 교육정책을 추진하였다. 출범과 동시에 논술 고사 폐지, 국·영·수 비중 강화 등을 골자로 하는 대입 자율화 계획과 함께 전국적인 일제고사 강행, 고교 다양화 정책 등 경쟁 위주의 교육정책을 펼쳐나갔다.

집권한 지 40여 일 만에 치러진 4월 9일 18대 총선에서 한나라당이 압승을 거두자[44] 정권의 친재벌·시장주의 경제정책, 교육정책은 속도를 더해 가게 되었다. 김도연 교육과학기술부 장관은 '4·15 학교 자율화 조치'를 발표하여 우열반 금지, 0교시·야간 자율학습·강제 보충의 제한 등 그래도 극한의 학습 부담에 조금 제동을 걸었던 규정들을 일거에 풀어버렸고, 학습 부교재 선정 지침, 사설 모의고사 참여 금지를 해제하였고 일부 시·도 교육청은 사설학원 심야 교습 금지를 풀겠다고 나섰다. 경쟁을 막아 왔던 '규제를 폐지'하는 것과 함께 촌지 안 받기, 교복 공동구매, 종교 편향교육 금지 등에 대한 지침도 함께 폐지하였다. 실로 과감하고 거칠 것 없는 '공교육 포기' 정책이었고, 입시경쟁 교육으로 숨쉬기조차 어려운 보통교육은 이제 사설학원과 다름없게 되었다.

760만 명 학생[45]과 학부모의 일상생활에 바로 영향을 미치는 매우 중요한 일인데도 '4·15 조치'는 별다른 논의나 예상되는 결과에 대한 조사도 없이 예사롭게 발표가 되었다.

이명박 정부의 이러한 '비인간 정책'은 학생들의 큰 반발을 불러왔다. 4월 초부터 청계광장과 광화문 광장에 교복 차림의 여중, 여고생들이

---

44. 국회의원 299석 가운데 한나라당 153으로 단독으로 과반수를 넘겼고, 친박연대 14, 자유선진당 18, 통합민주당 81, 민주노동당 5석이었다.
45. 〈한국교육개발원〉, 교육통계서비스, 한국의 2008년 학생 수는 초등학생 3,672,207명, 중학생 2,038,611명, 고등학생 1,906,978명으로 총 7,617,796명이다.

촛불을 들고 대거 나섰다. "밥 좀 먹자. 잠 좀 자자."라는 외침은 빠르게 확산되었다. 4월 19일 청소년단체들이 주관한 '4·15 학교 학원화 정책 반대 촛불문화제'는 매주 토요일의 촛불문화제로 이어졌다.

이러한 상황에서 4·19 한미 정상회담을 하루 앞두고 미국산 쇠고기 수입의 전면 개방을 내용으로 하는 한·미 쇠고기 협상이 타결되자 5월 2일 다음 아고라 '이명박 대통령 탄핵 청원'에 참여한 네티즌이 100만을 넘었고, 인터넷 카페 '이명박 탄핵을 위한 범국민운동본부'가 주최한 국민청원 촛불 집회에는 학교 학원화 정책에 분노한 촛불 학생들을 비롯하여 1만여 명이 참여하였다. 시위가 이어지면서 학생들의 시위 참가가 늘어나자 서울시교육청은 각 학교의 생활지도 담당 교사 2명씩을 여의도고등학교 강당에 출장을 달고 모이게 하고는 시청역, 광화문역 등 지하철 출입구에 교사들을 배치하려는 의도를 내비쳤다. 그해 영등포고에 부임하여 생활지도부에 있다가 회의에 참석한 나는 "교사들을 전경처럼 지하철 출구에 배치한다면 다음 날 무슨 낯으로 교단에 설 수가 있겠는가? 박정희 정부 때도 교사들을 이렇게 '졸병'처럼 동원했다는 이야기를 들어본 적이 없다."고 항의하였고 많은 교사가 회의장을 떠나자 회의는 중단되고 말았다.

촛불 집회는 '미국산 쇠고기 수입 중단' 요구가 중심이었으나 '4대강 개발 사업' 등 국정 전반에 대한 비판을 넘어 이명박 퇴진까지 나아갔다. 6·10 항쟁 21주년을 맞은 6월 10일에는 광화문 일대에 70만 명을 포함하여 전국에서 100만이 넘는 사람들이 촛불 행진에 나섰다. 6월 19일 대통령이 '물·의료·가스·전기 4개 부문 공기업에 대한 민영화 계획을 철회하고, 미국산 쇠고기도 30개월 미만만 수입하고, 한반도 대운하

추진도 포기한다.'고 대국민 사과를 하였으나 촛불시위는 7월까지 이어
졌다.

초등영어교육 확대와 경쟁교육 강화

이명박 정부가 가장 먼저 추진한 교육정책은 '초등영어 몰입교육'이었
다. '어린쥐 파동'[46]에서 비롯한 초등영어교육 강화는 그 필요성과 교육
효과에 대한 논쟁이 계속되고 있다. 특히 영어회화 전담 강사 제도를 도
입하면서 정규 수업은 교사 자격증을 갖춘 정규 교사에게 맡겨야 한다
는 기본적인 원칙이 하루아침에 무너졌고, 교사 자격증이 없는 강사를
비정규직으로 대거 고용하면서 학교 현장에서 강사와 교사 간 업무 분
담을 둘러싼 갈등과 비정규직 차별 등 많은 문제를 발생시켰다. 2009년,
2010년에 채용된 영어 회화 전담 강사 5,103명 가운데 초등교원 자격증
소지자는 49명에 불과하였다.[47]
영어 편중 교육은 전교조와 사회의 반대 여론을 통해 일정하게 제
동을 걸 수 있었으나 초등학교 영어 수업이 대폭 확대되었다. 초등학교
3~6학년 영어 수업 시간을 1-1-2-2에서 2-2-3-3으로 일시에 늘려버렸
다. 영어는 하나의 외국어로 가르치는 것을 넘어 제2 언어처럼 가르치게

---

46. 이명박 정부 인수위원회 위원장을 맡은 숙명여대 이경숙 총장이 2008년 1월에 영어 공교
육에 관한 공청회에서, "미국에서 오렌지라고 하니까 못 알아듣더라. '오륀지'라고 해야 알
아듣더라."라고 발언을 한 이후, (학교에서 '오렌지'로 가르치고 있는지) 실제 상황을 검토하
거나 초등영어교육의 방향을 공론화하는 과정도 없이 초등영어 몰입교육 정책을 추진한 것
을 패러디한 말이다.
47. 『전교조 운동사 2-2』, 128쪽.

되었다.[48] 강남에는 영어 조기 교육을 위한 영어 유치원을 비롯한 영어 학원이 늘어나고 심지어는 영어 발음을 잘하도록 혀 수술을 하는 일까지 뉴스가 되었다.

김대중, 노무현 정부가 새로운 정책을 도입하면서 공론화의 과정을 거친 것과 달리, 이명박 정부는 관료들과 실무 차원의 조율조차 거치지 않은 교육정책들을 밀어붙였다.

초·중등 교육이 평준화 정책으로 인하여 하향 평준화되었다는 논리로 '제한 없는 경쟁'을 추진하였다. 본고사 부활을 염두에 둔 대학입시의 대학교육협의회로의 이관, 일제고사의 부활 등이 대표적인 정책이었다. 2008년 교육과학기술부는 전국의 학생들에게 일제고사를 치르게 하였다. 3월 6일, 중1 진단평가, 3월 11일, 초등 4, 5, 6학년 대상의 전국 단위 시험이 치러졌다. 4월에는 교육부가 전국 시·도 교육청에 '기초학력진단 및 학업 성취도 평가 기본계획'에 관한 지침을 내려보냈다. 10월 8일에 초등 3학년 대상의 국가 수준 기초학력평가, 10월 13~15일에 초등 6학년, 중 3학년, 고교 1학년 대상의 국가수준 학업성취도 평가를 한다는 것이다. 이명박 정부는 일제고사를 실시하면 공교육의 질이 향상되고 사교육이 사라진다는 해괴한 논리를 내세웠으나, 학교 간 점수 경쟁을 강화하겠다는 것에 불과하였다.

전교조는 9월 27일 '이명박 귀족학교 설립 저지와 학교 줄 세우기 일제고사 반대 전국 교육 주체 결의대회'를 열고 사교육비를 폭증시키고 획일적인 교육을 강화하는 일제고사 시행 계획을 철회하라고 요구하였다. 전교조의 일제고사 반대 투쟁은 청소년단체, '평등교육실현을 위한

---

48. 위의 책, 125쪽. 전교조 초등위원회가 개최한 초등영어교육 토론회에서 나온 의견이다.

전국학부모회' 등 교육 시민단체와 함께 계속되었고, 박근혜 정부는 집권 첫해인 2012년에 초등 6학년 대상의 일제고사를 폐지하였다.

'고교 다양화 300 프로젝트'[49]는 이명박 정부의 고교서열화 정책의 결정판으로서 고교평준화를 사실상 해체하였고 그 구도는 지금까지도 이어지고 있다. 외국어고, 과학고 등 특수목적고등학교와 함께 쌍벽을 이룬 '자율형사립고등학교'[50]가 설립되어 학생들을 초등학교 때부터 고입, 대입 경쟁에 나서도록 만들었다. 여기에 국제중학교까지 설립하여 초등학생들을 입시 공부에 매달리게 하였고, 서울의 경우 고교선택제가 도입되어 일반고가 경쟁하도록 하여, 전체 고등학교를 서열화하였다. '사교육걱정없는세상'은 2017년 7월 18일 기자회견을 열고 "이명박 정부의 자사고 정책은 고교를 다양화시킨 것이 아니라 국·영·수 편중의 입시 전문학교를 만들어냈을 뿐이고, 이 학교 학생들이 오히려 더 고액의 사교육을 받고 있고 중학교 내신 성적 상위권 학생들을 독식하여 고교를 서열화하고 고교 입시경쟁을 가열시켰다. 실패한 정책이기 때문에 고교 교육의 정상화를 위해 일반고로 전환하는 대책을 마련해야 한다."고 주장하였다.[51]

---

49. 고교 다양화를 위해 2011년까지, 자율형사립고 100개교, 기숙형 공립고교 150개교, 마이스터고 50개교를 설립한다는 계획.
50. 『한국민족문화대백과사전』, 자율형사립고등학교, '고교 다양화 300 프로젝트'라 불리는 국정과제에 따라 사립학교의 건학 이념에 따라 교육과정, 학사 운영 등을 자율적으로 운영하고, 학교별로 다양하고 개성 있는 교육과정을 실시하도록 하였다. 2008년 3월 20일 교육과학기술부는 대통령 업무보고에서 자율형사립고등학교 도입으로 학생 선택권을 확대하겠으며, 교육과정 운영, 교직원 채용, 학교 재정 운영 등의 자율성 확대를 위해 자율형사립고등학교 운영을 위한 법적 근거를 마련하겠다고 보고하고, 근거 법령인 「초·중등교육법 시행령」 개정안을 입법 예고하였다. 교육과학기술부는 이에 따라 2009년부터 선정되기 시작하여 2010년 현재까지 모두 43개 학교를 선정하였으며, 서울이 26개, 경기 1개, 광주 3개, 대구 4개, 대전 2개, 부산 2개, 울산 1개, 경북 2개, 전남 1개, 충남 1개이다.

교육정책의 실패와 진보교육감의 당선

2009년 개정 교육과정은 교육 시장화 정책을 교육과정 속에도 안착시키려는 것이었다. 집중이수제, 사회·경제교육과정 개악, 영어회화 전담 강사, 친일과 독재를 미화하는 역사 교과서 문제 등 2009년 개정 교육과정은 학교 현장을 혼란에 빠트렸다. 전교조는 2011년 104,000명에 이르는 '개정 교육과정과 성과급제 반대 교사 서명'을 조직하여 교육과학기술부에 전달하는 등 2012년까지 중심적 투쟁사업으로 전개하였다. 그 결과 이명박 정부의 역사 교과서 왜곡을 저지하였고 현실적으로 실현 불가능함에도 강행을 고집하여 무리를 불러왔던 교과 집중이수제를 무산시켰다. 이명박 정부의 반값 등록금 공약은 빈 수레가 되었고, 입학사정관제, 수시 모집 등 난해한 대학입학 제도는 사교육비 폭등을 가져왔다.

이러한 가운데 2010년 6월 지방 교육자치 선거에서는 '보편적 교육복지'가 주요 쟁점이 되었고, 여섯 명의 진보교육감이 탄생했다. MB 경쟁교육 반대 여론이 선거에 반영되었고, 무상급식과 대학등록금 폐지가 여론화되었다. 보편적 교육복지론이 힘을 얻었고 전교조의 교육 비리

---

51. 〈MB 정부의 '자사고 등 고교 다양화 300 프로젝트'는 실패한 정책임이 판명되었습니다.〉
　▲ MB 정부는 교육의 다양성 차원에서 자사고 확대 정책을 도입하여 공교육 내실화와 사교육비 절감을 목표로 한다고 했지만, 현재 자사고는 중학 내신 성적 우수생들을 독식하는 국·영·수 입시 전문학교로 전락함. ▲ 특히 중학교 내신 성적 상위 20% 학생들의 비율을 보면, 일반고 재학생들은 18.5%로 자사고 재학생의 38.6%와 비교할 때 절반도 못 미치는 수준임이 확인됨. ▲ 교육의 다양성을 위해 자사고가 필요하다고 하지만, 자율권을 오용해서 일반고와는 달리 국·영·수 50%를 초과 편성했고, 2015년 이후 교육청이 규제에 나서자 진정 국면. ▲ 월 사교육비 100만 원 이상 지출하는 비율이 특권학교는 일반고에 비해 최대 7배 수준. ▲ 결국, 자사고 정책은 실패했으며 이에 따라 MB 정부의 '고교 다양화 300 프로젝트' 폐기 절차를 정부와 17개 시·도교육감들은 신속히 이행할 것을 촉구함.

척결 의지가 신뢰를 받았다. 진보교육감의 당선으로 전교조 교사들이 중심이 된 혁신학교 운동이 시작되었다. 학생 인권조례 제정도 학교 문화의 변화를 이끌었다. 2012년 학교폭력 문제가 심각한 사회문제로 떠올랐을 때 전교조는 학교폭력 사항을 학생부에 기재하는 것에 반대하고 '인권 친화적인 학교 만들기'로 나아갔다. 이러한 학교 민주화운동이 2014년 지방 교육자치 선거에서 전국적인 승리를 가져왔다. 13곳에서 진보교육감이 당선되었고 이 가운데 7명이 전교조 조합원 출신이 당선되어 전교조는 법외 노조화 탄압을 받는 가운데서도 학교 교육을 개혁하는 혁신학교 운동을 계속해 나갈 수 있게 되었다.

2010년 지방 교육자치 선거 이후에도 정부의 교육정책과 전교조에 대한 탄압은 변함이 없었다. 2011년 교장 공모제 법안이 국회를 통과하자 내부형 교장 공모제를 축소·제한하는 내용으로 시행령을 개정해버렸다. 정부는 혁신학교 운동이 번져가는 것을 참을 수 없었다.

이명박 정부의 마지막 해인 2012년 2월 〈교육혁명 공동행동〉은[52] 출범 선언문에서 4년여 동안의 이명박 정부 교육정책을 비판하고, 교육의 공공성을 강화하기 위한 시민들의 연대와 공동행동을 촉구하였다.[53]

한국의 교육 문제는 심각한 사회문제가 된 지 오래이며, 이제

---

52. 전교조 428차 중앙집행위원회(2013.2.13.)(이하 중집) 회의자료
53. 2012년 2월, 전교조와 참교육을위한전국학부모회, 평등교육실현전국학부모회, 전국공무원노동조합, 전국교수노동조합, 한국비정규교수노동조합, 문화연대, 민주화를위한전국교수협의회, 진보교육연구소, 장애인교육권연대, 학벌없는사회, 학술단체협의회, 함께하는교육시민모임, 아수나로, 입시폐지대학평준화국민운동본부, 서울대법인화반대공동대책위원회, 교육노동운동의전망을찾는사람들, 현장실천사회변혁노동자전선, 좌파노동자회, 사회진보연대, 관악동작학교운영위원협의회 등 29개 단체가 결성한 교육시민운동 연대체이다.

브레이크가 고장이 난 폭주 기관차가 되어 달려가고 있다. … 교육 시장화 공세는 역대 정권을 통해서 더욱 확대되었고, 이명박 정권하에서 정점으로 치닫고 있다. … 일제고사가 부활하면서 초등학생조차 시험 스트레스로 죽고 싶다고 하소연할 지경이 되었다. 여기에 특권층을 위한 귀족학교 자사고의 등장으로 고교서열체제가 고착되고 있다. … 교원평가의 전면실시로 교사들은 일상적인 노동 통제에 시달리고 있다.

신자유주의 교육 시장화 정책을 추구해 온 이명박 정부의 교육정책은 결코 국민의 지지를 얻고 있지 못하고 있다. 최근 교과부가 주도한 설문 조사에서조차 교원평가, 자사고, 입학사정관제 등이 시급히 폐기되어야 할 정책으로 나란히 1, 2, 3위를 차지한 것으로 확인되고 있다. … 늘어만 가는 사교육비와 학교폭력의 진짜주범은 대학서열 체제와 입시경쟁교육이다. 이의 근본적인 해결을 촉구하는 학생, 학부모, 교사들의 요구가 봇물 터지듯 분출하고 있다. … 교육은 상품이 아니다! 교육은 사회 구성원 모두가 누려야 할 보편적인 권리이다!

7. 이명박 정부의 전방위 전교조 탄압

10년 만에 돌아온 보수의 전교조에 대한 공세

2007년 12월 19일 17대 대통령선거에서 이명박 한나라당 후보가 당선되어 보수 세력은 '잃어버린 10년'을 되찾았다. 우려하던 보수 정권의 전교조에 대한 첫 공세는 이명박 후보가 당선된 3일 후 있었던 전국 시·도 교육감 회의의 연가투쟁 참가 교사들에 대한 비정기 전보 논의였다.[54]

연가투쟁에 참여하였다는 이유로 징계를 받은 교사들에 대한 비정기 전보내신은, 지난 1년 동안의 지부별 교섭을 통하여 많은 교육청에서 전보내신을 하지 않겠다는 쪽으로 정리한 바 있다. 그러나 대통령선거 결과에 고무된 시·도교육감들은 12월 22일 전국 시·도 교육감 회의에서 징계조합원 전보내신과 관련된 논의를 진행하였고 이에 따라 일부 시·도 교육청에서 징계조합원에 대한 전보내신을 추진하였다. 전교조는 1월 11일 비상 중앙집행위를 열어 시·도 교육청 단위로 강력한 저지 투쟁을 벌여나가기로 결의했다.

가장 많은 징계자와 부당전보 대상자가 소속된 서울지부는 1월 9일

---

54. 전교조 속보 2008년 1호(2008.1.14.)

〈부당전보 저지 서울지부 투쟁본부〉를 구성하고, 강추위 속에서 서울시교육청 앞 무기한 농성을 시작했다. 대통령선거 직후인 12월 하순까지만 해도 서울시교육청 관계자들은 "징계 교사에 대한 교육청의 일괄전보 방침은 없으며, 비정기 전보는 어디까지나 학교장들의 권한"이라고 여러 차례 확인한 바 있다.

보수 언론들은 기다렸다는 듯이 전교조에 대해 공세를 퍼부었다. 서로 약속이나 한 것처럼 일제히 '전교조 조합원이 2007년에 9,200명 감소했다.' 등 과장된 기사와 사설, 칼럼을 냈다.[55] 보수 일간지들은 '탈퇴가 쉽지 않은 조직 분위기 속에서' 이처럼 조합원이 격감하기는 처음이라며, 교원평가제 등 교육개혁 정책에 사사건건 반대하고, 좌편향적 이념에 매몰돼 정치투쟁을 일삼은 데에 원인이 있다고 하였다.

[문화일보 사설 1.9.]	조합원들도 등 돌리는 전교조
[동아일보 사설 1.9.]	전교조 가입교사 격감은 필연이다
[세계일보 1. 10.]	전교조는 학생 학부모 곁으로 다가가야
[동아일보 1. 10.]	전교조 조합원 급감… 안팎서 변화 요구 목소리
[동아일보 1. 11.]	전교조가 사는 길
[동아일보 1.14.]	공식 교재 미비… 전교조 편향교육 판쳐
[동아일보 1.14.]	좌편향 통일 안보 교육의 무서운 전염성

동아일보는 사설에서, 김대중, 노무현 정권 10년간 통일 안보 교육이 심하게 왜곡됐다면서, "'햇볕 정책'이란 미명 아래 자행된 원칙 없는 대

---

55. 전교조 55차 대의원대회(2008.8.30.) 자료집 110쪽. 조직실 보고에 의하면, 전교조 조합원 수는 2006년 12월 86,918명, 2007년 12월 82,613명으로 1년 동안 4,305명이 감소하였다.

북 포용정책과 구호에 불과한 자주自主로 친북親北 풍조가 횡행했고, 반세기 이상 지속돼 온 한·미동맹은 방향을 잃었다. …전국교직원노동조합(전교조) 일부 지부에서는 북의 현대사를 그대로 베낀 교재를 만들어 선군정치 사상을 어린 학생들에게 주입했다. 왜곡된 통일 안보 교육을 바로잡아 국민이 올바른 인식을 갖게 하는 것은 새 정부의 가장 시급한 책무다."고 하였다.[56] 사설의 내용이 사실이라면 충격이 아닐 수 없다. 정상적인 언론이라면 전교조 일부 지부가 했다는 선군정치 사상 주입이 사실인지를 제대로 확인해야 했다.

사설이 근거로 삼고 있는 사실은 전교조 부산지부 '통일학교 사건'[57]인데 '선군정치 사상을 어린 학생들에게 주입'했다는 것은 사실이 아니다. '통일학교 사건'은 2005년 10월 부산지부 통일위원회가 자료집을 제작하여 30여 명 교사가 모여 세미나를 한 것을 동아일보가 9개월 뒤에 보도하여 수사가 시작되었던 사건이다. 재판부는 '통일학교가 특정 교사만을 대상으로 개최된 데다 그 이상의 행동을 하지 않은 점과 우리 사회의 성숙도로 볼 때 과거와 달리 위험성이 크지 않은 점을 감안해 형을 유예한다.'고 판결하였다. 당시 동아일보 기사에 교재를 만들어 선군정치 사상을 어린 학생들에게 주입했다는 내용은 없었다. 자사가 보도한 사실도 '사실대로' 언급하지 않고 왜곡하여 논거로 삼는 작문을 해낸 것이다.

---

56. [사설] 「左편향 통일안보교육의 무서운 전염성」, 동아일보, 2008.1.14.
57. 동아일보의 2006.7.26. 보도로 수사가 시작되어, 2년 7개월 만에 1심이 선고되고 그에 따라 전교조 부산지부 소속 4명의 교사가 징계를 받아 해임처분을 받았던 '부산 통일학교 사건'을 말한다. 전교조 부산지부 통일위원회가 지난해 통일학교에서 교사들에게 강연한 자료는 북한의 대표적 역사 교재인 『현대조선역사』의 내용을 거의 그대로 베꼈다. 『현대조선역사』는 1988년 남한의 출판사인 '일송정'이 550쪽 분량으로 발간했으나 출판사가 없어지면서 1990년대 중반 절판된 것으로 알려져 있다.

사설에서 언급한 또 다른 사실, 강영훈 전 국무총리가 어떤 목사에게 들은 이야기인데 "우리의 주적이 누구냐?"고 물으니 병사의 절반 이상이 "미국놈들이죠."라고 대답했다는 내용은 또 어떤가?

병사들의 반이 넘게 주적이 '미국놈들'이라고 했다는데 몇 명 가운데 반인가? 군부대는 8명의 병사로 구성되는 분대, 40명의 소대, 대략 150명의 중대 단위가 있고 그 위로 대대, 연대, 사단이 있다. 목사님이 어떤 자리에서 무어라 말하니 이런 대답이 나왔다는 것인지…. 그렇게 충격적인 사실을 좀 더 정확하게 적시해야 했다. 대한민국의 어느 자리에서, 누구에게 물어도 참석자의 절반 이상이 "(주적이) 미국놈들이죠."라고 할 것 같지는 않다! 미국을 주적이라고 생각하는 사람이 그렇게나 많은가? 정말 실없는 소리다! 이런 종잡을 수 없는 이야기를 사설로 내는 무책임이라니…. 보수가 권토중래한 2008년 1월, 전교조에 대한 공세는 이렇게 전개되고 있었다.

2008년 5월부터 7월 사이에 전개된 '미친 소, 미친 교육 반대 촛불집회'가 큰 파고를 일으키고 마무리되어 갈 즈음, 대통령과 한나라당은 '중·고등학생 거리 시위'가 일어난 데 대하여 전교조를 배후 세력이라고 생각하고 전교조를 약화 내지는 봉쇄하려는 공세에 나섰다.[58]

뉴라이트 활동의 '공로'를 인정받아 국회에 진출한 한나라당 신지호 의원은 교육과학기술부와 시·도 교육청에 전교조에 대한 각종 지원금 집행 관련 내역을 요구하는 공문을 8월 12일 보냈다. 또한, 한나라당 허태열 최고위원은 조선일보에 난 기사를 바탕으로 전교조에 대한 지원금 반환을 촉구하는 발언을 하고 나섰다. 더군다나 조선일보에 이어 동아

___
58. 전교조 성명서(2008.8.21.) '한나라당은 전교조 때리기 선봉장을 자임하고 나섰는가?'

일보, 중앙일보. 국민일보는 사설까지 써가면서 한나라당의 전교조 때리기 주장에 장단을 맞추었다. 때맞추어 '반국가 교육 척결 국민연합'이라는 급조된 우익단체는 전교조를 '반국가단체'라고 터무니없는 선동을 하고 나서기까지 하였다.[59]

전교조 교사들의 잇따른 해직

2008년 12월 10일 공정택 서울 교육감은 10월에 실시한 일제고사에 대하여 학부모들에게 시험의 선택권이 있음을 알려준 7명의 교사를 파면, 해임하는 충격적인 일을 저질렀다. 교사들의 안내에 따라 학부모들은 학교의 정규 시험이 아닌 일제고사를 치르게 하고 싶지 않아 체험학습신청서를 내고 시험을 보지 않도록 하는 선택을 하였는데, 이에 대하여 무단결석으로 처리하도록 강요하고 교사들을 국가공무원법의 '성실의 의무 위반', '복종의 의무 위반' 등 명목으로 최고의 징계에 처한 것이다. 상상을 초월하는 '전교조 교사 손보기'였다. 당연하게도 공 교육감의 도를 넘는 징계는 법원의 최종 판결로 무효가 되었고 해직교사들은 1년 뒤에 모두 교단으로 돌아올 수 있었다.

전교조 교사들의 수난은 이어졌다. 2006년 12월 20일에 '지방교육자치에 관한 법률'이 개정됨에 따라 학교운영위원들이 선출하던 교육감을 주민 직선으로 선출하게 되었는데, 서울은 공정택 교육감의 임기가 만료된 2008년 7월 30일에 첫 주민 직선 선거가 치러졌다. 한 달 후인 8월

---

59. 전교조 논평(2008.11.). '반교육연합은 교단을 혼란하게 하는 경거망동을 중단하라'

29일 한나라당 조전혁 의원이 '전교조 서울지부가 주경복 후보에게 불법 선거자금을 제공했다.'고 검찰에 고발하여 12월 11일 전교조 서울지부 사무실과 5개 지회 사무실에 대한 압수수색이 이루어지고, 12월 31일 지부장 송원재, 조직국장 이을재 교사에 대한 구속영장이 발부된 것이다.

서울에서 처음으로 치러지는 주민 직선 교육감 선거에 대하여 당연히 전교조는 큰 관심을 갖고 임하였다. 교육 시민단체들과 함께 주경복 교수를 진보교육감 후보로 추대하고 가능한 지원을 하였다. 주민직선제 선거는 엄청난 선거비용이 필요하였기 때문에[60] 주경복 후보 선거대책본부는 선거관리위원회에 교육공무원이 교육감 선거후보자에게 선거비용을 기부하는 것이 가능한지 질의하여 '공직선거법과 정치자금법상 제한·금지하는 규정이 없다.'는 유권해석을 받았다. 서울시 교육감 선거에 대한 수사 과정에서 재차 선거관리위원회에서는 교육감 선거에 교사들이 모금하는 것이 정치자금법 위반이 아니라는 유권해석을 내렸다.

공정택 후보 측에 사설학원과 급식업체, 교감, 교장 승진을 앞둔 당사자들이 후원금 명목으로 지원한 부분에 대해서는 구속 수사는커녕 어떠한 형사상 처벌이나 징계 방침도 언급하지 않으면서 전교조 교사들에 대해서는 이명박 정부의 정치적 의도를 관철하기 위해 권력의 칼날을 들이댄 것이다. 언론에서는 서울지부 간부 등 40~50명에 대한 형사상 처벌, 800~900명에 대한 징계가 보도되었다.

---

60. 2010년 6·2지방선거와 함께 실시된 교육감 선거비용 제한액은 경기 40억 7,300만 원, 서울 38억 5,700만 원이었다. 2008년 서울 교육감 선거에 전교조 서울지부는 조합원들이 모금한 4억 7천만 원을 전달하였다. 선거에서 15% 이상 득표하는 경우는 선거비용을 돌려받을 수 있어 이 자금은 전액 돌려받았기 때문에 기부한 것은 아니었다.

2008년 8월에 수사가 시작된 사건은, 2009년 9월 서울중앙지방법원의 1심 판결이 이루어져 송원재 지부장, 김민석 사무처장(이상 징역 8개월), 이을재 조직국장(징역 10개월)에 각각 집행유예 2년, 부지부장 이성대(필자), 정책실장 김진철, 정책기획국장 김학한, 사립위원장 강경표 벌금 250만 원, 지회장 13명 벌금 80만 원이 선고되었고, 2012년 11월에 대법원에서 형이 확정되어 7명의 교사가 파면·해임에 해당하는 직권면직을 당하게 되었다.[61] 전교조를 집요하게 문제 삼았던 여당 의원의 고발로 시작하여, 정치 검찰의 편파 수사와 기소가 몰고 온 또 한 번의 전교조 교사 수난사였다. 재판은 '교사들은 교육자치 선거조차 근처에도 가지 말라.'는 공포 분위기를 남겼다. 7명의 해직교사는 전교조 본부와 서울지부에서 상근 근무를 하게 되는데 2013년 10월 24일에 노동부가 '교사가 아닌 9명의 해직자를 조합원으로 가입시키고 있어 교원노조법을 위반하고 있다.'는 이유로 전교조에 '노조가 아님을 통보'하게 되는 꼬투리가 된다.

단체협약 파기와 '노조 규약 시정 명령'

국회에서는 2008년 12월 19일 한나라당 조해진 의원 발의로 교섭 대상과 단체협약 결과를 제약하는 교원노조법 개정안이, 24일에는 조전혁

---

61. 공무원의 선거법 위반은 벌금 100만 원 이상을 선고받으면 면직이 된다. 실형을 선고받은 3인은 자격정지 10년, 벌금형을 받은 4인은 자격정지가 5년이었다. 송원재 선생님은 2020년 2월, 이을재 선생님은 2021년 8월 해직교사로 정년 퇴임을 하였고, 김민석 선생님은 계속 해직교사로 있다.

의원 발의로 교원평가를 인사 및 연수에 반영한다는 내용의 교원평가법안이 제출되었다. 이명박 정부는 교원평가 법제화가 여의치 않자 '교원 등 연수에 관한 규정'에 교원 능력개발 평가 항목을 신설하는 등 시행령 개정으로 꼼수를 부렸다. 이명박 정부는 '교육의 질을 향상하기 위해 교원평가를 도입해야 한다'면서도 2012년에 교원을 충원하는 교원 배치기준을 교육법에서 훈령 규정으로 변경하여 약화시키고, 기준을 학급 수에서 학생 수로 슬그머니 바꿔버렸다. 농촌 지역의 작은 학교, 소수 학생 학급 때문에 교원 정원은 대폭 축소되었다. 교원의 법정 정원확보 요구를 회피한 처사로, 각종 교원 정책이 교원에 대한 통제와 구조조정에 있었음을 여실히 보여주는 처사였다.

이명박 정부는 촛불 항쟁이 지나간 2008년 말부터 전교조에 대한 탄압을 본격화하였다. 전교조를 촛불의 배후로 지목하는 여론전을 일으키고 전교조와 체결한 단체협약을 파기했다.[62] 행정실에서 조합비 징수를 도와주던 조합비 원천징수를 차단함으로써 전교조 재정에 타격을 주고 조직을 흔들어 보려고 하였다. 전교조는 은행과 CMS Cash Management Service 자동이체 협약을 맺고 일일이 조합원들의 동의서를 받아야만 했다. 교과부가 전교조와 맺은 단체협약에 대해 효력상실을 통보하고 잇따라 시·도 교육청이 전교조 각 지부와 맺은 단체협약을 파기한 것은 '갑질'이라고밖에 할 수 없다.[63]

2008년 11월부터 서울을 필두로 충북·울산·경북·부산 등 지역 교

62. 김소연·정민영, 「교섭단 구성 파행을 빌미로 '전교조 옥죄기', 교과부, 단협 실효 통보 배경」, 한겨레신문, 2008.11.24.
63. 조계완, 「노동계의 신종플루 '일방적 단협 파기」, 『한겨레21』 789호, 2009.12.9.

육청들이 교원노조와 맺은 단체협약을 일방적으로 해지하였다. 전교조와 각 지역 교육청이 맺은 단체협약에는 학교운영위원회 활성화 등 학교의 민주적 의견수렴 절차 보장 조항, 학부모 교육비 경감을 위한 수학여행·교복 구매 시 학교운영위원회 심의 관련 조항 등 지난 10년간 교육민주화운동의 성과물이 들어가 있는데, 교육청은 단체협약 해지를 이용해 이를 한 방에 무너뜨렸다. 노사관계의 모범이 되어야 할 정부가 오히려 기업들에 노동자와 노동조합을 막 대해도 된다고 선언한 것이었다.

2010년 3월과 9월, 고용노동부는 전교조에 규약 시정 명령을 내렸다. 전교조는 몇몇 조항에 대해서는 규약을 수정했으나 해직교사의 조합원 자격 조항은 양보할 수 없었다. 이명박 정부는 정권 내내 전교조 와해를 위해 모든 수단을 동원했다. 박근혜 대통령 집권한 첫해인 2013년 10월 24일 전교조에 '노조 아님 통보' 조치가 단행되었으나, 이미 이명박 정부 시기에 전교조를 법외노조로 만들려는 절차가 줄곧 진행되고 있었다.[64] 소수의 해직교사를 조합원으로 인정하는 규약이 노조 결격사유라는 게 '규약시정명령'의 이유였으나 해직교사들은 모두 정부의 탄압으로 교단에서 쫓겨난 사람들이었다.

---

64. 2013.2.7. 전교조 서울지부 집행위 간담회 자료. 1쪽.
  ▶ 전교조 규약시정명령 간략한 경과
  • 2010.4.2. 고용노동부 규약시정명령
  • 2011.11.5. 규약시정명령 취소소송(행정) 1심 패소
  • 2011.9.9. 규약시정명령 취소소송(행정) 2심 패소
  • 2011.12.1. 노조법 위반사건 1심에서 전교조와 정진후 위원장 각 벌금 100만 원으로 유죄 선고
  • 2012.1.12. 규약시정명령 취소소송(행정) 대법원 확정판결(패소)
  • 2012.7.26. 규약시정명령 불이행을 이유로 한 노조법 위반사건(형사) 2심에서도 항소 기각
  • 2012.9.17. 2차 규약시정명령(규약 부칙 제5조에 대해 2012.10.18.까지 시정 명령)
  • 2012.10.12. 2차 규약시정명령 이행 기간 연장 신청에 대해 고용노동부가 불허 통보
  - 쟁점 사항:규약 부칙 제5조 제2항/해고자 조합원의 자격 유지

시국 선언과 민주노동당 후원금 사건

2009년 6월 18일 전교조는 1만 7천여 명의 서명을 모아 '민주주의의 후퇴를 비판하고, 언론의 자유 보장, 한반도 대운하 재추진 의혹 해소, 귀족학교인 자사고 설립 중단, 빈곤층 학생지원 등 교육복지 확대 및 학생 인권 보장을 요구'하는 시국 선언을 발표했다.[65]

시국 선언은 시민 사회 단체, 천주교 사제단, 대학생 등 각계의 시국 선언에 동참하여 민주주의를 요구한 지극히 상식적인 의사 표현이었음에도 정부는 정치활동이라면서 참여자 전원 징계를 발표하였다. 이에 7월 19일 2만 8,600명의 조합원이 표현의 자유를 보장하고 시국 선언에 대한 탄압을 중단할 것을 요구하는 2차 시국 선언을 하였다. 정부는 전교조 중앙집행위원들은 해임, 전임자들에게는 정직이라는 징계에 착수하였다. 검찰은 사상 유례가 없이 전교조 사무실을 압수 수색하였다.

2010년 6월 지방 선거를 앞두고 한나라당 정두언 정책위의장은 지방 선거를 통해 전교조를 심판하겠다고 했다. 지방 선거를 전교조 대 반전교조 구도로 치르겠다는 기상천외한 발상이었다. 지방 선거 결과는 야

---

65. …우리 교사들은 금년 6월, 국민의 숱한 고통과 희생 속에 키워온 민주주의의 싹이 무참히 짓밟히는 상황을 목도하고 있습니다. 무모한 진압으로 용산 참사가 빚어졌고, … 민주주의 발전을 위해 공헌해온 시민사회단체들이 불법시위단체로 내몰려 탄압을 받고 있습니다. … 교육 또한 심각한 위기에 직면하고 있습니다. '사교육비 절반, 학교 만족 두 배'의 약속은 지켜지지 않고 도리어 무한입시경쟁을 부추기는 교육정책이 강화되고 있습니다. 교과서 수정 등 교육의 정치적 중립이 위협받고 있습니다. 이에 우리는 오늘 이 선언을 발표하며, 이명박 정부가 국정을 전면 쇄신하여 국민의 신뢰를 회복해줄 것을 강력히 촉구합니다.
   1. 이명박 대통령은 공권력의 남용에 대해 국민 앞에 사과하고 국정을 쇄신하라.
   1. 헌법에 보장된 언론과 집회와 양심의 자유와 인권을 철저히 보장하라.
   1. 미디어법 등 반민주 악법 강행 중단하고, 한반도대운하 재추진 의혹 해소하라.
   1. 자사고 설립 등 경쟁 만능 학교정책 중단하고, 학교 운영의 민주화 보장하라.
   1. 빈곤층 학생지원 등 교육복지 확대하고, 학생 인권 보장 강화하라.

당의 승리와 6개 지역의 진보교육감 후보 당선으로 결론이 났다. 그럼에도 이명박 정부는 민심에 귀를 기울이지 않았다. 지방 선거 이후에도 교사 180명의 민주노동당 후원 사건을 더욱 확대하여 전교조 교사들에 대한 대규모 탄압을 시도하였다.

전교조는 7월 22~23일 '투쟁 실천단' 상경 투쟁을 벌여 탄압을 규탄하고 교사 공무원의 정치기본권 보장을 요구하였다. 그러나 검찰은 7월 29일 전교조 교사 1,318명을 무더기로 기소했다. 단일 사건으로는 교육계 최대 규모의 기소였다. 법원은 대법정이 교사들로 넘쳐났다. 정권은 해임 등 중징계를 대규모로 감행했다. 몇 년 뒤 언론 보도로 국가정보원까지 나서서 시·도 교육청에 개입한 정황이 드러났다. 원세훈 국정원장은 '전교조 내부 종북 좌파들부터 정리해야 되기 때문에 관계부처는 확실하게 대처 좀 해야 되겠다. 전교조 자체가 불법적인 노조로 우리가 정리를 좀 해야 될 거 같고…'[66]라고 지시하였다 한다.

조전혁 의원과 한나라당 의원들의
전교조 조합원 명단 공개 소동

2010년 지방 선거를 앞두고 한나라당은 전교조 심판·척결론으로 이념전을 진행하여 선거를 유리하게 이끌어 가겠다는 기상천외한 전략을 들고나왔다. 정두언 지방 선거 기획위원장이 "지방 선거에서 전교조를

---

66. 정희완, 「원세훈, 전교조 불법화·민주노총 탈퇴 유도 지시… "대학에도 우리 조직 만들고"」, 경향신문, 2015.5.27.

심판하겠다."고 공언했다. 한나라당은 지난 10년간의 교육을 좌파 교육으로 규정하고, "전교조에 의해 왜곡된 이념의 씨앗이 뿌려지고 있다."는 등 전교조에 정치 공세를 가하였고, 무상급식 문제 역시 전교조에 대한 이념 공세 재료였다.[67]

6월 2일 지방 선거를 앞두고 한나라당은 전교조 교사 명단 공개 소동을 일으켜 '전교조 마케팅'을 시도하였다. 4월 19일 조전혁 의원이 자신의 홈페이지에 전교조와 교총 소속 22만 명 교원의 정보를 실명으로 공개한 데 이어, 4월 27일에 서울남부지방법원이 조 의원에 대하여 1일당 3000만 원을 지급하라는 간접강제를 결정하였음에도, 4월 30일 한나라당의 김효재, 김용태, 진수희, 정두언, 장제원, 박준선, 정진석, 정태근, 차명진 등 9명의 의원과 박광진 한나라당 경기도의원이 자신들의 홈페이지에 전교조 조합원 명단을 공개하고 나섰다.[68]

이에 대해 대법원은 "조전혁 전 의원의 명단 공개에 동조해 한나라당 의원들이 전교조 조합원 명단을 공개한 것은 전교조의 존속, 유지, 발전에 관한 권리를 침해하고, 원고(전교조 조합원)들의 개인정보 자기 결정권을 침해하는 위법한 행위"라고 밝혔다.[69] 전교조는 손해배상으로 받은 돈을 장학기금으로 적립하여 비정규직 노동자들을 비롯한 소외계층의 자녀들에게 장학금을 지급하는 것으로 결정하였다.[70] 조 의원과 한나라당 의원들이 공공연하게 법원의 판결을 무시하고 전교조 조합원 명단을

---

67. 강병한·송윤경, 「여권의 무차별 이념전… 교육·언론·종교·사법 분야」, 경향신문, 2010. 3.24.
68. 전교조 중집 회의자료(2010.3~2015.10)
69. 김지훈, 대법, 「'전교조 명단공개' 여권 정치인들에 "10억 배상하라"」, 한겨레신문, 2015. 10.15.

공개한 사태는 도저히 입법 기관의 행태라고 믿기 어려웠다.

한겨레신문은 사설을 통하여, "이것은 정상적인 나라가 아니다. 무법천지다. 법치주의는 능멸당했고, 헌정질서는 유린됐다. 한나라당 의원들이 집단적으로 자신들의 인터넷 누리집에 전교조 조합원 명단을 공개하고 나선 것은 단순히 전교조 죽이기나 사법부 흔들기 차원을 넘어선다. 이것은 대한민국 헌법과 민주주의 체제에 대한 정면 도전이다. 심하게 말하면 다수의 위력을 빌려 법을 무력화하려는 집단적 국가 변란 행위라고 해도 지나치지 않다."고 하였다.

사설은 이어서, "법원이 조전혁 한나라당 의원에게 전교조 명단을 삭제하라는 결정을 내리자 한나라당은 '조폭 판결' 등의 입에 담지 못할 표현을 동원해 매도했다. 하지만 정작 조폭적 행동을 하는 것은 바로 한나라당이다. 사법부의 판단이 싫다고 다른 의원들까지 무리를 지어 법원 결정문을 휴짓조각으로 만들어버리려는 행동이야말로 정확히 조폭들의 모습이다. 이런 집단행동의 밑바탕에는 '떼를 지어 위법행위를 저지르면 법도 어떻게 하지 못한다.'는 오만하고 교활한 계산이 숨어있다. 정신이 제대로 박힌 국회의원이라면 법원 결정을 무시하는 조전혁 의원을 말리고 정당한 법절차에 따르도록 충고해야 옳다. 이것이 명색이 집권 여당이자 법과 질서를 금과옥조처럼 내세우는 보수정당이 보여야 할 태도다. 그럼에도 한나라당은 거꾸로 갔다. 한나라당은 이제 아이들의 교육 문제를 입에 담을 자격조차 상실했다. 애초 한나라당이 전교조 명

---

70. 387차 중집(2010.10.6.) [제7호 안건]:조합원 명단 실명 공개한 조전혁과 동아닷컴, 한나라당 국회의원 9명 손해배상청구소송 계획 심의의결의 건, 결정-'승소로 얻은 경제적 이익 가액은 소송비용 일체를 제외하고 전국교직원노동조합의 장학기금으로 기부하여 교육 소외 계층을 위한 장학사업에 쓰일 수 있도록 한다.'

단 공개의 이유로 내세운 것은 교육권 문제였다. 이렇게 교육을 걱정한다는 한나라당이 정작 자라나는 세대에게 가르치고 있는 것은 '법치주의나 민주주의 따위는 잊어라. 마음에 안 드는 판결이 나오면 떼 지어 판결 불복종 운동을 벌여라.'는 것이다. 아이들 보기가 민망하고 부끄럽다. 한나라당이 이런 무리수를 두는 것은 전교조 문제를 계속 쟁점화해 이번 지방 선거를 '색깔 선거'로 몰아가려는 의도일 것이다. 이런 얄팍한 의도가 제대로 먹혀들지도 의문이지만, 나라의 기본을 거덜 내고라도 어떻게든 선거에서 이기기만 하면 된다는 발상이 놀랍고 개탄스럽다."고 강하게 비판하였다.[71]

전교조는 성명서를 내 조합원 명단 공개 소동에 대해 입장을 발표하였다.

한나라당 조전혁 의원은 전교조 조합원 명단을 공개하여 전교조를 흔들려고 하였다. 그가 명단을 공개하고 나서자 동아일보가 함께 인터넷망에 전교조 조합원 명단을 올렸다. 개인정보를 보호하여 사생활의 안정을 보장하도록 법률이 보장하도록 하고 있음은 기본적인 상식임에도 불구하고 그들은 전교조 가입 사실이 떳떳하다면 공개하는 것을 꺼릴 이유가 없다고 억지를 부렸다.[72] 전교조가 '조합원 명단을 공개하는 것은 교사들의 인권을 침해하는

71. [사설] 「한나라당 떼법 시위는 '국가 변란 행위'」다, 한겨레신문, 2010.4.30.
72. 한나라당 의원들이 발의한 '개인정보 보호법안'에서도 노동조합·정당·사회단체의 가입·탈퇴 정보는 민감 정보로 분류돼 당사자 동의나 법률상 특례가 없으면 수집·처리할 수 없게 돼 있다. 진수희·정두언 의원은 개인정보 보호법안 공동 발의자이면서, 교원단체 명단 공개에 참여했다.

일'이라고 하자, 전교조 교사들이 전교조 가입 사실을 숨기려 한다고 떠들었다. 조합원 교사들은 학생들이 선생님들을 전교조에 가입한 교사, 가입하지 않은 교사로 나누어 선입관을 갖고 대하지 않기를 바랐다. 조합원 교사들이 자신의 전교조 가입 사실이 알려지기를 꺼릴 이유는 없었다. 다수 학부모님과 학생들은 전교조 교사들이 학생들을 존중하고 모든 일을 공정하게 처리하려고 노력한다는 믿음을 갖고 있다. 사실 누가 전교조 교사인지는 행정실에서 매월 조합비를 원천 징수하기 때문에 이미 공개되고 있다. 이러한 사실들을 잘 알면서도 '전교조 조합원 명단 공개' 소동을 벌인 이유는 무얼까? 전교조가 인권침해를 들어 반대할 것을 예상하면서 '떳떳하지 못하니까 반대한다.'고 부정적인 이미지를 씌우려는 속셈일 것이다.

정두언, 김용태 의원을 제외한 8명의 한나라당 의원들은 2012년 19대 총선에서 다시 국회의원이 되지 못하였다. 조전혁 의원은 당 공천에서 탈락하였다. 이명박 정권과 조전혁 의원을 필두로 한 한나라당 의원들이 정치적 이해득실에 눈이 멀어 학생·학부모와 교사의 '신뢰 관계'마저 무분별하게 정쟁에 끌어들여 희생물로 삼으려고 하였던 참으로 개탄스러운 소동이었다.

이명박 정부의 등장과 함께 정부와 보수 언론, 극우 단체는 힘을 합하여 김대중, 노무현 정부 10년 동안 이룩한, 아직도 많이 부족하기만 한 민주주의의 성과마저 전면 부정하고 되돌리려 하였다. 특히, 전교조에 대하여는 엄청난 사회적 비용을 치르고서야 결정이 났던 합법화를 원천 부정하려고 하였다. 보수 언론은 근거 없는 색깔론 공세에 열을 냈고, 수많은 전교조 교사들을 교단에서 몰아내고, 단체협약을 파기하였다. '노조규약시정명령'을 내려 법외노조 절차를 추진하고, 전교조 교사 명단을 만천하에 공개하는 불법행위까지 마다하지 않았다. 한나라당과 보수 세력이 '낡은 시대와 낡은 관행'으로부터 탈피했더라면, 한국 사회의 갈등지수가 이렇게까지 높아지지는 않았을 것이다. 전교조는 이명박 정부 5년 동안, 보수의 민주주의 침식을 끝까지 견뎌내야 했고, 반反교육 정책에 맞서 싸워야 하였다.

조전혁 의원과 한나라당 의원들의 전교조 조합원 명단 공개 사건의 전개 과정
-전교조 중집회의 자료(2010.3~2015.10) 요약 정리

2010

3.11.	법제처, 전교조 조합원 명단 공개가 가능하다고 유권 해석
3.26.	교육과학부, 학교별 교원단체·노동조합 가입한 교사(전교조 조합원 6만여 명, 교총 회원 16만 명)의 실명, 담당 교과, 가입단체 등이 포함된 자료를 조전혁 한나라당 의원에게 제출
4.15.	서울남부지방법원, 조 의원에 이 사건 자료를 '인터넷에 공시하거나 언론 등에 공개하여서는 아니 된다.' 결정. "교원들의 사생활의 비밀과 자유 및 노동조합에 가입하여 활동할 자유(개별적 단결권), 노조의 존속·유지·발전·확장할 수 있는 권리(집단적 단결권) 등과 밀접한 관련이 있는 정보"라고 인정
4.19.	조전혁 의원, 자신의 인터넷 홈페이지(www.educho.com)에 전교조와 교총 소속 22만 명 교원의 정보를 실명으로 공개, 교사 명단을 PDF 파일로 만들어 주요 일간지 기자에 배포
4.20.	동아일보사의 동아닷컴(www.donga.com)에 이 사건 정보를 공개
4.22.	전교조, 조 의원을 상대로 간접강제 신청
4.27.	서울남부지방법원, 조 의원에 대하여 이 사건 정보공개 행위 1일당 3000만 원을 지급하라는 간접강제 결정, 조 의원과 동아닷컴, 홈페이지에서 이 사건 정보를 내림.
4.28.	전교조 조합원 3,431명, 조 의원과 동아닷컴을 상대로 손해배상 소송 제기
4.30.	한나라당 김효재·김용태·진수희·정두언·장제원·박준선·정진석·정태근·차명진 등 9명의 의원과 박광진 한나라당 경기도의원이 자신들의 홈페이지에 전교조 조합원 명단 공개
7.13.	조 의원은 사과하면 배상을 요구하지 않겠다는 전교조의 요구를 거절하고 동전으로 481만 9520원을 지급함.

2011

7.26	서울중앙지방법원, 1차 손해배상 소송에 대한 1심 선고. 조 의원은 소송을 낸 전교조 조합원 1인당 10만 원씩, 동아닷컴은 1인당 8만 원씩을 지급하라 판결
11.24.	전교조와 조합원 8,196명, 조 의원과 동아닷컴, 한나라당 김효재 외 8명 의원 상대로 2차 손해배상 청구 소송 제기. 1차 소송에 참여한 조합원들은 한나라당 김효재 외 8명 의원과 박광진 한나라당 경기도의원을 상대로 제기

2013

9.4.	서울중앙지방법원, 2차 손해배상 소송에 대해 1심 선고. 2차 공개자 10명에 대해 공동으로 원고 교사들 1인당 10만 원을 지급하라고 판결. (개인의 분담분은 1인당 1만 원으로 2차 공개한 한나라당 국회의원들은 각각 8,000만 원이 넘는 손해배상을 해야 함)

2014

6.4.	(조 의원, 1차 손해배상 소송의 판결금 원리금 중 일부만 세비에서 집행하고 나머지는 미집행 상태에서) 제6회 지방 선거에 경기도 교육감 후보로 출마해 유효투표 총수의 26.11%를 득표하여 선거비용을 보전받을 수 있게 됨.
7.7.	전교조 변호인단, 1차 손해배상 소송과 2차 손해배상 소송의 판결금을 집행하기 위해 수원지방법원 성남지원으로부터 선거비용 보전 채권에 대하여 압류 및 추심명령 결정을 받음. 경기도선거관리위원회는 선거비용 보전금액 전체 (37억 8,413만 5,901원)를 공탁
7.24.	대법원, 1차 손해배상 소송에 대해 조 의원은 3억 4천만 원, 동아닷컴은 2억 7천만 원을 손해 배상하라고 확정판결
8.19.	성남지원, 조 후보 항고 기각, 다시 항고했으나 수원지방법원도 기각
10.27.	전교조, 선관위 공탁금에서 1차 손해배상 소송판결금 미집행분과 2차 손해배상 소송판결금 원리금 상당액을 배당받음.

2015

10.15.	대법원, 2차 손해배상 소송에 대해 9명의 한나라당 의원들에게 모두 8억 1,900만 원을 공동으로 배상하고 박광진 전 경기도의원은 1인당 3만 원씩 총 2억 4,570만 원을 배상하도록 확정판결. (조 전 의원은 같은 사건 항소심에서 1차로 명단이 공개된 조합원 4,582명에게 1인당 10만 원씩 4억 5,000여만 원을, 명단을 게시한 동아닷컴은 8만 원씩 3억 6,000여만 원을 배상하라는 판결을 받은 뒤 상고하지 않아 형 확정. 조 의원은 1, 2차 소송에서 7억 9천만 원, 동아닷컴은 6억 3천만 원의 손해배상 판결을 받음)

8. 일제고사와 공교육의 길

이명박 정부와 함께 돌아온 일제고사

학생들의 학습 정도를 살펴보고 수업 방향을 세우기 위하여 실시하는 진단평가는 중학교의 경우 2008년 이전까지는 시·도 교육청에서 자율적으로 진행하였다. 그러나 2007년 9월 전국 시·도 교육감협의회 합의로 2008년에는 전국에서 연합하여 실시하겠다고 발표하였다. 협의회에서는 연말에 학력 도달 정도를 평가하는 학업 성취도 평가도 전국 연합하여 실시하기로 합의하여 아래 표와 같이 시험 일정을 정하였다.[73]

2008학년도 중학생 전국 연합 평가 시행 계획

평가유형	중1 진단평가	학업성취도 평가		비고
대상	1학년	1, 2학년	3학년	
시험일	2008.3.6.(목)	2008.12.23.(화)	2008.10.29.(수)	예정
시행과목	국어, 사회, 수학, 과학, 영어	국어, 사회, 수학, 과학, 영어		

서울시교육청에서 2008년 2월에 다음 달 11일 초등학교 4~6학년 전체 학생을 대상으로 진단평가를 실시한다고 발표하여 문제가 되기 시

---

73. 『전교조 운동사 2-2』, 2016, 76쪽.

작하였다.[74] 진단평가는 학기 초에 실시하여 그 결과에 따라 수업 계획을 세우려는 시험이어서 기본적으로 개별 교사나 학교 단위로 실시하는 것이 그 취지에 맞다. 그런데 전국 단위에서 같은 문제로 치르는 진단평가는 학교 간, 시·도 간 시험 성적이 비교되어 '진단평가'의 취지와 맞지 않게 된다. 더욱이 연말에 학업 도달 정도를 다시 전국 단위로 실시하게 되면 학교와 시·도 교육청의 '실적'이 확연히 드러나게 된다. 이렇게 경쟁이 불붙으면 오로지 성적 결과만이 남고 지역, 학교 단위의 특성에 맞는 교육의 다양성, 자율성은 사라지고 만다.

바로 이러한 문제점 때문에 진단평가든, 학업성취도평가든 시·도 교육청에서 자율적으로 평가 계획을 세우도록 하고, 시·도 교육청은 학교 단위로 실시해 왔는데 이명박 정부 들어서 이 판도라의 상자를 열어젖힌 것이 바로 전국 단위 일제고사이다.

1998년에 어린 학생들의 공부 부담을 줄여주자는 취지로 폐지된 시험을 교육부와 서울, 경기 교육청이 나서서 부활한 것이다. 전국의 모든 학생이 같은 시험을 치러 결과가 발표되면 시·도별, 시·군·구별, 학교별, 개인별 성적 순위가 매겨지고 경쟁이 과열될 수밖에 없다. 교육 내용이 획일화되고 지필고사에만 몰두하느라 창의성을 기르는 교육은 어렵게 될 것이다. 그리고 사교육비 부담이 가중될 것이었다.

서울시 교육위원회에서 교육위원들이 반대 의견을 이야기하자 공정택 교육감은 "학생들에게 공부 더 시키자는데 뭐가 문제입니까?"라고 태연하게 답변하였다고 한다. 공정택 교육감은 1969년에 왜 중학교 입학시험

---

74. 임지선,「초등학교 일제고사 10년 만에 부활」, 경향신문, 2008.2.21.

을 폐지하고 추첨제로 전환했는지 이해하지 못하고 있음이 분명하다.[75]

초등학생들에게는 기초학력을 기르는 것과 함께 자신의 소질과 적성을 찾고, 상상력과 창의력을 맘껏 발휘할 수 있도록 돕는 교육이 베풀어져야 한다는 것은 수십 년 전에 이미 사회의 공감을 얻었던 터이다. 초등학생 때에는 친구들과 즐겁게 노는 것이 매우 중요하다. 놀이를 통하여 사회성, 인성이 길러진다. 하고 싶은 것들을 맘껏 해보면서 소질과 적성을 찾는 소중한 시기이다. 한국교육이 그렇지 않아도 대학입시 위주 경쟁교육으로 중병을 앓고 있는 터에 초등학생들마저 경쟁으로 몰아넣어야 직성이 풀리겠다는 교육감의 '단순 무식'에 탄식이 나오지 않을 수 없는 순간이었다.

시험 경쟁은 교육 내용을 제한한다. 시험에 나오지 않는 지식이나, 영역, 능력은 가치가 없게 된다. 사고력, 창의력을 기르는 교육과 역행한다. 또 경쟁은 극소수의 성공한 사람과 절대다수의 패배자를 만든다. 하물며 이제 막 학교에 들어가 배우는 재미를 느껴야 하는 초등학생들이 자신이 누군가에게 뒤떨어지는 '열등한' 존재라는 사실을 어떻게 '소화해' 낼 수 있을까? 빨리 배우는 사람도 있고 천천히 배우지만 꾸준히 배우는 사람도 있다고 하는데 기다려 주지도 않고 포기하게 만든다면 교육이라고 말할 수 없을 것이다.

---

75. 서울신문 DB 자료, 1969학년도부터 서울에서 처음으로 중학교 추첨제가 시행됐다. 이듬해에는 부산, 대구, 광주, 인천 등의 대도시도 중학교 입시제도를 폐지했다. 더불어 서울에서는 1970학년도를 끝으로 이른바 명문으로 불렸던 경기중, 서울중, 경복중, 경동중, 경기여중, 수도여중, 이화여중의 7개 중학교가 폐교됐다.

체험학습 안내한 7명 교사에 대한 파면·해임 징계

전교조 서울지부는 2월에 상임집행위원회를 열고 대응지침을 마련하였다.[76] '분회별로 토론회를 열고 학부모들에게 시험 참가가 의무가 아님을 알리는 가정통신문을 보내기로 하였다. 교과협의회를 열어 학교 자율 실시를 결정하고 학교장에게 요청하기로 하는' 등 대응지침을 마련하였다. 그러나 3월 6일에 실시한 중1 진단평가에 대한 대응은 어려움이 많았다. 방학 동안에는 분회, 지회, 지부 단위의 회의를 통한 의사 결정이 어려웠다.

2008년 하반기에 실시한 초, 중학생 대상 일제고사[77]에 대응하여 〈평등교육실현을 위한 학부모회〉를 중심으로 하는 연대단체와 함께 시험을 거부하고 체험학습[78]을 할 수 있도록 학부모, 학생들에게 안내하였다. 10월 8일에는 180여 명의 학생이 시험을 보지 않고 체험학습에 참여하였고, 10월 14일에는 40여 명의 학생이 등교를 거부하고 기자회견을 열었고, 60여 명의 학생이 체험학습에 참여하였다. 오후에는 청계광장 입구에서 '일제고사 반대 촛불문화제'를 열었다.[79] 여러 학교에서 교장 선생님들이 학생, 학부모에게 전화를 걸어 시험에 응할 것을 강요하고 교육청에서 장학사들이 학교에 와서 시험을 독려하였다. 불참 학생들이 나온 학교들에서 강제로 시험을 보게 하거나, 진술서를 작성하게 하거나,

---

76. 『전교조 운동사 2-2』, 2016, 78쪽.
77. 『전교조 운동사 2-2』, 2016, 83쪽. 10.8일 초3, 10.14~15일 초6·중3·고1, 12.23일 중1·2 학생 대상으로 전국 일제고사를 실시하였다.
78. 학기 중에라도 학교에 미리 신청한 후 등교하지 않고 가족 행사, 여행 등에 참여하는 경우 출석으로 인정하는 제도.
79. 『전교조 운동사 2-2』, 2016, 85쪽.

심지어 무릎을 꿇게 하는 등 인격 침해까지 일어났다.

서울시교육청은 체험학습 동의서를 안내한 7명의 교사에 대하여 12월 9일 징계위원회를 개최하여 파면과 해임이라는 중징계를 결정하였다. 세간을 놀라게 하는 교사 해직 사태였다. 마치 '돌아온 보수'가 군사독재 시대로 시곗바늘을 되돌린 듯하였다. 전교조 서울지부는 11일부터 교육청 앞 농성 투쟁을 시작하고 17일 전 조합원 규탄 집회를 열었다. 20일에는 전국교사대회를 열고 정부의 폭거에 항의하였다. 23일에는 142명의 교육학자가 서울시교육청의 교사 파면·해임 조치 철회를 촉구하는 성명서를 냈다.

정부의 무리한 중징계에 반대하는 여론이 형성되면서 일제고사 폐지 투쟁은 사회의 관심 속에 힘을 얻었다. '임실의 기적'[80]이 성적 조작으로 밝혀지면서 2009년 3월 일제고사는 31일로 연기되었고, 무리한 학력 경쟁에 반대하는 여론은 더욱 높아졌다. 해직당한 교사들과 함께한다는 취지로 전국에서 1,426명의 학생이 체험학습을 참가하였다. 이명박 정부는 체험학습 참가 학생들을 무단결석 처리하고 이를 안내한 교사와 일제고사 불복종 선언에 참여하고 시험 감독 거부 등 일제고사 거부 행동에 참여한 교사들에 대하여 징계를 강행하였다. 2008년 10월 서울 일제고사, 11월 강원도 일제고사, 2009년 3월 전국 진단평가 거부 행동으로

---

80. 「일제고사 '최상위' 전북 임실 초등학생 성적 조작」, 프레시안, 2009.02.18. 지난 16일 발표된 학업 성취도 평가에서 초등학생 학력 미달자 비율이 전국에서 가장 낮은 것으로 나타났던 전라북도 임실지역의 성적이 일부 조작된 것으로 드러났다. 18일 임실교육청에 따르면 기초학력 미달 학생이 단 1명도 없는 것으로 발표됐던 임실지역 초등학교 6학년생의 사회, 과학, 영어 3개 과목에서 각각 2명 내지 6명의 미달 학생이 있었던 것으로 확인됐다. 그러나 임실교육청은 실제 채점 결과와 달리 미달 학생이 전혀 없는 것으로 서류를 작성, 전북도교육청과 교육과학기술부에 보고한 것으로 나타났다.

징계를 당한 교사들은 해임 13명, 정직·감봉·견책 등 18명으로 모두 31명에 달하였다.[81] 2009년 하반기에도 10월 13일 일제고사에 대해 체험학습 참가를 통한 일제고사 반대 행동을 계속하였다.

징계를 받았던 교사들은 2011년 2월 10일 대법원이 강원도 교육청 소속 남정화, 구미숙, 이범여, 김주기 교사에 대하여 해임 취소 판결을 내리는 등 징계 무효소송에서 승리하여 2년여 만에 모두 교단으로 돌아갔다.

2008년 12월 9일 서울에서 해직된 7명의 교사

학교	이름	전교조 소속	징계
구산초	정상용	초등서부 사무국장	파면
청운초	김윤주	초등성북지회	해임
거원초	박수영	초등강동 조직부장	해임
길동초	최혜원	초등강동 편집부장	해임
선사초	송용운	초등강동 지회장	파면
유현초	설은주	초등중성북지회	해임
광양중	윤여강	중등동부지회	파면

방학을 앞두고 갑자기 해임된 설은주 선생님은 아이들과 한신대에서 따로 만나 나름의 방학식을 하였다. "얘들아, 춥다고 방 안에 웅크려 있지만 말고 방학 동안 즐거운 시간 보내. 개학할 때는 꼭 학교로 돌아갈 테니 건강하게 지내고." "선생님, 자주 연락할게요. 방학 때 같이 놀러도 가요."

김윤주, 박수영 선생님은 6학년 담임이어서 각각 13일, 12일에 진행된

81. 『전교조 운동사 2-2』, 2016, 92쪽.

졸업식이 문제가 되었다. 졸업하는 학생들은 담임 선생님과 졸업 인사도 나누지 못할 처지가 되었다. 졸업하는 제자들을 보러 교실에 들어간 담임 선생님을 안고 학생들은 울음을 터뜨렸다.

일제고사 폐지

전교조는 일제고사 반대 투쟁을 계속하였다. 경쟁지상주의 교육정책으로 일관하였던 이명박 정부 마지막 해인, 2012년 6월 12일에 전교조는 '농산어촌학교 살리기·학교 교육 살리기' 전교조 총력투쟁 선포, 교육 시민단체 공동기자회견을 열고, "휴일 등교 강요, 0교시 및 야간자율학습 강제실시, 학습부진아 낙인찍기, 성적에 따라 돈으로 보상제공 등 반교육적 폭력이 학교를 절망의 나락으로 내몰고 있다. 학생들은 꿈을 잃고, 교사는 긍지를 잃고, 학교에는 교육이 사라지고 있다. 일제고사 5년 차 대한민국 학교의 현실이다. …한국교육개발원은 'PISA 2009 결과 보고서'에서 '성공적인 학교의 시스템을 보면 교육과정 구성과 평가정책 수립에 보다, 많은 자율권을 가지고 있다.'고 했다. …그런데 우리나라는 시·도 교육청 평가에 일제고사 결과를 반영하여 예산을 차등 배정하고, 교육청은 일제고사 성적을 올리는데 기여한 학교와 교사에게 연수 및 재정적 특혜를 제공하고, 학교와 교사 평가에 반영하는 등 일제고사를 통해 경쟁과 서열화를 더욱 조장하며 교육을 파괴하고 있다."며 다시 한번 일제고사의 중단을 요구하였다.[82]

---

82. 전교조, 교육 시민단체 공동 기자회견문(2012.6.12.)

이명박 정부와 함께 등장한 일제고사는 2012년 대선에서 박근혜 후보가 초등일제고사 폐지를 공약으로 내세우게 되어 막을 내리게 되었다. 이명박 정부의 막무가내 학력 경쟁 강요 교육정책에 대한 반성이었고, 전교조와 교육 시민단체의 일제고사 폐지 운동이 제대로 공명을 받은 것이다. 2014년 초등부터 일제고사가 폐지되었고, 2014년 지방자치 선거에서 13명의 진보교육감이 당선되면서 일제고사는 더 이상 실시하지 않게 되었다.

9. 교육감 주민직선제와 진보교육감 당선

교육감 선거제도의 변화와 2008년 서울 교육감 선거

교육감 선거제도는 한국 사회의 민주주의 발전에 따라 민주적인 방향으로 변화를 거듭해 왔다. 교육감이 주민직선제로 선출되기 시작한 것은 2006년 12월 지방교육자치법이 개정되면서부터다. 1949년 교육법이 제정되면서 임명제로 시작된 교육감 제도는 여섯 차례나 변화를 겪었다. 1980년대에는 교육감의 자격 요건이나 선출방식에 다소 차이는 있었지만 큰 틀에서는 교육위원회의 추천으로 대통령이 임명하는 방식이 유지됐다. 하지만 교육자치제가 시행되면서 1991년부터 교육위원회에서 교육감을 선출하는 간선제가 도입됐다.[83]

문민정부 시기인 1996년 학교에 학교운영위원회(학운위)[84]가 설치되면서 1997년부터는 학운위와 교원단체[85]에서 구성한 선거인단이, 국민의

---

83. 당시 교육위원은 지방의회에서 선출하는 간선제였다. 지방교육자치에관한법률 (1991.6.20. 시행)
제5조 (교육위원의 선출) ① 교육위원은 당해 시·도 의회에서 시·군 및 자치구의회가 추천한 자 중에서 무기명투표로 선출하되, 그 정수의 2분의 1 이상은 교육 또는 교육행정 경력이 있는 자이어야 한다.
② 시·군 및 자치구의회의 교육위원 추천은 2인으로 하되, 그중 1인은 교육 또는 교육행정 경력이 있는 자이어야 한다.

정부 시기인 2000년부터는 학교운영위원 전원으로 구성된 선거인단이 교육감을 뽑는 간선제가 2006년까지 이어졌다.[86]

교육감 선거는 노무현 정부 시기인 2006년에 교육자치, 교육의 정치적 중립성을 보장하고 있는 헌법의 취지에 맞게 주민직선제를 제도화하였다. 교육감 선거는 4년마다 실시하는 지방자치 선거의 일부로 치러지는데, 2006년 1월 주민직선제로 법률 개정이 이루어지고 나서는 당시 현직에 있던 교육감들의 임기가 끝나는 대로 2007년 부산을 시작으로 2008년 충남·전북·서울, 2009년 경기 순으로 시·도별 첫 주민 직선 교육감 선거를 치렀다. 2010년 6월의 지방자치 선거 때, 비로소 전국에서 동시에 교육감 직선제 선거가 치러졌다.

2008년 7월 서울 교육감 선거는 미국산 쇠고기 수입과 4·15 학교 자율화 조치에 대해 반대하는 중·고등학생들이 자율학습, 0교시, 학원 심야 교습까지 허용하는 이명박 무한경쟁 교육정책을 '미친 교육 OUT!'이라고 외치는 상황에서 전개되었다.

선거는 현직 교육감으로 있다 출마한 공정택 보수 후보와 전교조와 참교육학부모회 등 교육 시민단체, 민주노총 등 진보 진영이 추대한 주경복 교수의 치열한 경합으로 치러졌다. 서울 교육은 외고·자사고의 설립, 고교선택제 등으로 교육 양극화가 극심해진 터에 이명박 정부가 자

---

84. 학운위는 학생 수에 따라 학교별로 5~15명의 위원으로 구성된다. 학운위 구성 비율은 △학부모위원 40~50% △교원위원 30~40% △지역위원 10~30%이다. 교장은 당연직 교원위원으로 참여한다. 2000년 기준으로 시·도별 학운위 위원은 서울 1만3,000여 명, 전북 7,500여 명, 대전 3,000여 명, 충남 7,000여 명 등이었다.

85. 전국교직원노동조합이 1999.9.1. 합법화되기까지 유일한 교원단체는 한국교원단체총연합이었다.

86. 김희원, 「교육자치 위협하는 민선 교육감」, 세계일보, 2012.3.5.

사고 전국 100개 설립, 심지어 국제중학교 설립까지 추진하였기 때문에 교육 불평등 심화에 대한 심판이 선거전의 초점이 되고 있었다.

주경복 후보는 핵심 공약으로 외국어고 축소·자사고 폐지, 일제고사 폐지, 미국산 쇠고기 없는 친환경·직영급식 확대, 사학의 부패 척결을 위한 외부 감사제 도입 등을 내걸었다. 공정택 후보는 외국어고 확대, 국제중·국제고 설립, 구마다 자사고 1개교 설립 등 정반대의 공약을 내세워 '더 공부시키고 더 경쟁시키기' 교육정책을 추진하겠다고 하였다.

그러나 선거전은 외국어고, 자사고, 국제중같이 비싼 등록금을 낼 수 있는 사람들만 자녀들을 보낼 수 있는 학교를 설립하는 것이 '교육적이고 바람직한가'에 대한 여론보다는 전교조에 대한 호불호를 중심으로 진행이 되었다.

7월 16일 프레스센터에서는 '7.30 서울특별시 교육감 선거에서 공정택 후보를 반전교조 단일후보로 추대 지지한다'는 '범보수 시민·사회단체 기자회견'이 열려 공정택 후보를 보수 단일후보로 추대하였다. 기자회견의 주제 자체가 교육의 미래 비전이 아니라 '반전교조'였다.

여론조사에서 주경복 후보가 높게 나오자 선거를 5일 앞둔 25일 서울 시내 전역에 '전교조에 휘둘리면 교육이 무너집니다'란 현수막이 걸리고, 같은 날 동아일보 1면 하단에 같은 문구를 큼지막하게 내건 광고를 실었다.[87] 교육희망 신문은 "'교육감 되겠다면서 대화 상대인 교원노조 비방'… 현수막을 본 한 시민은 '할 말이 없다.'며 '아무리 미워도 그렇지. 그래도 중요한 대화 상대인 교원노조를 교육감을 하겠다는 사람이 이렇게까지 하는 것은 그릇이 안 돼 보인다.'고 고개를 저었다. 특히

---

87. 최대현, 「공정택 후보 "전교조에 휘둘리면 교육 무너진다"」, 교육희망, 2008.7.26.

이날 또 많은 시민에게 무차별적으로 같은 내용의 전교조 비방 문자를 보낸 것으로 확인돼 선거법 위반 논란까지 일고 있다."고 보도했다.

당시 전교조 서울지부 조합원은 11,534명으로[88] 당시 서울의 교사 69,744명의 16.5%여서[89] 6명 가운데 1명의 교사가 전교조 교사들이었는데, 서울 교육을 이끌어 가겠다는 교육감 후보가 다수의 교사가 조합원으로 가입해 있는 단체를 그렇게 비신사적으로 비방하다니, 할 말을 잃게 하였다. 일체의 정치활동을 법으로 금지당하고 있는 전교조는 이에 대해 반박 성명 하나 낼 수가 없었다. 손발이 묶여 있는 상대에 대한 일방적 타격은 도저히 110만여 명의 유·초·중·고 학생의 서울 교육을 책임지고 이끌어가겠다고 나선 '교육감 후보'의 행태라고 볼 수 없었다.

공 후보는 그렇게 '공교육 정상화, 평등하게 교육받을 권리'를 주장하는 전교조에 대한 견제, '반反전교조'를 강남 지역 유권자들에게 집중 호소하였고, 강남 유권자는 '몰표'로 화답했다. 공 후보는 선거 전 막판 거점유세 장소로 '강남'을 택하여, "동작·관악·금천 같은 데랑 달리 여기 서초·강남은 학부모가 똘똘 뭉치면 전교조가 꼼짝을 못해요. 비장한 각오로 전교조를 막아주세요. 비강남 지역이 교육 예산 많이 가져가겠다고 아우성치는 바람에 강남은 늘 역차별을 받았어요. 이런 일 절대 없도록 노력하겠습니다!"라고 외쳤고, 강남구 61%, 서초구 59%, 송파구 48%의 투표자가 공 당선자를 지지했다. 강남 3구에서 공 후보는 2위인 주경복 후보보다 2~3배의 표를 받았고 그걸로 끝이었다. 주경복 후보는

---

88. 전교조 제55차 대의원대회 자료집 98쪽.
89. 한국교육개발원, 교육통계 서비스. 2008년 서울 교원 수는 초등 28,391명, 중학교 19,038명, 고등학교 22,315명이었다.

서울시 25개 구 가운데 22곳에서 이기고도 강남 3구의 공 후보에 대한 몰표를 극복하지 못하고, 2만2,053표, 1.78%라는 근소한 차이로 아쉬운 패배를 당하였다.[90]

선거 패배에 실망할 겨를도 없이 전교조 서울지부에는 날벼락이 떨어졌다. 정치활동이 금지된 교사들이 선거법을 위반하고 불법 선거운동을 했다는 죄목으로 집행부와 25명의 지회장이 무더기로 기소되어 7명의 교사가 파면, 해임을 당하였다.

2006년 개정된 '지방교육자치에 관한 법률'에 따라 처음으로 실시한 2008년 서울시 교육감 주민 직접 선거는 대단히 생소한 선거였다. 교사, 교사 단체의 정치활동이 법률로 엄격히 금지되고 있는 상황에서 전교조 서울지부는 무척 조심스럽게 대응하였다. 교육 시민단체들과 주경복 교수를 시민후보로 추대하여 당선시키기 위해 할 수 있는 일을 하였다. 선관위에 질의하여 가능하다는 유권해석을 듣고, 선거비용을 모금하여 제공하였다. 물론 제공한 돈은 선거 후에 돌려받는 조건이었다. 조합원들을 중심으로 지지 운동을 전개하였다. 그럼에도 선거가 끝난 지 4년을 넘긴 2012년 11월 30일 대법원은 실형 3명, 250만 원 벌금형 4명으로 확정판결하였다. '교육자치' 선거에 거의 모든 활동을 공개적으로 진행하고, 선관위에 관계 법령을 문의하는 등 선거법을 지키기 위해 가능한 노력을 모두 기울인 교원단체를 '엄벌'에 처한 것이다. 이후 서울 교사들은 교육감 선거라면 100m 거리에서도 비켜 가려고만 하게 되었다. 후보를 세우는 일도, 예비후보 간의 시민 경선도, 심지어 여론조사도 피하게 되

---

90. 변진경·변태섭, 「강남 사랑하고 전교조 멀리하면 몰표 얻으리라」, 『시사IN』 47호, 2008. 8.9. 52쪽.

었다. 누구를 위한, 무엇을 위한 교육자치 선거일까?

교육자치에서 소외되는 교육 주체, 교사

교육감 선거를 포함한 교육 자치에는 근본적인 문제점이 있다. 바로 교육감 선거, 교육위원회 등 교육 자치에 가장 주체가 되어야 할 교사들을 완전히 배제하고 있다는 점이다. 초·중등교육법, 선거 관계 법령은 교원의 정치활동을 전면 금지하여 교원의 참정권을 철저하게 박탈하고 있고 교육감 선거라고 조금도 예외를 두고 있지 않다. 교사가 되는 순간, 정치적 금치산자로 살아야만 하는 것이 대한민국의 현실이다.

교육자치는 시·도 교육청 단위의 교육감과 교육위원회를 두 축으로 하여 이루어진다. 교육감 선출이 '행정부 구성'이라고 한다면, 교육위원회는 의회에 해당하는 단위라고 할 수 있다. 대한민국 교육자치제도는 민주주의 발전에 따라 확대되었다.[91]

- 1952년 5월 24일 시·구 교육위원회 교육위원 선거로 교육위원회 최초로 구성
- 1961년 5·16 군사 쿠데타 이후 교육행정을 일반행정에 흡수, 통합
- 1964년 1월, 서울특별시, 부산광역시, 각 도 단위 교육위원회 구성
- 1988년 3월 8일 교육자치법 제정
- 1991년 초, 시·도 의회에서 교육위원을 선출하여 9월 3일 전국 15

---

91. 『한국민족문화대백과사전』, 교육자치 요약.

개 시·도 교육위원회 출범, 이 해에 교육위원들에 의해 첫 민선 교육감 선출

- 1996년 학교운영위원회(학운위) 설치, 1998년 학교운영위원회와 교원단체가 선출한 선거인단이 교육감, 교육위원 선출
- 2000년 전체 학운위원이 교육감, 교육위원 선출
- 2006년 6월 중선거구제로 주민 직선 교육위원 선출
- 2010년 교육위원회를 시·도 의회 내 교육상임위원회로 통합, 교육상임위원회는 1/2은 직선으로 선출된 교육의원(교육의원 출마 자격은 2년 동안 정당원이 아니어야 하고 교육경력 또는 교육행정 경력이 10년 이상인 자로 규정), 1/2은 시·도 의회 의원으로 구성
- 2014년 교육의원 폐지하고, 지방의원으로 교육상임위원회 구성

주요한 특징은 교육감 선출이 간간선제에서 간선제로 다시 주민직선제로 주민자치가 확대된 것에 비하여, 교육위원회는 1991년 시·도 의회와 별개로 구성되어 출발하였다가 폐지되고, 2010년 시·도 의회 교육상임위원회로 대체된다는 점이다. 교육위원회를 별도로 설치하는 것이 좋은지, 시·도 의회에 통합하는 것이 좋은지는 논의와 연구가 필요할 것이나 분명한 것은 교육위원회를 시·도 의회로 통합하면서 교육자치에 한계가 발생하게 되었다는 점이다. 상당한 전문 지식과 경험을 가진 자들이 주민대표로 선출되어 집행부인 교육감을 감시, 견제하는 입법부 기능을 담당해야 하는데 국회의 교육상임위원회는 물론이고, 보다 교육현장과 밀착된 교육 사안들을 심의, 의결해야 하는 시·도 의회 교육상임위원회까지 교육 경험이 없는 의원들로 구성되고 있기 때문이다.

교원의 정치활동 금지로 국회든, 시·도 의회든 교육자 출신 의원은 거의 없다. 교육감도 교사들은 출마 자체가 불가능하다. 시·도 교육감의 입후보 자격을 교육경력 5년 이상인 자로 하면서, 보통교육과는 상관도 없는 교수를 교육경력자로 인정하여 휴직하고 출마할 수 있도록 허용하면서도 교사는 직을 사임해야만 출마할 수 있다. 시·도 교육청은 고등교육(대학교)을 담당하는 곳이 아니다! 사회의 주요한 직능 분야인 교육은 '자치'가 아니라 사실상 '통치'가 되고 있다고 해도 과언이 아니다. 이렇게 국회와 시·도 의회가 교사 출신이 전무하다시피 구성되는 것은 교육 분야의 개혁을 지체시키고 있다. 2019년 상반기 온 나라를 떠들썩하게 만들었던 사립유치원 회계 부정 문제나, 빈번하게 일어나는 사학의 부패 사건들을 예방하고 바로잡기 위해서도, 학생들을 불행하게 하고, 학부모는 천문학적인 사교육비 부담으로 힘들게 하는 대학입시 경쟁교육을 제대로 개혁하기 위해서도 교원의 정치 참여, 정치활동 보장이 절실하다. 하물며 교육감 선거에 참여할 수 있는 권리를 제한하는 법령은 먼저 폐지되어야 할 것이다.

반전교조 수월성 프레임 무너져

2년 전 서울 교육감 선거의 아픔을 딛고 2010년 지방 선거의 교육감 선거에서 진보 진영이 거둔 성과는 눈부셨다.[92] 교육감 선거에서 이른바 '범진보 단일후보'라는 이름으로 추대한 교육감 후보는 모두 12명, 이

---

92. 김은남, 「진보교육감을 왜 뽑았냐고? '미래'를 얘기하니까!」, 『시사IN』 143호, 2010.6.12.

가운데 절반인 6명이 당선되었다. 서울(곽노현), 광주(장휘국), 경기(김상곤), 강원(민병희), 전북(김승환), 전남(장만채)에서다. 진보 진영이 전국에서 26명을 추대한 '범진보 교육의원 후보' 중에서도 16명이 당선되었다. 전체 교육의원 82명 중 19.5%에 해당한다.

바른교육국민연합으로 대표되는 보수우파 단체 등이 제기한 '전교조 심판론'은 이 과정에서 거의 먹혀들지 않았다. 강원과 광주에서는 각각 전교조 지부장을 지낸 민병희, 장휘국 후보가 교육감으로 당선되었다. 인천에서 비록 0.3% 포인트라는 아슬아슬한 표차로 석패했지만, 전교조 인천지부장을 지낸 이청연 후보 또한 교육감 출신인 나근형 당선자에게 맞서 마지막까지 선전했다. 전교조 부산지부장 출신인 박영관 후보는 고작 2.8% 포인트 차이로 임혜경 부산 교육감 당선자에게 패하였다. 진보 성향 교육의원 당선자 16명 중 14명이 전교조 조합원 출신이었다.

이를 두고 전교조의 한 간부는 "조전혁 한나라당 의원이 법원 판결을 무시해가며 교원 명단을 공개하고, 정부가 선거 막바지에 민노당 후원 등을 이유로 전교조 교사 135명을 무더기로 파면·해임하는 등 징계권을 남용하면서 '해도 너무하는 것 아닌가'라는 여론의 역풍을 부른 것 같다."라고 분석했다. 이 선거로 전교조가 명예 회복을 했다는 분석도 있다.

이번 선거를 통해 "반전교조 프레임의 허구성이 드러난 것이라 본다."고 김명신 '함께하는교육시민모임' 공동회장은 해석했다. 곽노현 캠프의 표현대로라면, 반전교조 프레임은 공정택 전 서울 교육감의 구속수감과 함께 종말을 맞았다. "전교조에 휘둘리면 우리 교육이 무너진다."라는 구호를 내걸고 당선한 공 전 교육감이 온갖 추문과 비리로 무너지는 것을 보며, 유권자들이 반전교조 하면 공정택으로 상징되는 교육 기득권층의 비리부터 떠올리게 됐다는 것이다.

더불어 무너진 것이 이른바 수월성 프레임이다. 공 전 교육감이 반전교조의 근거로 내세운 것이 '수월성이냐, 평준화냐'였다. 전교조를 선택하면 하향 평준화로 학교를 망친다는 논리였다. 그러나 "지난 2년의 경험으로 수월성에 대한 환상은 깨졌다."라고 김명신 씨는 잘라 말했다. 김 회장에 따르면 2008년 서울 교육감 선거는 학부모들이 자신의 욕망을 최대치로 드러낸 선거였다. 국제중·특목고 확대, 자율형사립고 신설, 고교선택제 등을 공약으로 내건 교육감을 선택함으로써 학부모들은 '내 자식만은 잘되길 바라는' 열망을 드러냈다. 그런데 이들 공약이 실현되고 모두 승자가 될 수는 없는 현실이 드러날수록 학부모·학생 모두 점점 더 불행해지는 악순환에 빠져들었다는 것이다. "이른바 수월성 교육을 내세우면서 실제로는 소수 특수학교 출신들이 점점 더 많은 것을 가져가는 승자독식 구조로 교육이 재편되는 것에 대해 학부모들이 근본적인 문제의식을 갖게 되었다고 본다."라고 김 회장은 말했다.

이 과정에서 학습 경쟁이 격화되고 사교육비 부담이 급증하는 것에 대한 학부모들의 불만도 팽배해졌다. 진보 후보들은 이를 파고들었다. 곽노현 서울 교육감 후보는 단순히 사교육비를 줄이는 것이 아니라 사교육비를 유발하는 원인부터 잡겠다며 'MB식 특권교육 중단을 통한 사교육비 경감'을 핵심 공약으로 제시했다.

진보 후보들은 자사고·외고 등 귀족학교 폐지와 일반고 살리기, 혁신학교, 학생 인권조례 제정, 무상급식, 교육복지 확대 등을 공약으로 내걸어 반전교조, 학력 신장 등을 내세운 보수 후보들과 대비되었다.

2010년 6명의 진보교육감 당선은 혁신학교 운동, 학생 인권조례 제정, 학생에 대한 체벌 금지 등 전교조가 추진해 온 교육개혁을 질적으로 한 단계 도약시킬 수 있는 계기를 만들었다. 보수 세력의 끝없는 색깔론 공세로 '영원한 재야'로 남을 것처럼 보였던 전교조가 '한국교육 정치'의 당당한 주체로 등장한 것이다.

법외노조의 시련,
내릴 수 없는 깃발
2013~2016

시대 돌아보기

_ 보수의 혁신을 내세워 집권하고 수구로 막을 내린 박근혜 정부

새누리당 박근혜 후보는 이명박 정부와 차별화를 추진한 선거전략으로 2012년 12월 대선에서 민주통합당 문재인 후보를 이기고 대통령에 당선되었다. 이명박 정부의 실패에도 불구하고 민주당이 여전히 개혁의 실패와 무능력의 책임을 벗어나지 못한 데 반해, 박근혜 후보는 경제민주화와 무상보육을 비롯한 복지, 세대와 지역 대통합론 등 개혁 보수를 내세워 지지를 얻었다. 교육 분야에서는 무상보육, 고교 무상교육 등 교육복지 확대, 자유학기제 실시·일제고사 폐지 등 신자유주의 교육정책 보완을 공약으로 내걸었다.

그러나 박근혜 후보는 당선 이후 대부분의 복지 공약을 지키지 못하고 권위주의 통치로 일관하였다. 2013년 10월 전교조를 법외 노조화하고, 12월 9일 '수서발 경부고속선 자회사 신설'에 반대하여 파업에 돌입한 철도노조에 대해 위원장 등의 지도부를 체포하기 위해 민주노총에 경찰력을 대거 투입하였다. 11월 7일 국무회의에서 '통합진보당 해산 청구 안건'을 의결하여, 2014년 12월 19일 헌법재판소는 통합진보당의 해

산을 선고하였다.

2015년 10월 15일 박근혜 정부는 국사 교과서 국정화 추진을 발표하였다. 2013년 교학사 교과서가 친일과 독재를 미화하는 내용이라는 논란 속에 학교에서 전혀 채택되지 않는 상황에서 정부가 직접 이념 전쟁에 나선 것이다. '꿈과 끼를 살리는 교육'을 내세워 중학교에서 자유학기제 시행, 고교 교육과정에서 문·이과 구분 폐지, 초등 일제고사 폐지를 추진하였으나, 학급당 학생 수 및 교원 1인당 학생 수 경제협력개발기구OECD 국가 수준 감축, 초등학교 방과 후 돌봄 프로그램 무상 제공, 고교무상교육 등 예산이 소요되는 교육복지 정책은 무효가 되었다. 3~5세 영·유아에게 제공하는 누리과정 무상보육은 2012년 3월 5세를 대상으로 시행에 들어갔고, 박근혜 대통령의 대선 공약 중 하나로 이듬해에 3~4세까지 확대되었으나 지방자치단체와 교육청에 추가로 예산을 내려보내지 않아 보육 대란을 초래하였다.

정부는 자사고 문제를 두고 2014년 6월 동시 지방 선거에서 다수 당선된 진보교육감들과 충돌하였다. 서울시 조희연 교육감은 2014년 10월 평가에서 기준 점수에 미달한 8개 학교를 자사고 지정에서 해제하였는데, 이에 대하여 교육부는 지정 취소를 무효화했다. 교육부는 2014년 11월 말 초·중등교육법 시행령을 개정하여 '자사고 지정 권한은 교육부 장관에게 있음'을 규정하였다.

박근혜 정부는 대선 시기의 국가정보원·국방부 여론조작 사건이 취임 초기부터 부담이 되었고, 2013년 5월 대통령 방미 중 청와대 대변인의 성 추문 의혹 사건, 2014년 4월 세월호 침몰 사고, 12월 통합진보당 위헌 정당 해산 사건, 2015년 4월 성완종 리스트 사건, 10월 역사 교과서 국정화 논란, 12월 일본과 위안부 합의 체결, 2016년 2월 개성공단 폐쇄, 7월 주한미군 THAAD 배치 등으로 논란이 끊임없이 이어졌다. 2016년 10월 말부터 최서원(최순실) 국정농단 사건으로 국민의 대규모 촛불 항의 시위에 직면하여 12월 9일 국회에서 탄핵안이 가결되고 2017년 3월 10일 헌법재판소의 결정으로 대통령직에서 파면되었다.

2013년 --

3월 북한, 불가침 합의 파기, 판문점 연락망 폐쇄. 검찰, 국정원 여론 조작 의혹 원세훈 전 원장 출국금지

4월 북한, 개성공단 통행 차단, 근로자 철수, 남북 실무회담 제의 거절

5.8 대통령 방미 중 윤창중 청와대 대변인 성폭력 사건 발생. 밀양시 주민 송전탑 반대 운동

6.7 한·중 정상회담

9월 전두환 추징금으로 그림 190여 점 환수

11월 노무현 대통령 남북회담 시 NLL 관련 발언 녹취록 논란 천주교 정의구현사제단 대선 부정선거 의혹 시국미사

12.9 철도노조 민영화 반대 총파업

2014년 --

2.17 이석기 전 의원 내란음모죄 유죄 선고

4.16 세월호 침몰 사고

8.14 프란치스코 교황 방한

12.19 헌법재판소, 통합진보당 위헌 정당 해산선고

2015년 --

2.26 헌법재판소, 간통죄 위헌 결정

3.5 리퍼트 주한 미국 대사 피습

4.9 성완종 리스트, 성완종 전 경남기업 회장 자살

9.3 대통령, 중국 전승절 기념식 참석

10.12 황우여 교육부 장관, 역사 교과서 국정화 방침 발표

11.14 민중 총궐기 집회, 백남기 농민 경찰 물대포에 맞아 의식 불명 중상

12.28 일본군 위안부 문제 합의

2016년
──
2.10   개성공업지구 가동 중단, 2.11 남측 인원 추방

4.13   20대 총선, 민주당 제1당

5월   대통령, 아프리카 3국(에티오피아, 우간다, 케냐), 프랑스 국빈
        방문

7.7   교육부 정책기획관(2급) 나향욱, "민중은 개, 돼지로 취급하면
        된다. 먹고 살게만 해주면 된다." 발언

7월   사드, 성주 배치 발표

9.25   백남기 농민 사망

10.24   JTBC 최서원 테블릿 피시 입수하여 국정농단 보도

10.25   대통령 최서원 국정 농단 사과

10.29   검찰, 청와대 압수수색 시도
        대통령 퇴진 요구 대규모 촛불 집회 시작

12.9   국회에서 대통령 탄핵 소추 가결, 대통령 직무 정지

2017년
──
3.10   헌법재판소, 대통령 파면 결정

4.30   주한미군 성주에 사드 배치

5.9   제19대 대선, 문재인 후보 당선

10. 사라진 교육복지 공약과 역사 교과서 국정화 추진

다시 해직되다!

이명박 정부가 출범한 2008년, 나는 정기 전보를 앞두고 고등학교를 지원하여 영등포고등학교에 부임하면서 교직 생활의 새로운 전기를 맞았다. 2003~4년의 전교조 서울지부 사무처장, 2006년의 전교조 조직실장으로 이어진 노조 전임자 역할을 마치고 학생들 속으로 돌아온 것이다. 2007~8년 임기의 서울지부 부지부장 역할이 이어지고는 있었으나 비상근직 직책이었다. 활기 넘치는 중학생들을 가르치다가 조금은 더 '말이 통하는' 고등학생들과 생활하게 된 것이다. 입시 경쟁 교육의 한가운데서 힘들어하는 제자들을 보면서 2010년 12월에는 4개고 680여 명의 학생을 대상으로 설문 조사를 하여 '수업 시간에 잠만 자는 학생들, 왜?'라는 보고 겸 제안서를 작성하여 '레디앙'에 싣기도 하였다.

이명박 정권 5년은 2008년 미국산 쇠고기 수입 반대 촛불시위와 '명박산성'으로 시작하여, 2009년 용산 참사와 쌍용차 노조의 파업에 대한 폭력 진압이 이어지고, 4대강 사업, 자원 외교, 방위 산업 부정, 측근과 친인척의 부패 스캔들이 얼룩진 시기였다. 집회·시위의 자유와 언론·표현의 자유가 위축된 대신, '어버이연합', 'ㅇㅇ군인회', 'ㅇㅇ전우회' 같은 극우 단체들이 기세등등하던 시대였다. 집권 세력은 이데올로기 공세를 강화하고 정치사상의 자유를 억압하는 등 민주주의를 급격히 후퇴시켰다.[93] 아! 군부 독재를 물리치고 민주주의를 쟁취했다는 자부심이 이렇게나 짧은 시기에 냉소와 집단 우울증으로 바뀔 수 있을까?

이러한 '폭군의 시대' 광풍은 기어이 나를 비켜 가지 않았으니, 2008년 8월 서울시 교육감 선거가 끝나고 여당의 조전혁 의원이 전교조 서울지부를 불법 선거운동을 했다고 고발함에 따라 수사와 기소, 재판이 이어진 것이다. 3심까지 3년 동안, 매달 한 번씩 돌아오는 공판에 비가 오나 눈이 오나 수업을 마치고 허둥지둥 법원으로 달려가야 했고, 2012년 11월 30일 대법원에서 벌금 250만 원이 확정되어, 나는 두 번째로 해직교사가 되었다.

그해에도 담임을 맡았던 나는 해직을 예상하고 미리 반 아이들의 생활기록부를 작성해 놓았다. 판결을 받은 후 학교로 돌아와 아이들에게 작별 인사를 하고 부모님들께 전해드리라고 미리 써둔 편지를 나누어 주었다. 갑작스러운 작별 인사, 목이 메어 말을 제대로 마치지 못하는 나를 두고 아이들은 어쩔 줄을 몰라 했다. 며칠 뒤 아이들이 학교로 불러서 갔더니 각자 써 온 편지와 꽃다발을 준비해 정식으로 '송별식'을 해 주었다.

그 얼마 후 치러진 대통령선거에서 박근혜 후보는 51.5%를 얻어 대통령이 되었고, 나는 학교 대신 사직동에 있는 전교조 서울지부 사무실로 출근하게 되었다. 사무실에서 가까운 도성 성곽길에 올라 하루하루 봄

---

93. 박봄매, 「박근혜 정권 등장의 배경과 역사적 계기를 통해 본 그것의 성격」, 『정세와 노동 (1010)』, 2014.4.28. 30~31쪽.

이 오고 꽃이 피는 것을 보는 것이 새로 시작된 해직 생활의 유일한 위안이었다.

박근혜의 교육 분야 공약

박근혜 후보는 국정원 등 국가기관을 동원한 관권 부정선거 논란으로 태생적 한계를 갖고 있었으나, 개혁 보수를 표방하여 대통령에 당선될 수 있었다. 박근혜 후보는 공약으로 만 5세까지의 아동에 대한 국가 책임 무상보육, 고교 무상교육, 사교육비 부담 완화, 대학등록금 반으로 낮추기, 암 심혈관 질환 등 4대 중증 질환에 대한 건강보험 100% 보장, 공공부문 비정규직의 정규직화, 노동자의 해고 요건 강화, 구조조정 정리해고 방지를 위한 사회적 대타협 기구 구성, 대기업과 중소기업의 상생을 위한 경제민주화 등을 내세웠다. 실로 거칠 것 없는, 파격적인 공약으로 '보수의 혁신'이라고 할 만한 청사진을 제시하였고 '약속을 지키는 책임 있는 사람'임을 강조하여 국민의 지지를 얻는 데 성공하였다.

교육 분야에 대한 공약은 교육복지에 초점을 맞춘 것이었고 사교육비 부담 완화를 위한 대입제도 간소화도 지켜보게 만드는 공약이었다. 대통령에 당선된 후 정부 인수위에서 마련한 국정과제를 보면, 공교육 정상화 촉진법(사교육비 경감) 제정, 학교 교육 정상화를 위한 중학교 자유학기제, 초등학교 일제고사 폐지, 선행학습 금지 등이 제시되고, 대학입시는 학생부, 논술, 수능 위주로 간소화한다고 하였다. 교원의 교육 전념 여건 조성을 위해 행정업무를 경감시키고, 학급당 학생 수를 감축하고,

교사의 표준수업시수제를 도입한다고 하였다. 이러한 교육 부문 국정과
제 설정에 대하여 전교조도 '좀 더 시간을 갖고 지켜보자, 제대로 이행
이 된다면 의미 있는 정책들이 있다.'고 평가하였다.

박근혜 정부 인수위 국정과제 중 교육 관련 부문[94]

항목	내용
교육비 부담 경감	• 고교 무상교육 단계적 추진 • 공교육 정상화 촉진법(사교육비 경감) • 소득 연계 맞춤형 반값 등록금 지원 • 대학 기숙사 확충 및 기숙사비 인하 • 무상보육 및 누리과정 지원 강화 • 초등 온종일 돌봄학교 확대
학교교육 정상화	• 중학교 자유학기제 • 초등학교 일제교사 폐지 • 교과서 완전학습 체제 • 학교체육 활성화 • 선행학습 금지, 교육과정 이외 출제 금지
대학입시 간소화	• 학생부, 논술, 수능 위주로 간소화 • 고교교육 이수 결과 중심 선발 • 대학전형 학교 교육과정 내 출제 • 대입전형 3년 예고제
대학 특성화 및 재정지원 확대	• 고등교육 재정 지원 GDP 대비 1% 수준 • 성과분석을 통한 재정 지원
교원의 교육 전념 여건 조성	• 교원 행정업무 경감 • 교원평가, 근평, 성과급 일원화 • 학급당 학생수 감축과 표준수업시수제 도입
전문 인재 양성 및 평생학습체제 구축	• 마이스터교, 특성화고 육성 • 직무능력 표준 중심의 교육과정 운영
전문대학을 고등직업 교육 중심 기관으로	• 특성화 전문대 100개교 육성 • 전문대의 학제 유연성 확대, 평생교육 강화
지방대학 지원 확대	• 지역 거점 대학 육성 사업 추진 • 산학협력 선도 대학을 대학 특성화

박근혜 정부가 학생을 경쟁시키고, 교사들을 경쟁시키고, 학교 간 학력 경쟁을 강화해 온 이명박 정부의 대책 없는, 막무가내식 교육정책을 탈피할 수 있을까? 그런 기대를 해도 될까? 교원평가, 근무평가, 성과급을 일원화하여 평가점수를 승진과 보수에 반영한다는 교원 정책이 교원들에 대한 고삐를 더 단단히 쥐겠다는 정책이 아닌가 걱정되긴 하고, 입시 위주 경쟁교육의 폐단을 아는지 모르는지, 달랑 중학교 한 학기를 자유학기제로 만든다는데, 학생들이 적성을 찾고 창의력을 기르는 데에 도움이 되겠느냐 하는 한숨이 나오면서도 박근혜의 교육 분야 공약이 예상 밖의 수준이라는 분위기를 감출 수는 없었다. 그동안 전교조가 제기해온 교육개혁 방안이 '쇠귀에 경 읽기'는 아니었구나 하는 판단까지 얼핏 들도록 하였다.

박근혜 정부와 같은 시기에 출범한 전교조 16대 김정훈 위원장의 집행부는 교육부의 대통령 업무보고가 있었던 3월 말까지 언론을 향하여 노동부의 '규약시정명령'이 부당함을 설명하는 한편, 대통령직 인수위의 교육 분야 정책과제 설정이나 교육부 업무보고에 대하여는 거부가 아니라 방향 설정을 제대로 하라고 촉구하는 방향으로 의견을 내었다.[95] 조남규 지부장의 전교조 서울지부는 2013년 사업계획을 세우면서, 박근혜 대통령 인수위가 제시한 교육 분야 정책과제 공약 가운데 고교 무상교육, 교사 1인당 학생 수 감축은 전교조가 앞장서서 실현을 제기하기로 했고, 교원평가·근무평가·성과급 연동[96]은 중지시켜야 할 과제로, 초등

---

94. 진보교육연구소 정세분석팀, 「박근혜 정부의 교육정책과 2013년 교육 운동의 과제」, 『진보교육 48호』, 2013.4. 7쪽.
95. 전교조 431차 중집 회의자료(2013.4.9.) 77쪽.

학교 일제고사 폐지, 중학교 자유학기제[97]는 보완하여 촉구할 과제로 설정하였다.

그렇다면 박근혜 정부는 교육 분야 공약과 인수위 교육 분야 정책과제들을 얼마나 정책화하고 실행하였는가? 인수위 교육 분야 정책과제는 크게 세 가지로 나눌 수 있다. 국민의 교육비 부담을 경감시키는 교육복지 관련 국정과제들은 고교 무상교육 단계적 추진, 초등 온종일 돌봄학교 확대, 무상보육 및 누리과정 지원강화, 소득연계 반값 등록금 등이고, 경쟁교육의 폐해를 완화하려는 국정과제로는 초등일제고사 폐지, 대입제도 간소화, 중학교 자유학기제가 있었고, 학급당 학생 수 감축(교원 확충), 교사의 표준수업시수제 도입, 교사 행정업무 경감 등은 교육 여건을 개선하는 교원 정책이었다. 이명박 정부가 신자유주의 교육정책, 경쟁교육을 전면화하였다면, 박근혜 정부는 교육복지를 확대하고 경쟁교육의 폐해를 일정하게 보완하겠다고 나섰다.

하지만 교육 관련 복지 공약들을 실행하는 데에는 재정의 확보가 필요한데 '줄푸세'[98]를 표방하는 박 정부는 필요한 예산을 확보할 수가 없었다. 5세 이하 아동의 무상보육, 고교 무상교육, 대학 반값 등록금 등 돈이 드는 공약들은 모조리 물거품이 되었다.

---

96. 근무평가는 승진에, 교원평가는 교육활동에 대한 평가로, 성과급 지급 기준은 학교 자체로 정하여 실행하는 것을 일원화하면 교원에 대한 정부의 통제가 훨씬 강화될 수 있다는 우려였다.
97. 전교조 서울지부 2013-2차 집행위 회의자료 67쪽.
98. "세금과 정부 규모를 '줄'이고, 불필요한 규제를 '풀'고, 법질서를 '세'운다"는 뜻으로, 2007년 제17대 대통령 후보를 선출하는 한나라당 경선에서 당시 박근혜 후보가 대선 핵심 공약으로 내세운 경제모델.

무상보육 파동

가장 주목되는 공약은 '5세 이하 아동 무상보육'이었다. 김대중 정부
가 2001년 만 5세아 무상교육 실시계획을 확정하고, 이명박 정부 시기
인 2012년 3월에 0~2세 아동으로 확대하여 3~4세 아동이 제외되고 있
어서 여기에 대하여도 무상보육을 확대 실시하겠다는 것이었다. 무상보
육은 맞벌이 부부뿐만 아니라 가정에서 보육이 쉽지 않은 상황에서 전
세계적으로 최하위 수준으로 떨어져 있는 출산율을 끌어올리기 위해서
도 꼭 필요한 정책이었고 대통령 후보 시절부터 지속적으로 강조해 온
공약이었다. 그러나 박 정부는 이를 위한 예산을 지역 교육청에 전혀 교
부하지 않고 지역 교육청 예산으로 실시하도록 강제하였다. 예산 부족
으로 초·중등학교 운영 예산까지 삭감하지 않을 수 없게 된 교육청에
대하여 무상급식을 중단하고 재원을 확보하라고 압박하여 보육 대란을
만들고 지역 교육청들을 파산 위기로 내몰았다.

2011년 국회에서 예산을 심의할 때 교육과학기술부[99]는 지방교육재
정 교부율을 인상해야 한다는 지적에 대해 지방교육재정 교부금이 매
년 3조 원 이상씩 늘어나고 있고 학생 수가 줄어들고 있어서 그럴 필요
가 없다고 답변하였으나 예측은 크게 어긋났다. 2013년에는 1조 7천억
원, 2014년에는 4조 4천억 원이나 적게 들어왔다. 교육부는 예산 지원도
없이 보건복지부 소관인 어린이집 취학 아동에 대한 지원까지 교육청이

---

99. 1948년 문교부, 1990년 12월(노태우 정부) 교육부, 2001년 1월(김대중 정부) 교육인적자원
부, 2008년 2월(이명박 정부) 교육과학기술부, 2013년 3월(박근혜 정부) 교육부로 교육을
담당하는 부의 명칭이 바뀌어 왔다.

감당하라고 하였다. 2013년 6, 7월 서울을 시작으로 10, 11월 부산, 충남, 경북 등까지 예산 부족으로 보육 대란이 일어났다. 2013년은 지자체에서 지방채를 발행하여 재원을 마련하고, 정부 지원을 받기로 하고 사태가 일단락되었으나 근본적인 대책은 마련되지 않았다.

　교육청은 추진하던 사업이나 초·중등 교육환경 개선 사업을 축소할 수밖에 없었고 초·중등 교육까지 함께 부실화될 위기에 처하게 되었다. 2014년 8월 서울시교육청은 초·중·고교에 재정 결손 때문에 당초 통지했던 학교운영비를 삭감하겠다는 공문을 보냈다. 조희연 교육감은 2014년 하반기에만 서울 교육재정이 3,100억 원이 부족하다고 밝혔으며 다른 교육청도 재정이 위기에 처하였다. 결국 2014년 10월 전국교육감협의회는 교육재정난으로 3~5세 누리과정의 어린이집 보육예산을 2015년에 편성하지 않겠다고 선언하였다. 2014년 10월 황우여 교과부 장관은 국정감사에서 "무상급식 예산 5천억 원을 재고해 달라고 교육감들에게 요청하고 있다."고 밝혔다. 대통령 공약을 위해 이미 시행 중인 교육청 정책을 포기하라는 것으로 일종의 갑질이었다. 2014년 11월 홍준표 경남지사가 2015년부터 도내 학교의 무상급식 예산을 지원하지 않겠다고 선언하여 커다란 파문을 일으켰다. 경향신문과 한겨레는 2014년 무상급식 예산이 2조 6천억 원으로 지자체와 교육청이 분담하고 있었는데, 4조 원에 이르는 무상보육 재정부담을 교육청에 떠넘긴 데서 무상급식 논란이 야기되었다고 파악하였다.

　정부와 지자체가 대립한 끝에 2015년도에는 3개월 치 예산만을 교육청이 우선 편성한다고 하였기 때문에 3월이 되어 또다시 보육 대란이 일어났다. 2015년 5월 정부는 누리과정 예산을 교육청이 부담하도록 시행령을 개정하였다. 교육감들은 교육청 예산의 10% 가량을 어린이집 무상보육 예산으로 편성하면 재정이 파탄날 수밖에 없다고 반발하고 2016년에도 예산 편성을 거부하였다. 2016년 1월 최경환 기획재정부 장관은 교육청과 지자체가 3~5세 누리과정 예산을 편성하지 않으면 강력히 대처하겠다고 발표하였다. 감사원은 2월에 서울시교육청 등 7개 시·도 교육청 감사에 착수하였다. 박 정부는 2016년 7월 전면 무상보육 정책에서 후퇴하여 맞춤형 보육 정책으로 전환하였다. 전업주부 가정은 하루 6시간까지만 어린이집을 이용할 수 있고 보육료도 20% 삭감한다는 것이 주요 내용이었다. 반발이 일어나자 보건복지부는 6월 말 종일반 이용이 가능한 다자녀 기준을 3자녀에서 2자녀로 확대하고 기본 보육료도 종일반과 동일하게 유지한다고 하였다.

2016년 4월 20대 국회의원 선거에서 여소야대가 되고, 박근혜 퇴진을 요구하는 촛불 집회가 격화되던 2016년 12월에야 어린이집 누리과정 예산을 중앙정부가 절반을 부담하기로 합의하여 보육예산 파동은 수면 아래로 가라앉았다. 무상보육 예산도 문제이지만 보육시설도 문제였다. 매년 12월이 되면 학부모들은 국공립 유치원에 입학하기 위한 '로또 추첨'으로 수십 대 일의 경쟁을 하였다. 상대적으로 환경이 좋고 학비 부담이 적은 국공립 유치원 수용률은 2014년 현재 22.7%로 OECD 회원국 평균 68.6%의 3분의 1에 불과하고 보육 아동 수도 전체의 10.6%에 불과한 실정이다.[100] 어린 아동들에게 제시한 공약이 책임 있게 설계된 것이 아니라 오직 득표를 위한 공약空約이었음을 여실히 보여주었다.

---

100. 김대용, 「진보언론을 통해서 본 박근혜 정부의 교육정책」, 『교육철학연구』 제40권 제1호, 2018.3. 60~61쪽.

말뿐인 '경쟁교육·사교육비 부담 완화'

재정 확보가 필요한 공약뿐만 아니라, 경쟁교육을 완화하고 공교육을 정상화하겠다는 공약들도 대부분 공염불이 되고 말았다. 중학교 자유학기제는 꿈과 끼를 기를 수 있도록 하겠다는 것이지만 고교서열화의 강화에 따른 고입 과잉 경쟁이 문제임에도 이에 대하여 눈 감고 있다.

3.28일 인수위의 국정과제를 구체화하는 교육부의 대통령에 대한 2013년 업무보고가 있었다. 학교 교육 정상화(중학교 자유학기제, 학생 맞춤형 진로설계 지원, 학교체육 활성화), 학교폭력 및 학생 위험 제로 환경조성, 교원의 교육 전념 여건 조성(학급당 학생 수 감축, 교원 1인당 학생 수 감축, 교원의 행정업무 경감, 교원평가제도 개선), 대학입시 간소화, 방과 후 돌봄 서비스 확대, 교육비 부담 경감(유아 교육비 부담 경감, 고교 무상교육 단계 실시, 대학생 반값 등록금 지원, 선행교육 방지 공교육 정상화) 등이 보고되었다. 제한적인 교육복지 정책의 도입, 경쟁교육에 대한 부분적 보완책을 제시하였다.[101]

실망스러운 것은 학급당 학생 수 감축 공약의 후퇴이다. "2017년까지 교사 1인당 학생 수를 OECD 상위수준으로 개선하겠다."라는 대통령 후보 공약에서 '상위'라는 표현이 실종되고(OECD 상위 1/3 국가 평균은 초등 18.5명, 중등 20.5명이고, OECD 평균은 초등 21.2명, 중등 23.4명), 공약 실현 시기도 2017년에서 2020년으로 미루어, '학급당 학생 수 감축'은 교육이 가능한 학교를 만드는 데에 핵심적인 정책임에도 사실상 공약을 무효화하였다.

---

101. 전교조 431차 중집(2013.4.9.) 회의자료 171쪽.

전교조는 교육부의 대통령에 대한 업무보고가 진행된 3.28일(목)에 흥사단 강당에서 45명의 교육단체 연대회의 대표들이 참석한 가운데 박근혜 정부의 교육정책을 분석하고, 2013년 교육 운동 과제를 설정하는 1차 토론회를 열었다.[102] 대표들은 교육단체가 연대해서 함께 해결할 공동 과제를 학교폭력 해결, 고교서열화 철폐, 학교 비정규직 노동자의 정규직화, 교사·공무원 노동기본권 쟁취, 일방적 대학구조 조정 저지 등으로 설정하였다. 5월 28일에는 전교조 김정훈 위원장과 한국교총 안양옥 회장이 간담회를 열고 주요 교육현안에 대하여 합의하였다.[103] 핵심 합의사항은 '교사 1인당, 학급당 학생 수 OECD 상위수준으로 감축' 공약에 대한 이행을 촉구하는 것이었다. 교총이 관심을 보인 부분은 박근혜의 교원 관련 공약들이었는데, 전교조가 교총과 함께 이 부분 공약의 이행을 다시 한번 촉구한 것이다.

---

102. 위의 자료 55쪽, 대외협력실 보고.
103. 전교조 433차 중집(2013.6.4.) 회의 자료 56쪽, 교총회장-전교조 위원장 간담 협의 결과
    1) 교육감 후보 자격의 교육경력 부활, 교육위원회 일몰제* 폐지에 공동 노력
    2) 농산어촌 소규모 학교 살리기
    3) OECD 평균 수준 학급당 학생 수 감축
        • 교원의 질이 곧 교육의 질인 만큼, 교원의 전문성 향상을 위해 공동 노력
        • 박근혜 대통령은 후보 시절 정책자료집을 통해
        ① 2017년까지 교사 1인당 학생 수를 OECD 상위 수준으로 개선
        ② 내실있는 수업준비와 학생지도가 가능하도록 표준수업시수제를 도입하여 교사의 주당 수업시수를 감축
        ③ 학급당 학생 수 OECD 상위수준으로 개선을 약속한 바 있음. OECD 상위수준 국가 학급당 학생 수는 2010년 초등 19.3명, 중등 21.4명이며 우리나라는 2010년 초등 27.5명(8.2명 상회, OECD 상위수준의 147%) 중등 34.7명(13.3명 상회, OECD 상위수준의 162%)임.
    4) 교원 행정업무 경감
    5) 유아 교육·보육 통합 적극 지지
    6) 중학교원 교원연구비 지급 공동 촉구
    *2013년 6월 말에 지방자치법을 개정하여, 2014년 지방자치 선거부터 교육자치와 일반자치를 일원화하여 시·도 교육청의 교육위원회를 폐지하고 시·도(광역자치단체) 의회의 교육상임위원회로 대체하기로 한 것을 말한다.

박근혜 정부 출범 1주년을 앞둔 2014년 2월 13일 교육부의 대통령에 대한 업무보고가 있었다. 인수위 국정과제로서 2014년 중점 과제에 포함된 정책으로는 '자유학기제 전면실시의 기반 구축, 고등교육 재정지원 확대 및 효율성 제고, 선취업 후진학 등 일과 학업을 병행하는 교육지원체제 확충, 농어촌 학생·학교 밖 청소년·대안 교육기관 소속 학생·탈북 학생 등 소외계층의 교육기회 보장, 선행학습 근절, 영어 등 사교육비 경감' 등을 들 수 있다. 국정과제에 포함되어 있다가 제외되거나 부분적으로 포함된 과제들은 '신규교사 채용 확대 및 교원 수업시수 경감, 0~5세 아동 보육 및 유아 교육 국가 완전책임제 실현, 초등 온종일 돌봄 및 방과 후 학교 무상지원, 고교 무상교육, 소득연계 맞춤형 대학 반값 등록금 지원' 등이었다. 새로 포함된 과제로는 '통합형 교육과정 개발, 교과서 개발 체제의 근본적 개선, 시간선택제 교사제도 도입, 선제적 대학 구조개혁, 유아 교육 및 보육의 통합' 등이었다.[104] 전체를 살펴보았을 때, 교육재정이 투여되어야만 가능한 정책들은 대폭, 과감하게 정리되고, 자유학기제나 교육과정, 선행학습 근절 등 돈 안 드는 정책들 위주로 정책과제가 선정되었다. 교육의 질을 향상하기 위해 꼭 시행해야 할 과제들, 학생·학부모·교사들에게 희망을 주었던 과제들이 사라져 버렸다. 교육복지 공약이 대부분 증발하고, 그 자리를 사회적 갈등을 불러올 수 있는 정책들이 대신하였다.

---

104. 이덕난, 「박근혜 정부의 주요 교육정책에 대한 법정책학적 접근: 자유학기제와 교육과정 및 교과서 정책을 중심으로」, 『교육법학연구』 제26권 2호, 133~135쪽.

진보교육감들과의 갈등

2010년 지방자치 선거로 전국에서 동시에 치러진 교육감 직선제 선거의 결과 16개 시·도 가운데 서울 곽노현, 경기 김상곤, 강원 민병희, 광주 장휘국, 전북 김승환, 전남 장만채 6명의 진보교육감이 당선되었다. 이들은 시국 선언 교사에 대한 징계, 무상급식, 일제고사, 학생 인권조례, 학교폭력 가해 사실의 학교생활기록부 기재 등 사안을 놓고 이명박 정부와 심각한 갈등을 빚었다.

박근혜 정부는 초기부터 진보교육감들이 추진하는 교육개혁에 제동을 걸면서 갈등을 빚었다. 다음은 교육부가 진보교육감들에 대해 취한 주요 조치들이다.

- 2013년 4월 광주시의회가 재의결한 학교자치조례에 대해 광주시교육청이 대법원에 무효소송을 신청하도록 지시
- 2013년 4월 5일 공포 예정이었던 '경기도 사학기관 운영 지원 지도·조례' 재의 요구
- 2013년 7월 공포된 '전북 학생 인권조례'에 대해 무효소송 제기(학생 인권조례는 2010년 경기도를 시작으로 시행되어 학교에 긍정적인 변화를 가져왔다는 평가를 받았고 2015년 5월 대법원은 두발 복장의 자유, 체벌 금지를 규정한 조례가 유효하다고 판결)

2014년 6월 지방 선거에서는 17개 시·도 가운데 서울 조희연, 경기 이재정, 인천 이청연, 강원 민병희, 충남 김지철, 충북 김병우, 세종 최교

진, 전북 김승환, 전남 장만채, 광주 장휘국, 부산 김석준, 경남 박종훈, 제주 이석문으로 13곳에서 진보교육감이 당선되었다. 13명의 진보교육감은 무상보육 예산 문제와 전교조 법외노조 문제, 세월호 참사에 다른 시국 선언 참여 교사 징계 문제로 교육부와 대립하였고, 교육 불평등과 학교 서열화를 초래하는 자사고 폐지를 공동 공약으로 내걸었기 때문에 이명박 정부의 '고교 다양화 300 프로젝트'를 이어받아 고교 교육의 다양화, 학교 선택권 보장, 공교육의 질 향상 등을 내세우는 박근혜 정부와 심각하게 대립하였다.

교육부는 2014년 9월 초에 서울시교육청이 요청한 8개 자사고에 대한 지정 취소를 모두 반려하고, 특성화중·자사고·특목고의 지정, 취소 권한을 교육감이 아니라 교육부 장관이 갖도록 초·중등교육법 시행령 개정까지 개정하였다. 교육부는 2015년 입시 부정을 저지른 영훈국제중마저 유지시켰다.

역사 교과서 국정화 추진

국사 교과서는 유신 정권의 국사 교육강화에 따라 국정으로 전환되었다. 국정교과서는 사회의 민주화 이후 지나친 반공 이데올로기, 정권의 정당성을 옹호하는 편향성으로 비판을 받았다. 2003년 한국 근·현대사가 검정으로 발행되었고, 2007년 중학교 역사와 고등학교 한국사가 검정으로 전환되었다. 검정제는 다양한 역사 서술의 길이 열린 의미가 있으나 집필 기준을 준수해야 하였기 때문에 국정제와 질적으로 큰 차이는 없었다.

2004년 노무현 정부가 과거사 청산에 나서면서 위기의식을 느낀 보수 진영은 2004년 11월 '자유주의 연대'라는 최초의 뉴라이트 단체를 결성하고 2005년 1월 '교과서포럼'을 결성하여 2008년 3월 '대안교과서 한국 근·현대사'를 내놓았다. 이 책은 뉴라이트의 역사관을 대변하는 책으로 식민지근대화론, 개발독재론을 강변하여 많은 비판을 받았다.

이명박 집권 이후 보수 진영은 '종북'이라는 편향된 시각으로 한국 근·현대사 교과서를 강력하게 공격하였다. 당시 50% 이상의 학교에서 채택하고 있던 금성출판사 〈한국 근·현대사〉가 좌파 시각에서 대한민국을 부정적으로 서술하고 북한을 긍정적으로 서술하고 있다고 공격하였다. 정부 집필 지침에 따라 쓰이고 심의를 통과한 교과서에 대한 공격은 자가당착이 아닐 수 없었다. 국사를 수능 필수 과목으로 정한 2013년, 보수 진영은 뉴라이트 학자들이 집필한 교학사 교과서를 내놓았다. 친일과 독재를 미화하고 수많은 오류가 발견되어 큰 비판에 직면한 교학사 교과서는 전국에서 채택한 학교가 한두 학교에 불과할 정도로 학교 현장에서 철저히 거부당했다.

2014년 1월 서남수 교과부 장관이 교과부에 교과서 편집과 수정을 담당하는 편수 조직을 부활하겠다고 하고 8월에 '한국사 교과서 발행 체제 개선안 마련을 위한 토론회'를 열었으나 반대 여론이 강하여 국사 교과서 국정화는 수면 아래로 내려갔다. 2013년 11월 새누리당[105] 산하의 〈여의도연구소〉조차 국정교과서는 자유주의 이념에 맞지 않고 역사 교육의 국가주의 편향이 심화될 수 있다는 부정적인 의견을 낸 바 있었다. 그러나 박근혜 정부는 2015년 10월에 끝내 국사 교과서 국정화를 발표하였다. 새누리당조차 여론의 반대에 따라 검정제 강화를 고려하는 상황에서 대통령이 강하게 국정화를 지시하자 교육부는 불과 20일 전에 발표하였던 '2015년 교육과정 개정'을 재고시해야 했다.

정부의 국정화 추진이 발표된 이후 수많은 교육 시민단체들과 역사학계의 반대 성명이 쏟아져 나왔다. 국사 교과서 국정화는 교육정책을 넘어서는 독재정치를 상징하는 문제가 되었다. 2015년 11월 범국민 집회에는 실정에 항의하는 수많은 시민이 참여하여 정부를 향한 분노를 표출하였고 그 과정에서 백남기 농민이 물대포에 맞아 중태에 빠지는 불행한 사태가 발생하였다. 12월 범국민대회에는 5만여 명의 시민들이 참가하였다.

2015~16년 전교조 서울지부장을 맡고 있던 나는 역사 교사로서 차가운 겨울 날씨를 무릅쓰고, 연일 이어지는 청계광장의 크고 작은 '역사 교과서 국정화 반대 집회'에 참석하였다. 나는 해방정국에서 이승만 정권에 밀려 친일파를 단죄하지 못한 역사도 통탄스러운데 오늘 또다시 노덕술과 김창룡이 김구 선생과 김원봉 선생을 능멸하는 친일 역사 교과서는 결코, 용납할 수 없다고 외쳤다.

국민의 강한 저항과 반대에도 불구하고 국정화를 추진하면서 교과부

---

105. 박근혜 중심의 한국 보수 세력을 대표했던 정당. 1981년 1월 15일 신군부가 창당한 민주정의당(민정당)은 1990년 2월 통일민주당·신민주공화당과 '3당 합당'으로 민주자유당(민자당)을 결성하였고, 1995년 12월 다시 신한국당으로 당명을 변경하였다. 1997년 11월 신한국당과 통합민주당이 합당하여 한나라당을 창당하였으며, 12월 대통령선거에서 이회창 후보가 출마하여 야당의 김대중 후보에 패배하였다. 2002년 제16대 대통령선거에서도 이회창 후보가 새천년민주당의 노무현 후보에게 패배하였으나, 2007년 17대 대통령선거에서는 이명박 후보가 당선되어 여당이 되었다. 제19대 총선과 제18대 대통령선거에 대한 위기의식이 고조되자 2011년 12월 박근혜를 비상대책위원장으로 내세웠고, 2012년 2월에 '새누리당'으로 당명을 변경하였다. 촛불 혁명 이후 보수 세력을 대표하는 정당은 2017년 '자유한국당', 2020년 2월 '미래통합당', 2020년 9월 '국민의 힘'으로 이어지고 있다.

는 찬성 여론을 조작하기 위하여 가짜 서명지를 만들어내기까지 하였다. 여론이 좋지 않아 교육부는 교과서 집필진조차 구성하지 못하였다. 실업계 고교에서 9년간 상업 과목을 가르치다가 한국사를 가르친 지 9개월밖에 안 되는 교사가 집필진에 포함되었다가 사퇴하는 일도 벌어졌다. 2016년 11월 말에 현장 검토본이 나오자 박정희 정권을 미화하고 친일을 덮은 역사 왜곡의 실상이 드러났다. 국정교과서가 불량 교과서로 판명된 이후에도 교육부는 현장 적용 시기를 1년 늦추고, 2018년부터 국·검정 교과서를 혼용하는 방안을 내놓는가 하면, 채택하는 학교를 연구학교로 지정하여 지원금 1천만 원을 주겠다고까지 하였다. 무리하게 추진된 국정 국사 교과서는 박근혜 정부의 운명을 재촉하였다.

사라진 교육복지 공약, 이념의 과잉

박근혜 정부 4년의 교육정책은 교육복지에 대한 기대로 시작하여 이념 대립의 실망으로 끝이 났다. 보육과 교육의 통합, 국공립 유치원의 증설을 포함하는 국가 책임의 무상보육은 지방교육재정교부금법 제정 등 재정 확보방안을 마련하지 않아 '보육 대란'이 일어났다. 고교 무상교육과 소득연계 맞춤형 대학 반값 등록금 지원은 흔적도 없이 사라졌다. 신규교사 채용 확대 및 표준수업시수 제정을 통한 교원 수업시수 경감, 교원 행정업무 경감이 공약으로 제시되었으나 사라지고 교원 능력평가(교원연수 강제 등 능력개발)·근무평가(승진)·성과급 평가를 일원화하여 교원평가를 강화하는 정책이 대신하였다. 이렇게 기대를 품게 만들었던 교육복지정책 공약들이 실종된 자리를 '전교조 법외노조 통보(2013.10.)', '국사 교과서 국정화 추진(2015.10.)', '인성교육진흥법 제정(2015.1.)'과 '인성교육 5개년 종합계획(2016.1.)'이 대신하였다.

　10월 유신 치하에서 국정화되었다가 검인정제로 바뀌어 자리를 잡았던 국사 교과서를 국정화한다고 발표한 것은 '국가권력, 집권 정치 세력이 만드는 국사 교과서'를 선포한 이념 전쟁이었다. 인성교육진흥법은 학교폭력이나 학생 자살 등이 증가하는 원인을 가정의 위기, 학교 교육, 사회의 청소년 환경 등 근본적인 지점에서 찾지 않고 교사들이 인성교육을 등한히 하기 때문이라고 보고 내린 처방이었다. 눈앞의 공부에만 매달리게 하는 학교를 '사람살이'를 배우는 교육의 장으로 바로 잡지 않고 '인성교육 더하기'를 추진한 것은 '정직 강요하기'에 다름 아니었다. 정직, 책임, 존중, 배려, 공감, 소통, 협동 같은 보편 가치들을 깨닫게 하는 것이 아니라 교과서로 만들어 지식으로 제공하고 측정하라고 하는 '위선의 교육', '교육의 위선'은 박정희 정권의 '국민교육헌장'을 떠올리게 하였다. 박근혜 정부 4년은 집권 세력의 '이념 강요하기'에 맞서 어렵게 '사회의 가치'를 지키고, 가르쳐야 했던 시기였다.

11. 박근혜 정권의 전교조 없는 세상 만들기

청와대, 대법원, 경찰까지 나선 전교조 죽이기

박근혜 정부가 들어선 지 8개월 만에 전교조는 '노조 아님' 통보를 받았다. 대통령의 전교조에 대한 반감이 컸고, 청와대가 직접 전교조에 대한 탄압을 진두지휘한 사실이 고 김영한 전 민정수석의 업무 수첩이 공개되면서 밝혀졌다. 2005년 박근혜 한나라당 대표는 사립학교법 개정에 반대하는 거리 집회에서, "한 마리 해충이 온 산을 붉게 물들일 수 있다. 이번 날치기법이 시행되면 노무현 정권과 전교조는 이를 수단으로 사학을 하나씩 접수할 것"이라고 전교조에 대한 극도의 불신과 반감을 나타냈다. 2005년 12월 한나라당의 반대 속에 개정된 사립학교법의 주요 내용은 이사 정수의 1/4 이상을 학교운영위원회에서 추천하는 개방형 이사를 둘 것, 사립학교법, 초·중등교육법을 위반하는 경우에 이사회 임원의 권한을 박탈할 수 있게 한 것, 비리 이사는 5년 이내에는 복귀할 수 없도록 시한을 연장한 것, 이사장과 친인척 관계에 있는 이사 수를 1/3에서 1/4로 제한을 강화한 것 등이었다. 박근혜(당시 영남대 이사장) 한나라당 대표는 '전교조가 사학을 하나씩 접수할 것'이라고 주장하였으나 사학법이 그 정도로 바뀐 상황에서 '전교조의 사학 접수'가능성은 아예 없었다. 개방형 이사를 추천하는 학운위의 위원은 이사장이나 학교장의 주도로 선출되어 전교조 교사가 선출되는 일은 거의 없었다. 그런 그가 8년 뒤 대통령이 되었고, 전교조는 법외노조로 내몰리게 된 것이다.[106]

2014년 6월부터 2015년 1월까지 8개월 동안 청와대 민정수석으로 근무했던 김영한 씨의 비망록이 2018년 8월 언론에 보도되자 여론은 큰 충격을 받았다. 그는 대통령이나 비서실장과 함께 회의하는 중에 오고 간 이야기들을 160쪽에 걸쳐 빼곡하게 적어 놓았다. 김영한 씨는 정윤회 사건과 관련하여 김기춘 비서실장의 명령에 저항하면서 2015년 초에 사표를 쓰고 나왔다고 한다. 이후 울분 속에 통음하며 지내다 2016년 8월에 암으로 세상을 떠났다고 한다. 가족들은 그가 억울하게 죽었다고 생각하면서, 비망록을 공개하였다.

2016년 11월 9일 TV조선이 "김영한 전 청와대 민정수석이 남긴 비망록에서, 문화예술계 블랙리스트를 작성하여 관리"(한 사실이) 나왔다고 보도한 데 뒤이어, 경향신문은 김영한 비망록에 대하여 심층 보도하였다.[107] 비망록에는 청와대, 국정원, 교육부, 고용노동부 등이 포함된 '공안대책협의회'가 만들어져 전교조 죽이기를 추진한 사실이 자세히 기록되어 있다.[108] 비망록은 2013년 10월 전교조 법외노조화를 단행한 이듬해 6월부터 12월까지 청와대가 4일에 한 번꼴로 전교조의 동향을 점검하

106. 전정윤, 「'전교조 해촌론'과 '재판 거래'의 잘못된 만남-법외노조회는 어떻게 구축됐나…」, 『한겨레21』 제1228호, 2018.9.6.
107. 구혜영, 「청와대 '사법부 길들이기'… 법원·변호사회 관여 정황」, 경향신문. 2016.11.10.
108. 2016. 12. 5. 전교조, 〈청와대 직접 개입 '전교조 죽이기 공작' 증거 공개 기자회견〉. 故 김영한 전 민정수석 비망록 중 전교조 관련 사실 공개, 전교조는 '고 김영한 민정수석의 가족들로부터 전교조 관련 부분의 공개에 대하여 양해를 받았다.'고 밝혔다.

고 탄압 방안을 논의하였음을 보여준다. 청와대는 '2대 과제'의 하나로 전교조 공격을 상정했고 '공안대책협의회'를 통해 집중적으로 전교조를 탄압했다고 한다. 전교조 위원장 선거까지 대통령이 직접 관심을 보였으며, 전교조 관련 재판에 청와대가 개입하고, 9월 헌법재판소 결정에도 개입하려고 구상하였다고 한다.

한국일보는 2018년에 박근혜 정부의 국정 농단과 관련하여, 양승태 대법원장의 사법부가 박근혜 정권과 상고법원 설립 등을 놓고 재판 거래와 사법 농단을 저질렀다고 보도하였다.[109] 당시 서울고법이 전교조가 정부를 상대로 낸 법외노조 처분 집행정지신청을 받아들여, 전교조는 대법원 본안 판결까지 법적 지위를 유지할 수 있었는데, 2015년 6월 대법원이 고용노동부의 재항고를 받아들이면서 전교조는 다시 법외노조가 되었고, 그 과정에서 대법원과 청와대가 '재판 거래'를 한 사실이 드러난 것이다. 서울고등법원이 집행정지신청을 인용한 직후인 2014년 10월 고용노동부는 대법원에 재항고하였는데, 당시 제출한 재항고 이유서가 임종헌 전 대법원 행정처 차장의 컴퓨터에서 작성된 사실이 검찰 수사에서 확인됐다. 문건은 다음날 청와대 민정수석실과 고용복지수석실을 거쳐 고용노동부에 전달됐고, 최종적으로 대법원에 제출됐다. 법원이 재판 당사자에게 서면(재항고 이유서)을 써주고 제출하도록 한 다음, 바로 그 서면을 근거로 '셀프 판결'을 한 것이다.

검찰은 행정처의 재항고 이유서 대필이 상고법원 도입 등 반대급부를 얻어내기 위한 것으로 판단했다. 검찰은 "재항고가 인용될 경우 상고법원 입법추진 등 협조를 요청할 만하다."고 분석한 행정처 문건을 확보했

---

109. 최동순, 「속속 드러나는 박근혜-양승태 '실거래' 정황들」, 한국일보. 2018.9.23.

다. 고 김영한 민정수석 비망록에도 "전교조 가처분 인용-잘 노력해서 집행정지 취소토록 할 것"이라는 청와대의 재판 개입 의지가 드러나 있다. 당시 사법부는 1심(서울행정법원 2013.11.13.)과 2심(서울고등법원 제7행정부 2014.9.19.)에서 전교조가 재기한 '법외노조 통보 효력 정지신청'을 연이어 받아들였다. 비록 '법외노조 통보 무효'를 청구한 본안 소송 1심(서울행정법원 제13부 2014.6.19.)에서 패소하였지만 2014년 9월 19일에 내려진 효력 정지 결정이 양승태 대법원의 사법 농단으로 뒤집히지 않았다면 대법원에서 최종 결과가 나올 때까지 전교조는 법적 지위를 유지할 수 있었다. 2016년 2월 1일에 전교조가 대법원에 상고한 이후 3년 10개월이 지난 2019년 12월 19일에 대법원 본안 소송 첫 심리가 열린 것을 고려하면 양승태 대법원의 재판 거래, '셀프 결정'이 얼마나 심각한 일이었는지 알 수 있다. 청와대와 대법원의 불법 무도한 헌법 유린에 할 말을 잃는다!

청와대, 대법원의 국정농단도 모자라 경찰도 박근혜 대통령의 전교조 죽이기 '프로세스'에서 충견忠犬 역할을 한 사실이 드러났다. 전교조를 법외노조화하기 위해 청와대가 교육부, 고용노동부, 국정원을 지휘하고 대법원과 사법 거래를 하였다! 그러나 이것이 끝이 아니었다. 검찰 수사 결과, 경찰도 그 판에 빠지지 않고 청와대에 사찰 결과보고는 물론 법외노조화 방안까지 제안한 것으로 드러났다. 경찰이 청와대에 전교조의 동향을 조사하여 보고하였다는 언론 보도가 나온 것이다.[110]

경찰이 노조 활동에 대해 사찰한 것 자체가 불법이거니와 여론조작, 대 사법부 공작, 전교조 내부 선거개입, 전교조 조합원에 대한 조합비

---

110. 최대현, 「경찰, 이명박근혜 청와대에 '전교조 제압' 정보 제공」, 오마이뉴스 2019.6.19.

연말정산 차단으로 조합원 이탈 유도 등 전교조 죽이기 공작에 나섰음이 수사에서 드러났다. 사회 정의를 지켜야 할 공권력, 경찰이 정치적 중립 의무를 위반하고, 노동인권을 짓밟는 범죄를 저질렀다. '공권력의 사사화私事化'라는 말조차 사치스러운 '국가 기능의 문란'이고, 자신들에게 권력을 위임한 '국민에 대한 반란'이 아닐 수 없다. 대한민국의 경찰이 '주인을 몰라보고 물어뜯는 개'가 되어 있었다.

청와대, 대법원, 경찰의 이 같은 불법적이고 가증스러운 행태는, 박근혜 정부가 전교조에 대해 '법을 위반하고 있다.'는 구실을 내세워 '노조 아님 통보'를 한 것이 얼마나 가증스러운 일이었는지를 여실히 보여준다.

국정원 대선 개입, 부정선거로
시작부터 곤경에 처한 박근혜 정부

박근혜 대통령은 선거 과정에서 시작된 국정원의 대선 개입 문제로 집권 직후부터 정당성의 위기에 몰렸다. 국정원 여직원 댓글 사건은 대통령 선거운동 기간 중 국가정보원의 여성 공무원인 김모 씨가 어느 오피스텔에 머물며 문재인 후보를 비방하는 댓글을 달고 있다는 제보가 민주통합당에 접수되면서부터 시작되었다. 2012년 12월 11일, 민주통합당의 신고로 김모 씨가 있는 오피스텔에 대해 경찰 수사와 선관위 조사가 시작되었다. 그러나 2012년 12월 16일, 제18대 대통령선거 후보자 제3차 TV 토론회가 실시 된 직후인 밤 11시 5분, 수서경찰서는 "디지털 증거분석 결과, 문재인·박근혜 후보에 대한 지지·비방 댓글 발견되지 않왔다."라고 중간 수사결과를 발표하였다.

대선 후에 열린 민주통합당의 국정원 불법 선거운동 진상조사위원회가 주최하는 '국정원 개혁 긴급 토론회'가 열렸다.[111] 토론회에서 한국기독교교회협의회NCCK 정의평화위원회 부위원장으로 국정원 선거개입 진상규명위원회 위원장을 맡았던 김성복 목사는 '국정원 선거개입 사건을 보는 정의평화위원회의 견해'를 발표하였다.

"박근혜 당선자야말로 국정원 김모 씨 불법 선거운동 사건의 최대 수혜자이다. 전국 유세장에서 김씨를 감금했다면서 인권을 침해한 것으로 공격하더니만 3차 TV토론에서는 문재인 후보 측을 인권유린과 네거티브의 원흉으로 몰아 초박빙의 판세에 악영향을 미쳤다. 게다가 서울경찰청장은 심야에 중간 수사결과를 발표하면서 국정원 여인이 아무 혐의가 없다 하여 유권자들이 오판하도록 유도하였다. 거듭 확인하거니와 이번 선거는 유례없는 관권 선거였으며, 부정선거로 인하여 우리 대한민국이 자유민주주의 국가라는 자존심은 땅에 떨어졌다. 이번 사건을 일으킨 주범들은 법의 처벌을 받아야 하고 그러기 위해서 진상규명은 반드시 이루어져야 한다. 대한민국은 민주공화국이다. 모든 권력은 국민에게서 나오며 국민은 자유롭고 정의로운 선거를 통하여 권력을 선택할 수 있어야 한다. 불법과 부정선거로는 절대로 집권해서도 안 되고 그것을 허용해서도 안 된다. 국정원 선거개입 사건을 어떻게 처리하는가에 따라서 민주주의의 성공과 실패가 결정될 것이다."

국정원 대선 개입 문제는 2013년 4월 18일 경찰이 국가정보원법 위반

---

111. 최훈길, 「민주당 국정원 불법선거운동 진상조사위원회 주최 국정원 개혁 긴급 토론회 발제문」, 폴리뉴스. 2013.2.13.

혐의로 국정원 직원 김모 씨 등 3명을 기소 의견으로 검찰에 송치하였고, 검찰은 윤석열 검사를 팀장으로 한 특별수사팀을 꾸렸다. 경찰은 공직선거법 위반은 '혐의없음'이라고 결론을 지었으나, 4월 19일 경찰 수사를 맡았던 권은희 수사과장이 경찰 수뇌부의 사건 축소·은폐 의혹을 폭로하면서 파장이 확대되었다.

2013년 6월 원세훈 전 국정원장이 기소되고,[112] 7월에는 국회의 국정조사가 진행되었다. 박근혜 정권은 관권 부정선거 국면을 벗어나기 위해 "노무현 전 대통령이 2007년 남북정상회담에서 NLL을 포기한다는 발언을 했다."고 국정원 문서를 폭로하여 맞불을 놓았고, 혼외자 추문을 폭로하여 국정원의 대선 개입을 수사하던 채동욱 검찰총장을 낙마시키고 윤석열을 비롯한 수사 담당 검사들을 좌천시켰으나 2013년 내내 야당과 시민 사회의 공세를 벗어나지 못하였다.

민주당 장하나 의원은 12월 8일 '박근혜 대통령은 사퇴하고 보궐 선거하라.'라는 제목의 이메일 개인 성명을 통해 "현재 드러난 사실만 가지고도 지난 2012년 12월 19일 대통령선거는 국가기관들이 조직적으로 총동원된 총체적 부정선거임이 명백하다."라면서 "나, 국회의원 장하나는 '부정선거 대선 결과 불복'을 선언한다."라고 밝히기도 하였다.

---

112. 원세훈 전 국정원장은 2014년 9월 11일 1심 서울지방법원에서 국정원법 위반 유죄, 선거법 무죄로 징역 2년 6월, 집행유예 4년 선고를 받았다가 박근혜가 탄핵 된 2년 뒤인 2018년 8월에 대법원에서 징역 4년 형을 선고받고 수감되었다.

이어지는 시국 선언과 전교조에 대한 공격

한국기독교교회협의회NCCK 정의평화위원회가 대선 직후부터 "불법 선거운동이 사실이라면 박근혜 당선자는 대통령에 취임해서는 안 된다."는 입장을 밝힌 이래로 각계각층의 입장표명이 뒤를 이었다. 6월 20일 서울대 총학생회를 시작으로 경희대, 동국대, 이화여대 총학생회의 시국 선언이 이어지고, 천주교, 불교계 단체의 시국 선언, 6월 26일 한양대 교수 47명의 시국 선언에 뒤이은 가톨릭대, 성균관대, 충남대, 청주대, 서울대, 한남대, 동국대, 중앙대, 건국대, 전남대, 경북대, 성공회대, 조선대 교수들의 시국 선언이 이어졌다.

전교조는 3월 25일 "원세훈 국정원장을 국내 정치개입, 직권남용, 명예훼손, 횡령죄, 업무방해죄로 고소하였다. 국정원장은 직원들로 하여금 국정원 본연의 의무를 방기한 채, 정부 시책과 여당을 홍보하는 정권의 나팔수로 복무하도록 강요하고, 나아가 전교조 교사에 대한 불법적인 징계 절차 개입까지 지시했다. 이는 정치에 관여한 것이고 동시에 직권을 남용한 것이다. 국정원장이 합법적으로 설립되어 활동 중인 전교조에 대하여 '종북 단체', '국내 내부의 적' 운운하며 폄훼한 것은 전교조의 명예를 훼손한 범죄행위이다."라는 성명서를 발표하였고, 7월 9일에는 중앙집행위원들이 연명으로 '민주주의를 지키는 것은 우리 교육의 가치를 지키는 것이다.'는 제하의 시국 선언문을 발표하였다.[113] 선언문은 "국정원 사태는 충격 그 자체다. 우리 헌법의 근간을 훼손하는 중대 사태다. 국정원은 시대착오적인 선거개입, 여론조작, 진보단체 탄압 등 총

---

113. 전교조 434차 중집(2013.7.4.) 회의자료 182쪽.

체적인 정치개입으로 역사의 시계를 거꾸로 돌리고 있다. 민주시민교육을 담당하는 우리 교사들은 국가 권력이 나서서 헌법적 가치를 훼손하고 민주주의를 정면에서 부정하는 사태에 대해 참담함을 금할 수 없다."면서, 국정원의 대선 개입 사태의 진실을 규명하고 관련자를 엄중히 처벌할 것, 교사들에 대한 대량징계와 전교조 탄압에 개입한 국정원의 정치공작을 엄정 조사하고, 국정원의 국내 정치개입을 근절하기 위해 국정원을 근본적으로 개혁할 것을 요구하였다.

국정원과 보수 세력의 전교조에 대한 이념 공세와 법외노조화 탄압은 집권 초기부터 곤경에 빠진 정권이 전교조와 진보 진영을 고립시키고 국면을 진영 대립으로 몰고 감으로써 위기를 벗어나 보려는 의도에서 가해지고 있었다.

보수 세력과 이명박, 박근혜 정권의 계속된 이념 공세, 부정적 여론 조성에도 불구하고 '노조 아님 통보'를 받은 시기에 리서치플러스의 국민 여론조사 결과, 전교조의 노조 설립 취소에 대해 '부당하다' 59.6%, '정당하다' 31.7%의 응답이 나와, 해고자를 조합원으로 인정한다는 이유로 전교조 설립을 취소하는 것이 부당하다는 국민의 의견이 2배 가까이 많음을 보여주었다.[114] 박근혜 정부는 전교조 법외노조화에 반대하는 다수 국민의 여론에도 불구하고, 2013년 10월 24일, 전교조에 기어이 '노조 아님 통보' 팩스 공문을 발송했다. 고 김영한 전 청와대 민정수석의 수첩에 기록된 이명박, 박근혜 정부의 '긴 프로세스process 끝에 얻은 성과'였다.

---

114. 전교조 439차 중집(2013.10.18.) 128쪽. '10월 이후 사업계획' 중 상황 보고, 법외노조 여론조사.

12. 전교조의 법적 지위 회복을 위한 투쟁

기어이 법외노조화하다!

박 대통령의 취임을 앞둔 2013년 2월 7일 전교조 서울지부에서는 조남규 지부장 주재로 '법외노조화 대응 긴급 지부 집행위원회[115] 간담회'가 열렸다. 법외노조화가 현실로 다가온 상황에서 상황을 공유하고 대응 방안을 논의하기 위해 긴급하게 열린 간담회에는 25명의 지회장 가운데 1명을 제외한 24명이 참석하였고, 회의록은 전교조 428차 중앙집행위원회 회의(2013.2.13.)에 보고되었는데, 당시 전교조 교사들의 상황 인식을 잘 보여준다.

> **지회장 A** 법외노조화는 진보 진영과의 전면전이다. 상식적으로 있기 어려운 일이다. 잽인지, 펀치인지 알아봐야 한다.
>
> **(전교조) 국장** 본부가 파악한 바로는 잽이 아니고 펀치이다. 법외노조화하면 조직의 명운을 걸고 싸워야 한다.
>
> **지회장 B** 법외노조가 되면 3년 안에 (조합원이) 3만 명 수준으로

---

115. 전교조의 시·도 단위 조직인 지부의 집행부서장들과 지회장을 구성원으로 하는 의사 결정 기구.

떨어질 수 있다.

지회장 C (해직교사를 조합원으로 인정하는 규약을 개정하는 등) 우리가 다 양보해도 법외노조화될 수 있다.

지회장 D 어제 다섯 분과 이야기했는데 3:2로 규약개정이 우세했다.

지회장 E 박근혜의 의도가 단순한 탄압 정도가 아니라고 본다. 규약 개정해도 법외노조화될 가능성이 크다.

지회장 A 이렇게 빨리 치고 들어올 줄 몰랐다. 전교조는 건드리면 더 싸운다. 싸울 준비를 해야 한다.

지회장 B 법외노조화되면 언제까지 지속될 것으로 보는가?

본부 국장 4년 뒤 총선, 5년 뒤 대선이니 4~5년 걸릴 것이다.

지회장 F 우리가 착한 노조로 거듭나면 박근혜가 우리를 가만히 둘 것인가? 종북 타령을 하면서 공격해 들어올 것이다.

지회장 G 13년 차 조합원으로서 충격과 공포다. 어떻게 해야 할지 판단이 안 선다.

지부장 참석하지 못하신 H 지회장님이 문자로 의견을 주셨다. '규약개정은 노조의 자주성을 침해하는 있을 수 없는 일이다. 절차상으로 이 문제는 굉장히 중요한 문제이기 때문에 대의원대회만으로는 안 된다. 조합원 총투표를 거쳐야 한다.'고 하셨다. 조합원들과 이 문제를 충분히 공유해 주시기 바란다.

분노와 당혹감과 결의가 교차되는 분위기가 선명하게 느껴진다. 지부 장도 혼란스러운 마음을 정리할 겸 중앙집행위에 가기 전에 조합원들과 가까이에 있는 지회장들의 생각을 들어보고 싶었을 것이다. 박근혜 정부의 전교조 법외노조화 조치는 국가정보원 대선 개입 문제로 정권의 정통성 시비가 확대되면서 잠시 보류되었다가, 검찰이 2013년 6월에 원세훈 전 국정원장의 국정원법(정치관여금지), 공직선거법(직위를 이용한 선거운동금지) 위반에 대해 불구속기소 하는 것을 본 이후 본격화하였다.

박근혜 정부의 고용노동부는 2013년 9월 23일 전교조에 〈규약시정명령〉이라는 최후통첩을 해 왔다. '해직 교원을 조합원으로 인정하는 전교조 규약의 부칙 제5조를 10월 23일까지 시정하라. 이행하지 않을 경우, 노동조합으로 보지 아니함을 통보할 예정'이라고 시정요구서를 보낸 것이다. 붙임에는 서울 7명, 부산 1명, 인천 1명, 모두 9명의 해직교사 명단이 적시되어 있었다.

전교조는 2013년 9월 28일 전국대의원대회에서 규약시정명령을 수용할 것인지 가부를 묻는 조합원 총투표실시를 결정하였다. 10월 16일부터 18일까지 실시한 조합원 총투표에서 투표인 59,828명 중 80.96% 투표 참여, 시정명령 거부 68.59%의 결과가 나왔다. 김정훈 위원장은 대의원대회 직후 무기한 단식농성에 돌입하였고, 전교조는 조합원 총투표 결과가 나온 다음 날인 10월 19일 탄압에 맞선 총력투쟁을 결의하는 전국교사대회를 개최하였다. 10월 21일에는 36,620명의 교사가 서명한 전교조에 대한 설립취소 통보 철회를 요구하는 교사선언을 발표하였다.

고용노동부의 통보를 하루 남겨두고, 현병철 국가인권위원회 위원장은 전교조 법외노조 통보 중단을 요청하는 긴급 성명을 발표했다. 노동조합법 시행령 제9조 제2항을 삭제하고, 해직자를 조합원으로 인정하라는 2010년 9월 30일에 전달된 국가인권위 권고를 거부한 바 있는 고용노동부가 3년 뒤에 그 시행령을 근거로 전교조에 법외노조 통보를 한데 대하여 강한 유감을 표명한 것이다.[116]

국가인권위원회는 고용노동부 장관에게 노동조합의 설립과 관련하여 노동기본권이 실질적으로 보장되도록 현행 법제 및 관행의 개선을 권고했습니다.

국가인권위원회는 최근 노조설립 신고에 대한 행정관청의 반려 사례가 잇따르는 등 노조설립 신고제도가 사실상 허가제와 같은 통제 장치로 기능하고 있다는 우려와 진정이 제기됨에 따라 개선 방안을 검토했습니다.

노동조합을 설립할 권리는 다른 권리의 실현을 위해 반드시 전제되어야 할 권리로 근로자 개인으로서는 어렵지만, 노동조합이란 단결체를 통해 근로자 스스로 더 나은 근로조건을 만들어 나아갈 수 있기 때문입니다. 이와 같은 이유로 국제 인권규약과 우리 헌법은 단결권을 명시하고 있으며, 특히 헌법 제21조는 결사에 대한 허가를 금지하고 있습니다. 또한, ILO 결사의 자유 위원회는 "등록절차가 오래 걸리고 복잡하거나 관할 관청에 폭넓은 재량권을 인정하는 것은 노조설립에 중대한 장애 요인이며 결사의 자유를 사문화시키는 것"이라고 권고한 바 있습니다.

---

116. 국가인권위 보도자료(2010.10.20.) "노동조합설립권의 온전한 보장을 위해 현행 법제 개선 필요", 인권위 고용노동부장에게 관련 법령 및 관행 개선 권고.

앞서, 국가인권위원회는 고용노동부 장관에게 다음과 같이 권고한 바 있다.

1. 노조법상 근로자 개념을 둘러싼 조합원 자격 논란 해소를 위해, △일시적 실업 상태에 있는 자나 구직 중인 자, 해고된 자를 포괄하는 것으로 제2조 제1호 근로자 정의 규정을 개정하고, △해고된 자와 실직자의 조합원 자격을 부정하고 있는 노조 제2조 제4호의 단서 부분을 삭제할 것

2. 신고증을 교부받은 노동조합이라도 결격사유에 대한 시정요구 불이행 시 노동조합에 인정되는 일체의 지위를 부정하도록 한 노조법 시행령 제9조 2항은 헌법상 과잉금지 원칙에 부합하지 않으므로, 이를 개선해, △"이 법에 의한 노동조합으로 보지 아니함" 부분을 삭제하고, △시정요구 불이행에 대한 제재는 보다 덜 침익적인 형태로 보완하는 방안을 마련할 것

3. 행정관청은 노동조합 설립신고 심사 시 제출된 노동조합설립신고서와 규약에 한정해 심사하고, 법령에서 규정하고 있는 것 이외의 자료 제출을 임의로 요구하는 등의 광범위한 재량권 행사 관행을 개선할 것

국가인권위의 권고 요지는 노동조합법 제2조를 개정하여 해고자나 실직자도 근로자로 인정하여 노조 조합원 자격을 줄 것, 노동조합이 결격사유를 시정하지 않는다는 이유로 노동조합의 지위를 부정할 수 있게 되어 있는 노조법 시행령 제9조 2항은 헌법상 과잉금지 원칙에 부합

하지 않으므로 폐지되어야 한다는 두 가지였다.

이례적인 국가인권위원장의 강한 성명에도 불구하고 박근혜 정부는 10월 24일 전교조에 노동조합으로 보지 아니함을 통보하였다. 〈노동조합으로 보지 아니함〉 제목의 팩스 한 장으로 6만 조합원 전국교직원노동조합은 합법노조 14년 만에 노동조합법상 법적 보호를 받지 못하는 법외노조 신분이 되었다. 교육부는 다음날 〈후속 조치 이행 협조 요청〉이라는 공문을 시·도 교육청에 발송하였다. 노조 전임자 30일 이내 복직, 전교조에 지원한 사무실 퇴거, 사무실 지원금 반환, 단체협약 효력 상실, 조합비 원천징수 금지, 각종 위원회에 전교조 대표와 추천자의 배제를 요구하였다.

조합원 총투표와 총력 대응 투쟁

전교조는 충격의 '노조 아님 통보'를 받았으나, 직전에 실시한 조합원 총투표에서 조합원들의 결의를 확인하고 법외노조화가 부당하다는 여론을 불러일으키기 위한 투쟁을 시작할 수 있었다. 분회 총회, 지회의 분회장 총회를 열어 상황을 공유하고 사업을 결의하였다.[117]

급선무는 다음 급여일 전인 11월 4일까지 전체 조합원 CMS 자동이체 동의서를 받는 것이었다. 다행스럽게 기한 내에 대부분 조합원의 동의서를 받아 조합비를 차질 없이 모을 수 있었다. 또, 정부가 임대해준 사무실 임대료를 회수할 경우를 대비하고 투쟁 과정에서 해직되는 교사들의

---

117. 2013년 제12차 서울지부 집행위(2014.7.3.)

생계비를 지원하기 위해 11월 22일까지 조합원 1인당 10만 원 이상, 100억 원의 투쟁기금을 모금하기로 하였다.

서울지부는 분회별로 신문광고를 내고, 학교 앞에 현수막을 걸었다. 지회에서는 지역 시민단체와 집회를 열고 가두 서명에 나섰다. 중등남부지회에서는 '까치소리'라는 지역 공동대책위가 발행하는 신문을 만들어 배포하였다.

전교조 중앙집행위원회의(중집)에서는 전임자 복귀 명령에 대한 대응 문제, 교사선언에 대통령 퇴진을 요구하는 내용을 포함할지 여부, 탄압이 예상되는 상황에서 규탄 집회를 연가투쟁 형태로 할 것인지 등이 심각하게 논의되었다.

2013년 하반기 전교조는 노조 합법화 14년 만에 다시 법외노조로 내몰린 충격 속에서도 탄압에 침착하게 잘 대응해 나갔다. 보수 세력이 기대하였을 조합원의 대규모 탈퇴나 조직의 침체는 없었다. 해가 바뀐 2014년 신학기가 바쁘게 흘러가고 있을 때 한국 사회와 교육에 영원히 잊을 수 없는 사고가 일어났다. 4월 16일 수학여행 길에 나선 안산의 단원고 학생들을 실은 세월호가 침몰하여 구조도 제대로 해보지 못하고 250명의 학생과 12명의 교사를 포함해 모두 304명의 승객이 목숨을 잃은 사건이 발생한 것이다. 교사들은 엄청난 슬픔으로 숨조차 쉬지 못하다가 승객의 안전보다는 이윤만을 추구한 무리한 선박 개조와 비정규직 선원에 의한 운행, 정부의 무능하고 무책임한 대응에 대해 분노하기 시작하였다. 이후 법외노조화 탄압에 대한 투쟁은 세월호 참사의 진실을 규명하고 책임을 묻는 투쟁과 함께 전개되었다.

스승의 날을 맞아 15,875명 참가한 교사선언을 발표하여 세월호의 진상을 제대로 규명할 것을 촉구하고 구조하지 못한 정부의 책임을 규탄하였다. 해마다 창립 기념일을 전후하여 개최해 온 전국교사대회를 5월 17일에 독립문 광장에서 열고 세월호 희생자를 애도하고 유가족과 슬픔을 함께 나누었다. 교사대회에는 서울 884명, 경기 700명, 전남 568명 등 4,032명이 참가하여 집회 후 광화문 광장까지 숙연한 가운데 행진을 진행하였다. 집회에는 정말 오랜만에 얼굴을 보는 반백의 중년 조합원들이 많이 눈에 띄었다. "이제는 힘들어서 거리에 나가 앉아 있지 못하겠다. 건강이 예전 같지 못하다."며 집회에 나오지 않던 전교조 창립 때부터 활동했던 조합원들이 전교조가 합법화된 지 13년 만에 믿기지 않는 '법외노조 통보'를 받은 상황에서 집회에 나온 것이다. 선생님들은 "박근혜 덕에 못 보던 사람들 얼굴을 다 보게 되네. 박근혜가 전교조 조직을 움직이게 만드는 조직국장이라니까."라며 서로 인사를 나누었다. 교사들은 서대문 사거리에서 광화문 광장까지, 거짓말처럼 민주주의가 후퇴하는 한국 사회의 현실에 대해 의견을 나누면서, 시민들에게 전교조의 의지를 보여주려는 듯 씩씩하게 행진해 갔다.

2014년 6월 19일 '통보' 취소를 청구한 1심 본안 판결의 패소는 큰 실망을 주었다. '통보' 효력 정지 결정으로 대법원 최종 판결까지 잠정적이나마 법적 지위를 유지하고 있는 상황에서, 본안 판결에서 승소할 수도 있지 않을까 하는 기대가 있었는데 1심 패소로 법률 공방에 먹구름이 드리워진 것이다. 교육부는 기다렸다는 듯이 바로 다음 날 17개 시·도교육감에게 사무실 회수, 전임자 복귀 조치 등 '전교조에 대한 노조 아님 통보 취소소송 1심 판결에 따른 후속 조치'를 내려보냈다. 이에 대하여 전교조는 '민주화를 위한 변호사회'에 후속 조치의 법적인 효력에 대

하여 법률해석을 받았다.[118]

민변은 '노조 아님 통보'를 받았다고 하여 단체교섭을 할 권리가 박탈되거나, 이미 체결한 단체협약이 무효화되는 것은 아니라고 법률 검토의견을 보내왔다. '통보'는 노조 해산 조치가 아니기 때문에, 노조의 실체를 부정하고 모든 권리를 박탈할 수 있는 것은 아니라는 해석으로, 교육부의 공문이 부당한 '탄압'임을 확인한 것이다.

전교조는 7년 만에 조퇴 투쟁을 결정하여, 6월 27일에 정부의 중징계 협박에 아랑곳하지 않고 서울역에 서울 612명, 경기 350명, 전남 113명 등 1,728명이 모여 전국 교사결의대회를 진행하였다. 집회는 법외노조화를 규탄하고 교원노조법의 조속한 개정을 촉구하였다. 참가자들은 종각까지 행진하면서 박근혜 퇴진과 전교조 사수를 외쳤다. 1차 선언 교사들에 대한 징계 협박이 나오자 이에 대한 대응으로 2차 교사선언을 추진하여 12,243명의 교사가 참가하였다.[119] 6월 19일의 1심 판결로 실망이 큰 상황에서도 전교조 교사들은 부당한 권력의 탄압에 단결하여 투쟁하였다. 단기간 내에 이루어진 전국 집회, 전국 서명에 결연히 나섰다. 7월 2일에 발표한 2차 선언은 대통령의 퇴진을 요구하는 초강경한 내용으로 신문광고로 발표되었다.

박근혜 대통령은 물러나야 합니다.
세월호 침몰로 수많은 목숨이 희생되는 과정을 지켜보며 우리

---

118. 2014년 제12차 서울지부 집행위(2014.7.3.) 63쪽. 〈민주화를 위한 변호사 모임 검토 의견〉.
119. 452차 중집(2014.7.2.) 49쪽.

는 절망했습니다. 우리는 지난 스승의 날, 세월호 참사의 올바른 해결을 촉구하는 교사선언을 했습니다. 박근혜 대통령은 국가 대개조의 자격이 없습니다. 박근혜 대통령의 통치는 국민을 불행하게 할 뿐입니다.

국민은 교육감 선거를 통해, 아이들이 행복한 교육을 만들라고 명령했습니다. 어떤 어려움 속에서도 참교육 전교조를 굳건하게 지켜나가겠습니다. 전교조를 지키는 것은 아이들의 미래를 지키고 새로운 교육 염원을 앞당기는 길입니다. 더 이상 '가만히 있으라.'고 가르치지 않겠습니다. 그리고 우리 교사들도 가만히 있지 않겠습니다. 세월호 참사로 희생된 우리 제자들과 동료 교사의 죽음을 헛되이 하지 않겠습니다. 잊지 않겠습니다. 끝까지 함께 하겠습니다. 행동하겠습니다.

7월 12일에는 전국에서 4,125명의 교사가 여의도 문화마당에 집결하여 다시 '전교조 탄압저지와 노동기본권 쟁취를 위한 전국교사대회'를 열고 전교조에 대한 탄압을 규탄하고 투쟁을 결의하였다. 정치권에 교원노조법의 조속한 개정과 세월호 참사의 진상규명과 특별법 제정을 촉구하였다.

법외노조화에 맞서는 전교조의 투쟁은 2014년 4월 16일의 세월호 침몰과 법원의 6월 19일 1심 판결 이후 한층 강력하게 전개되었다. 2014년 3월까지 모여진 투쟁기금은 58억을 넘어 본부, 지부 사무실 임대료 13억 9천여만 원이 회수되어도 걱정이 없게 되었다. 전교조는 박근혜 정권의 탄압에도 굽힘 없이 조직을 정비하고, 결의를 모으고, 집회와 서명

으로 행동하였다. 끊임없이 법외노조화의 부당한 탄압을 알리고 여론을
불러일으켰다.

13. 세월호의 아픔을 함께하다

교사들의 다짐, 1, 2차 시국 선언

2014년 4월 16일 인천에서 제주로 향하던 여객선 세월호가 침몰하여 304명의 승객이 무고하게 목숨을 잃었다. 이 가운데 250명은 제주도로 수학여행을 가던 단원고 2학년 학생들이었고 12명이 단원고 교사들이었다. 교사들 가운데는 전교조 조합원 이해봉 선생님이 계셨다.

일본에서 이미 수명이 다한 노후 선박을 들여와 취역시켜, 안전을 무시하고 무리하게 선박을 개조하였고, 선장을 비롯한 선원들이 비정규직이었다는 사실 등이 속속 보도되었다. '구조하지 않은 것'이라고 할 만큼 터무니없이 무능하고, 무책임했던 구조 과정과 위급한 순간에도 '가만히 있으라.'는 말을 믿고 따르다 갑판으로 나와보지도 못하고 희생된 다수 학생의 최후를 보며 온 국민은 가눌 길 없는 비통함과 더할 수 없는 분노에 휩싸였다. 제자들의 희생을 보면서 교사들은 가슴 깊은 슬픔과 분노를 느꼈다. 그 아이들, 학습 부담에서 벗어나 수학여행을 간다고 얼마나 들떴을까? 꽃다운 우리 제자들이 왜 한순간에 스러져야만 했는가?

분노의 화살은 배가 침몰하기 시작한 8시 49분부터 완전히 전복되는

10시 30분경까지 한 명의 학생도 '구조하지 않은' 해경과 해군, 정부 당국, 그리고 급박한 상황에 무책임하게 대응한 국정 최고 책임자 대통령을 향하였다.

전교조 교사들은 가슴 저미는 슬픔 속에서도 행동하기 시작하였다. 5월 10일 조합원 교사 43명이 청와대 누리집-민원게시판에 '아이들, 그리고 국민을 버린 박근혜 정권의 퇴진 운동에 나서는 교사선언'을 올렸다. 선언문은 "책임을 묻고, 진상규명을 요구하는 것이 '분열과 갈등'을 야기하고, 그로 인해 경제회복을 더디게 한다는 대통령의 후안무치한 책임 회피를 보면서 …희생당한 이들이 다시 살아오는 날을 만드는 데에 박근혜 정권은 걸림돌이 될 뿐입니다. 박근혜 정권은 퇴진해야 합니다."라고 썼다.[120]

4월 30일 전국 지부별 추모 촛불 집회가 열렸고 서울에서는 185명의 교사가 모여 집회를 열었다. 5월 14일 청계광장에서 열린 서울 교사 촛불 집회에는 218명의 교사가 모였다. 이때까지 집회는 너무도 충격적인 참사 앞에서 슬픔과 추모가 주조를 이루었고 집회 참가 교사들도 그리 많지는 않았다. 그러나 정부의 무책임하고도 부도덕한 대처를 목도하면서 교사들은 점차 진상규명, 책임자 처벌, 나아가 박근혜 정권 규탄, 박근혜 대통령이 물러날 것을 요구하는 것으로 분위기가 바뀌어 갔다.

전교조는 5월 15일 전국의 15,853명의 서명으로 '세월호 참극의 올바른 해결을 촉구하는 교사선언'을 발표하였다.

---

120. 전교조 서울지부 2014년도 제9차 집행위원회 회의자료 39~41쪽.

지부별 선언 참가 교사 수[121]

지부	인원	지부	인원	지부	인원	지부	인원
강원	561	대구	490	울산	853	충북	504
경기	1,761	대전	426	인천	618	본부	23
경남	542	부산	612	전남	2,045		
경북	542	서울	3,887	전북	1,214	계	15,875
광주	815	세종·충남	604	제주	504		

아이들을 이대로 가슴에 묻을 수 없습니다.[122]

2014년 4월 16일을 지워버리고 싶습니다.

수백의 어린 영혼과 함께 대한민국이 침몰한 날, 국민의 억장이 무너지고 학교가 내려앉은 이 날을 영원히 지워버리고 싶습니다. 꽃다운 생명이 스러져가는데도… "아무것도 도와줄 수 없었던" …우리 어른들은 죄인이 되었습니다. 자율학습 보충수업에서 잠시 벗어나 3박 4일의 짧디짧은 행복을 꿈꾼 수학여행이 삶의 마지막 여정이 되고 말았을 때, 이 땅의 교육도 죽었습니다.

미안합니다. 제대로 가르치지 못했습니다.

아이들을 살리기 위해 "안내방송을 믿고 대기하라."고 한 말이 결국 아이들을 죽음으로 몰아넣고 말았다는 사실 앞에서, 많은 교사가 끔찍한 악몽에 시달리고 있습니다. …의심스러우면 되물어야 한다고, 부당한 지시에는 복종하지 말라고 가르치지 못해서 미

---

121. 전교조 450차 중집 회의자료. 2014.6.8. 26쪽 조직실 보고.
122. 전교조 보도자료. 2014.5.15. [세월호 참극의 올바른 해결을 촉구하는 교사선언]

안합니다. …

박근혜 대통령에게 묻습니다.

물이 차오르는 배 안에서 아이들이 죽음의 공포와 싸우고 있을 때, 대통령께서는 공직자들에게 문책 위협을 하신 것 말고 무엇을 했습니까. …대통령이 직접 끝장토론에 나와 '규제 완화'를 역설할 때, 자본가들이 만세를 부르며 안전규제부터 내팽개치리라는 것을 몰랐단 말입니까. 대통령이 자본가들을 위해 비정규직 봇물을 열어젖힐 때, 자본가들은 승객의 안전을 책임진 선장과 선원들마저 비정규직으로 갈아치우리라는 것을 정말 몰랐습니까. …

모든 국민이 지켜보고 있습니다.

강압과 통제로 합리적 의심을 봉쇄하는 것으로 국민의 분노를 억누를 수 없습니다. 대통령은 자신의 책무 불이행을 뼈저리게 고백하고 이제라도 합당한 책임을 져야 합니다. 세월호 참사는 우발적인 재난이 아닙니다. 국민의 생존을 파괴하는 신자유주의 국가 시스템은 더 이상 존속될 수 없습니다. 이윤과 돈벌이가 아니라 생명과 안전을 우선하는 새로운 공동체를 만들어나가야 합니다. 몇 명의 희생양을 먹잇감으로 던져주고 진실을 은폐해서는 안 됩니다. 철저한 진상규명과 뼈를 깎는 책임규명을 통해 국민의 신뢰를 회복해야 합니다. 이런 일을 제대로 할 수 없다면 대통령 자격이 없습니다. 대통령은 무한 권력자가 아니라 무한 책임자입니다. 국민의 생명을 지킬 의지도 능력도 없는 대통령은 더 이상 존재할 이유가 없습니다.

미안합니다. 잊지 않겠습니다. 행동하겠습니다. …학생들의 안전과 행복을 위해 좀 더 철저하게 고민하지 못했고, 순응과 체념의 죽임의 교육을 벗어나기 위해 최선을 다하지 못했습니다. …학생들의 고통에 공감하고 살림의 교육을 다시 시작하겠습니다. 사회와 교육을 근본적으로 바꾸고 우리 자신을 성찰하고 혁신하는 것을 두려워하지 않겠습니다. 희생자와 유가족의 고통을 끝까지 잊지 않겠습니다. 함께하겠습니다. 행동하겠습니다.

　교사들은 대통령에 대하여 "자신의 책무 불이행을 뼈저리게 고백하고 이제라도 합당한 책임을 져야 한다."고 촉구하고, "우리 자신을 성찰하고 혁신하는 것을 두려워하지 않겠으며, 희생자와 유가족의 고통을 잊지 않고 끝까지 함께 하겠다."고 하였다.

　교육부는 교사선언에 대하여 '집단행위 관련 복무 관리 철저' 공문을 내려보내고, 정권 퇴진 선언 글을 올린 교사들에 대하여 국가공무원법 위반 형사 고발 운운하는 협박 공문을 보냈다. 교사들의 선언에 대한 정부의 탄압에 대하여 학부모, 교대, 사대 학생, 교수들의 지지 선언이 잇따라 나왔다. 교사선언은 세월호 참사에 대한 진상규명 투쟁을 촉발시켰다.

　전교조는 5월 17일 서울 독립문 공원에서 전국 4,032명의 교사가 참가한 가운데 세월호 참사에 대한 추모와 규탄, 법외노조 탄압에 맞서는 전국교사대회를 열었다.[123] 전교조 '법외노조 통보처분' 취소청구 1심 재판(6월 19일)을 앞에 둔 긴박한 시점에 열린 대회는 정부를 규탄하고 투쟁을 결의하는 발언도 이어졌으나 참사가 일어난 지 얼마 되지 않은 시

---

123. 전교조 제70차 대의원대회 자료집. 121쪽. 2014년 상반기 사업보고.

점이어서 침통한 추모의 분위기가 강하였다. 교사들은 세월호 참사의 충격이 너무 커 학생들의 억울한 죽음을 생각하며 눈물을 흘렸다.[124]

세월호 참사의 충격 속에 치러진 2014년 6월 지방자치 선거에서 진보 후보들이 대거 교육감에 당선되어 정부에 책임을 물었다. 법외노조의 충격 속에서 전교조는 다시 법적 지위 회복과 교육개혁의 희망을 이어갈 수 있게 되었다. 조선일보는 머리기사를 '여도 야도 아닌 전교조의 승리', 중앙일보는 머리기사 '전교조 교육감 시대. 그 밑에 학생 605만'으로 내보내 보수 세력이 느낀 충격을 보여주었다.

6월 14일에는 350여 명의 교사가 참가한 수도권 교사결의대회가 열려 법외노조 판결 1심 재판을 앞두고 법외노조 철회를 요구하고 세월호 참사를 규탄하였다. 6월 19일 '법외노조' 통보처분 취소를 청구한 서울행정법원의 1심 재판이 패소함에 따라 21일 열린 전국임시대의원대회에서는 2차 교사선언을 결정하였다. 1차 선언에서 교사들은 자기 성찰과 대통령에 대한 철저한 진상규명과 뼈를 깎는 책임규명을 촉구하였다면 7월 2일 12,244명의 서명으로 발표한 2차 선언은 직접 대통령에게 물러날 것을 요구하였다.

세월호 특별법 제정과 기억하기 운동

세월호 가족 대책위원회와 세월호 참사 국민대책회의는 초기부터 특별법 제정을 요구하였다. 유가족들은 5월 6일 안산 합동분향소에서 '진

---

124. 전교조 450차 중집 회의자료. 2014.6.8. 24쪽. 조직실 보고.

상규명을 위한 서명 운동'을 시작하였고, 5월 22일 출범한 국민대책회의가 서명 운동에 동참하였다. 국민대책회의는 7월 2일부터 12일까지 전국 순회 서명 운동을 벌였고, 유가족들은 12일부터 국회 앞에서 단식농성을 진행하다가 14일부터는 광화문 광장에서 세월호 특별법 제정을 촉구하는 단식농성을 이어갔다. 해직되어 서울지부 연대사업국장을 맡고 있던 나는 18일부터 유가족과 함께하는 동조 단식농성에 참여하였다. 유민이 아빠 김영오 님을 비롯한 유가족을 지지하여 문규현 신부님과 스님, 목사, 교수님들과 김장훈 가수 등 10여 명이 같이 했다. 인도주의실천의사협의회 이보라 의사 선생님이 매일 혈압과 혈당 수치를 검사해주셨다. 한여름 불볕더위와 차량의 매연과 소음으로 쉽게 체력이 바닥났다. 효소를 먹는 것도 마다하고 물만 마시면서 단식을 계속했더니 1주일 만에 한계가 왔다. 아내가 날마다 찾아와서 보고 갔는데 그날 오후에 와서는 건강이 많이 약해진 사람들은 단식을 중단시키고 새로 합류할 사람들과 단식을 이어간다는 말을 듣고 도저히 안 되겠던지 "중단하지 않으면 가만 안 둔다. 지금 같이 집에 가자."고 정색하였다. 인사를 나누고 농성장을 뒤에 두고 떠나자니 단식으로 항의해야만 하는 현실이 참 슬프고 막막하였다.

전교조는 경기지부의 안산, 수원, 광명, 안양, 시흥, 고양 등 지회 차원에서 시민단체들과 연대하여 주 1회 서명 운동을 진행하였다. 5월 23일에는 전국에서 200여 명의 교사가 모여 안산에서 청계광장까지 43.8km를 도보 행진하면서 특별법 제정을 호소하였다.[125]

---

125. 전교조 제450차 중집(2014.6.8.) 32쪽, 대외협력실 보고.

세월호 참사 추모와 근본적 문제해결 촉구
시민 도보 행진 결과보고

(1) 추진 경과

  가. 준비 과정

    ① 5.8   민주노총 연맹위원장단 회의에 전교조에서 사업
             제안하여 추진 결정

    ② 5.11   세월호 원탁회의 운영위에서 지원 결정

    ③ 5.15   민주노총 중집에서 사업계획 결정

    ④ 5.16   민주노총 가맹 및 산하 조직에 참가조직 공문 발송

    ⑤ 5.17   전교조 교사대회와 청계광장 촛불 집회에서 선
             전지 배포, 웹자보·페이스북·카톡 등으로 홍보

    ⑥ 5.18   보건의료 및 생명과 안전의 물결 행진과 함께하
             기로 결정:여의도부터 함께 행진

    ⑦ 총연맹과 전교조에서 집행위원 파견하여 사전 준비

  나. 5.23 행진 1일 차:19.4km

    ① 16:00   안산문화광장에서 출발 기자회견 80명

    ② 16:45   안산문화광장 출발 100명

    ③ 19:00   수암 주유소 저녁 식사 60명

    ④ 21.45   광명역 도착 45명

    ⑤ 22:30   광명 근로 청소년 복지관(숙소) 도착 25명

  다. 5.24 행진 2일 차:24.4km

    ① 07:30   광명역 출발 40명

② 10:00 　광명시청 출발 60명

③ 11:30 　구로거리공원 출발 100명

④ 13:30 　여의도 금감원 출발 200명

⑤ 16:00 　서울역 도착 300명

⑥ 17:30 　청계광장 도착, 정리 집회 후 촛불 결합(김영호 안산지부 의장 발언)

(2) 비용 지출

　가. 사전 준비

　　① 선전지 3000장　200,000원

　　② 현수막 6개　114,000원

　　③ 손피켓 500개　250,000원

　　④ 리본　265,000원

　　⑤ 뱃지 100개　170,000원

　　⑥ 경광봉 5개 및 건전지 10개　42,350원

　　소계　1,041,350원

　나. 5.23　408,550원

　다. 5.24　573,300원

　　합계　2,023,200원

특별법 제정을 촉구하는 서명 운동은 2개월여 만에 350만 명을 넘어섰다. 서명 용지는 7월 15일 국회에 입법 청원형태로 전달되었고 7월 19일에는 서울시청광장에서 범국민대회가 열렸다.

8월 15일에도 304명의 전교조 교사들이 국회의사당에서 청계광장까지 행진하며 특별법 제정을 촉구하였다. 8월 30일 제70차 전국대의원대회에서는 특별법 제정을 촉구하는 교사대회를 결정하여 9월 13일 보신각 일대에서 1,000여 명의 교사들이 전국교사대회를 개최하였다. 9월 15일부터 19일에는 '세월호 특별법 제정 촉구 집중행동 주간'을 정하여 점심 단식, 노란색 리본 달기, 1인시위, 서명 운동, 추모 행사, 공동수업 등을 진행하였다. 10월 말에 국회에서 〈4·16 세월호 참사 진상규명 및 안전사회 건설 등을 위한 특별법〉이 제정되었다. 그러나 새누리당의 반대와 새정치민주연합의 기소권에 대한 소극적인 태도로 '수사권과 기소권 보장'이 끝내 빠진 채로 법안이 만들어졌다.

전교조는 4·16 기억저장소가 운영하는 '기억과 약속의 길 걷기 사업'을 공동으로 진행하였다. 기억저장소에서 단원고 2학년 교실을 그대로 보존한 '기억 교실'까지 교사, 학생, 시민들이 함께 걸어가는 활동을 계속하였다. 2016년에는 교실과 2학년 교무실을 안산교육청으로 그대로 옮겨 설치하였고 더욱 많은 조합원 교사들이 지회, 분회 단위로 이곳을 방문하여 학생들을 애도하고, 유가족들과 함께할 것을 결의하고, 교사로서 자신을 성찰하였다.

전교조 교사들은 세월호 참사 1주기와 2주기에 계기 수업을 하였다. 학생들과 함께 노란색 리본을 만들고, 희생된 학생들을 추모하는 글을 짓고 토론하면서 세월호 유가족들과 함께하고, 인간을 소중히 생각하는 사회를 만들기 위하여 노력할 것을 다짐하였다.

전교조 4·16 특별위원회는 세월호 2주기에 맞추어 2016년 3월에 초·중등용 2종의 〈기억과 진실을 향한 4·16 교과서〉를 출간하였다. 전교조는 교과서를 출간한 직후 600여 권을 합동분향소로 가지고 가서 4·16 가족협의회에 전달하였다. 가족들은 전교조 교사들의 손을 잡고 함께 싸워온 과정을 이야기하며 눈물을 흘렸다. 그러나 교육부는 교과서가 '교육자료로 부적합'하다며 '계기 교육을 하는 경우 엄정 대처하고 징계하라'라는 공문을 시·도 교육청에 보내 전교조 교사들의 아픔과 다짐의 실천에 대하여 오로지 정권의 안위만을 내세우는 행태를 보였다. 전교조 교사들은 이에 아랑곳하지 않고 학생들과 함께 계기 수업을 하고 수업한 결과를 언론에 공개하기도 하였다. 4·16 교과서는 4월 말까지 1만여 권이 판매되었다.

교사들은 지역별로, 학교별로 크고 작은 모임 때마다 세월호 학부모님들을 초청하여 함께 기억하고 슬픔을 나누었다. 충격과 슬픔에 빠진 학생들과 글을 짓고, 그림을 그리고, 추모의 노래를 부르면서 인간의 가치를 소중하게 생각하는 사회를 다짐하였다. 세월호 노란색 배지를 만들어 광장에 모인 시민들에게 나누어 주고 차량에 노란색 리본을 다는 운동을 벌였다. 세월호 학부모님들과 함께 분노하고 진상규명과 책임자 처벌을 위해 투쟁하였다.

너무 늦게 회복된
정의
2017~2021

시대 돌아보기_ 촛불 정부, 무책임한 여론 정치와 인사 실패로 길을 잃다!

박근혜 대통령 탄핵 인용 후, 2017년 5월 9일 치러진 제19대 대통령 선거에서 문재인 후보가 당선되어 '촛불정부'가 5월 10일 출범했다. 5월 16일 국정기획자문위원회를 설치하여 인수위원회의 역할을 대신하도록 했고, 19일 '소득 주도 성장을 위한 일자리 경제, 국가가 책임지는 보육과 교육, 노동 존중·성평등을 포함한 차별 없는 공정사회, 남북 간 화해·협력과 한반도 비핵화' 등을 포함하는 100대 국정과제를 발표했다. 문재인 정부는 스스로 설정한 위장 전입·탈세·병역·논문 표절·부동산 투기 등 '공직 배제 5대 기준'에 걸려 첫 조각까지 195일을 허비함으로써 출발부터 실망을 주었다.

주요 외교 과제는 한미 동맹의 강화, 사드 배치 논란과 관련된 중국의 경제보복, 일본과 한일 위안부 합의 재협상 등이었다. 6월 29일 미국 방문에서 북핵 문제의 대화를 통한 해결, 한미 FTA 재협상, 주한미군 방위비 분담금 문제가 거론되었다. 2018년 2월 평창 동계 올림픽(2.9~2.25)을 계기로 북한의 핵 개발로 경색된 남북 관계의 개선과 북·미 간 비핵화 대화를 위한 전기를 마련하였다.

정부는 주요 권력기관 개혁을 주요 국정과제의 하나로 설정하고 국정원 개혁, 검찰 개혁, 검경 수사권 조정과 고위공직자 범죄수사처 설치를 추진하였다. 힘 있는 검찰 개혁을 위해 법무부 장관 후보로 내정한 조국 민정수석에 대해 국회 청문회 과정에서 자녀 입시 부정 등 문제가 제기되고 검찰의 전방위 수사가 전개되는 가운데 찬반 논란이 진영대결로 확대되었다.

경제정책으로 '소득주도 성장'을 내걸어, 일자리 창출과 최저 임금 1만 원 상향이 추진되었다. 최저 임금 1만 원은 연평균 17.5%를 인상해야 달성할 수 있었는데, 첫해 16.4% 인상 7,530원으로 결정한 이후 2018년에 자영업, 중소기업의 몰락 등을 주장하는 역풍 논란이 일어났다. 경제정책을 총괄하는 김동연 부총리는 혁신 성장론을 주장하면서 갈등을 일으키다가 물러났다.

교육부 장관으로 김상곤 전 경기교육감이 임명되고, 국가교육회의에서 수능 절대평가 등 입시개혁이 논의되어 기대를 모았으나 공론화 과정을 거쳐 정시 확대로 싱겁게 결론이 났다. 또 2022년 시행을 목표로 하는 고교학점제는 타당성에 대한 의문과 대입제도 개혁, 도시와 농촌 간 격차, 교사의 업무 과중 등 선행 과제들이 해결되지 않은 상황에서 위험성이 크다는 논란이 일고 있다.

탈원전을 추진하는 첫 단추라 할 건설 중인 원전의 중단 여부를 2017년 7월 '신고리 원전 5·6호기 공론화위'를 구성하여 10월에 시민참여단 표결을 거쳐 건설 재개를 결정하였다(59.5%). 대입제도 개혁방안 처리에 이은 '공론화를 통한 결정'이었다. 비정규직 정규직화를 위해 대통령이 인천국제공항을 방문하고 공공부문부터 추진하였으나 형평성 논란에 부딪혀 후퇴하였다. 주당 52시간으로 근로시간 단축, ILO 핵심 협약 국회 비준 등 진전이 있었으나 노동법 개정안에 사용자 측의 요구를 주고 받기식으로 수용하였다.

　문재인 정부는 입시개혁, 전교조 법적 지위 회복, 공기업 비정규직, 탈원전 등 첨예한 문제마다 책임 있는 결정을 내리지 못하고 여론에 맡기는 무책임한 모습을 보여, 오히려 정치의 정쟁화를 초래하는 안타까운 모습을 보여주었다. 부동산 가격 폭등, 거듭되는 인사 실패, 주요 정치인의 성 추문 등으로 촛불 시민들의 지지와 기대를 상실하고 말았다.

2017년 ··

3.7 성주에 사드 배치 시작, 4.26. 시험 가동 시작, 9.7. 사드 임시 배치 완료

6.30 한·미 정상회담, 대북 공조, FTA 재협상, 방위비 분담금 문제 등 논의

7.6 G20 정상회의 참석한 대통령, 베를린 선언, 이산가족 상봉, 평창 올림픽 북한 참가 요청

9.3 북한 6차 핵실험

9.6 한·러 정상회담

11.8 대통령, 아세안 정상회의 참석

11.9 한·인도네시아 정상회담

11.13 신남방정책 발표

12.13 한·중 정상회담, 사드 보복 철회

2018년 ··

1.9 남북고위급회담, 평창 동계 올림픽 참가 협의

1.29 서지현 검사, 검찰 내부 통신망에 '나는 고발 합니다.' 게시, 미투 운동 시작

2.9 평창 동계 올림픽, 캐나다, 스위스, 독일, 폴란드, 네덜란드, 노르웨이 등 정상회담(2.9.~2.25.)
북한 김여정 방남, 10일 청와대 방문

3.1 3·1절 기념식, 대통령, "위안부 반인류적 범죄, 가해자인 일본이 '끝났다'라고 해선 안 된다."

3.22 이명박 전 대통령 구속/대통령, 베트남 방문

4.27 판문점, 2018년 1차 남북정상회담, 판문점 선언

5.15 일본 외교 백서, 위안부가 군에 의한 강제 연행 아니라고 표현

5.24 BTS 빌보드 차트 한국인 가수 사상 첫 1위

5.26 판문점, 2018년 2차 남북정상회담

14. 전교조 '법외노조화'와 '법法'

법法 이야기를 하기 전에 먼저 생각해 보아야 할 문제가 있다. 한국인 대부분이 학교에서 소크라테스가 '악법도 법'이라고 말하면서 법을 지키기 위해 독배를 마시고 죽었다고 배운 것이다. 이로 인해 실정법을 지켜야 한다는 강한 준법정신을 갖게 되었다는 점이다.

그러나 2004년 11월 7일에 헌법재판소는 '악법도 법'이라는 소크라테스의 일화를 근거로 준법정신을 강조하는 것은 바람직하지 않다며 교육인적자원부에 교과서를 고쳐달라고 요청했다. 헌법재판소는 '실질적 법치주의'와 적법절차가 강조되는 오늘날의 헌법 체계에서는 준법이란 정당한 법, 정당한 법 집행을 전제로 한다면서 소크라테스 일화를 준법정신과 연결하는 것은 적절치 않다고 지적했다.[126]

소크라테스는 "정의롭지 못한 짓을 해서는 안 된다. 정의롭지 못한 짓을 당하더라도, 보복으로 정의롭지 못한 짓을 해서도 안 된다."라고 말했다 한다. 이에 따르면 탈옥은 '정의롭지 못한 일에 대한 정의롭지 못한 보복'이기 때문에 거부된 것이다. 도대체 '악법도 법'이라는 말은 어디서 나온 말인가? 1937년 경성제국대학 법학부 교수 오다카 도모오尾高朝雄가 『법철학法哲學』에서 소크라테스가 독배를 든 것은 실정법을 존중하

---

126. 동아일보, 2004.11.7.

였기 때문이다, "악법도 법이므로 이를 지켜야 한다."고 썼다 한다. 일제 강점기의 유산이 독재정치에 의해 바로 잡히지 못하고 계속 이어진 것이다.

이제는 바로 잡아야 한다. 헌법재판소가 말한바, 오늘 대한민국의 헌법은 '실질적 법치주의'와 적법절차, 다시 말하면 정당한 법, 정당한 법 절차를 강조하고 있다. 대한민국의 헌법은 결코 '악법도 법'이라고 규정하고 있지 않다!

해고자가 가입되어 있으면 노동조합이 아닌가?

2013년 10월 24일 '노조 아님 통보'를 받은 전교조는 당일 오후 서울 행정법원에 법외노조 통보처분 취소 소장을 접수하였다. 동시에 본안 심리에 앞서 법외노조 통보 효력을 정지하여 달라는 효력 정지신청을 접수하였다. 이후 전교조 법외노조 법률 공방에서 2013년 11월 서울행정 법원의 1차 효력 정지 결정, 2015년 11월 서울고등법원의 3차 효력 정지 결정 등 4번의 효력 정지 결정으로 잠정적으로 법적 지위를 유지하기도 하였으나, 2014년 6월 본안 소송('노조 아님 통보' 취소소송) 1심 패소에 이어 2016년 1월 서울고등법원 본안 소송 2심에서 패소하여 법적 지위를 잃은 채 대법원의 최종 판결을 남겨 놓게 되었다. 2016년 2월 대법원에 상고한 이후 2019년 12월 첫 심리가 열리기까지 3년 10개월이 걸렸고, 2020년 9월에야 판결이 내려져 7년 세월을 법적 지위 회복을 위한 투쟁 속에 보내야 하였다. 전교조는 양승태 대법원의 사법 농단으로

2015년 6월 대법원에서 효력 정지가 기각되어 최종 판결이 나올 때까지 잠정적으로 법적 지위를 유지할 기회마저 잃었다.

2014년 6월 19일 1심 판결에서 서울행정법원 제13부(부장판사 반정우)는 전교조가 낸 '법외노조 통보 취소소송'에서 원고 패소판결을 내렸다. "노조 조합원 자격이 없는 해직교사를 조합원으로 인정하는 규약이 노조법 위반"이라는 게 주 논지였다. 전교조의 9명 해직교사 조합원 가운데 1명이었던, 사립학교인 인천외고의 학내 민주화를 위해 바른말을 하다 해직되었던 박춘배 교사는 "해직자를 조합원으로 두면 노동조합의 자주성·독립성이 훼손된다는 판결을 이해할 수 없다. 노동조합 활동을 하다가 해고된 사람이 있으면 노동조합에서 구하는 것이 상식이 아닌가?"라면서 "해직교사인 조합원 9명이 학교 현장에 피해를 주거나 노조의 자주성을 훼손한 예가 있는지 묻고 싶다."라고 하였다.

항소심 재판부인 서울고등법원 제7행정부(재판장 민중기)는 2014년 9월 9일 본안 판결에 앞서 법외노조 통보의 효력 정지를 인용하고(2차 효력 정지 결정), 교원노조법 제2조(교원에 대한 정의)에 대한 위헌법률심판을 제청하였다.

전교조 창립 기념일인 2015년 5월 28일에 헌법재판소는 두 가지 결정을 내렸다. 서울고등법원의 교원노조법 제2조에 대한 위헌법률심판 제청의 건과 전교조 9인의 해직교사들이 청구한 노동조합법 시행령 제9조 제2항과 노동부의 시정요구에 대한 헌법소원 사건에 대해서이다.

관계 법령을 요약하면 노동조합법 제2조는 '노동조합'의 용어를 정의하면서 "가~마 등 5가지 가운데 하나인 경우, 노동조합으로 보지 않는다."라고 있다. 노동조합법 제12조는 노조 설립신고증의 교부를 규정하고 있는데, 제2조에서 노조로 보지 않는다고 정한 경우 신고서를 반려해야 한다고 규정하고 있다. 그런데 신고서를 반려하는 경우 30일 이내에 시정하도록 하고, 이행하지 않으면 노동조합으로 보지 아니함을 통보하여야 한다(동 법 시행령 9조 2항)고 되어 있는 것으로 요약할 수 있다.

2심 재판부의 위헌법률심판은 노조법 제2조에서 해고자를 조합원으로 하면 안 된다고 규정하고 있는 것에 대한 것이고, 전교조 9인(해직교사) 조합원의 헌법소원은 노동조합법 시행령 제9조 제2항이 법률 근거가 없어 위헌이라는 것, 따라서 '노조 아님 통보'는 무효라는 것이다.

노조 아님 통보와 관계되는 법령

〈교원노조법〉 제2조(정의)

이 법에서 '교원'이란 「초·중등교육법」 제19조 제1항에서 규정하고 있는 교원을 말한다. 다만, 해고된 사람으로서 「노동조합 및 노동관계조정법」 제82조 제1항에 따라 노동위원회에 부당노동행위의 구제신청을 한 사람은 「노동위원회법」 제2조에 따른 중앙노동위원회의 재심판정이 있을 때까지 교원으로 본다.

〈노동조합 및 노동관계 조정법(노동조합법)〉

제2조(정의) 이 법에서 사용하는 용어의 정의는 다음과 같다.

1. '근로자'… 2. '사용자'… 3. '사용자 단체'…

4. '노동조합'이라 함은 근로자가 주체가 되어 자주적으로 단결하여 근로조건의 유지·개선 기타 근로자의 경제적·사회적 지위의

향상을 도모함을 목적으로 조직하는 단체 또는 그 연합단체를 말한다. 다만, 다음 각목의 1에 해당하는 경우에는 노동조합으로 보지 아니한다.

　가. 사용자 또는 항상 그의 이익을 대표하여 행동하는 자의 참 가를 허용하는 경우

　나. 경비의 주된 부분을 사용자로부터 원조받는 경우

　다. 공제·수양 기타 복리사업만을 목적으로 하는 경우

　라. 근로자가 아닌 자의 가입을 허용하는 경우. 다만, 해고된 자 가 노동위원회에 부당노동행위의 구제신청을 한 경우에는 중앙노동위원회의 재심판정이 있을 때까지는 근로자가 아닌 자로 해석하여서는 아니 된다.

　마. 주로 정치 운동을 목적으로 하는 경우

제12조(신고증의 교부) ① 고용노동부장관, 특별시장·광역시장· 특별자치시장·도지사·특별자치도지사 또는 시장·군수·구청장은 제10조 제1항의 규정에 의한 설립신고서를 접수한 때에는 제2항 전단 및 제3항의 경우를 제외하고는 3일 이내에 신고증을 교부하 여야 한다.

② 행정관청은 설립신고서 또는 규약이 기재사항의 누락 등으로 보완이 필요한 경우에는 대통령령이 정하는 바에 따라 20일 이내의 기간을 정하여 보완을 요구하여야 한다. 이 경우 보완 된 설립신고서 또는 규약을 접수한 때에는 3일 이내에 신고증 을 교부하여야 한다.

③ 행정관청은 설립하고자 하는 노동조합이 다음 각호의 1에 해

당하는 경우에는 설립신고서를 반려하여야 한다.

1. 제2조 제4호 각 목의 1에 해당하는 경우

2. 제2항의 규정에 의하여 보완을 요구하였음에도 불구하고 그 기간 내에 보완을 하지 아니하는 경우

〈노동조합 및 노동관계 조정법 시행령〉

제9조(설립신고서의 보완요구 등) ② 노동조합이 설립신고증을 교부받은 후 법 제12조 제3항 제1호에 해당하는 설립신고서의 반려 사유가 발생한 경우에는 행정관청은 30일의 기간을 정하여 시정을 요구하고 그 기간 내에 이를 이행하지 아니하는 경우에는 당해 노동조합에 대하여 이 법에 의한 노동조합으로 보지 아니함을 통보하여야 한다. 〈개정 1998.4.27.〉

이에 대하여 헌법재판소는 현직 교사에게만 조합원 자격을 인정하고 있는 교원노조법 제2조를 헌법에 위배되지 않는다고 결정하였다. 그 이유는 교원은 국민 전체의 공공이익에 기여하므로 해고자를 조합원으로 인정하면 교원이 아닌 자가 교원노조의 의사 결정에 영향을 미쳐 교원노조의 자주성을 침해할 수 있기 때문이라고 하였다. 교원노조의 자주성을 보호하기 위하여 교원노조에 해직 조합원의 조합원 자격을 인정하지 말라고 명령하는 것이 정당하다는 취지의 판결이었다.

헌법재판소는 그렇게 판결을 내리면서도 노동부의 법외노조 통보에 대해서는 '조합원 자격을 재직 중인 교원으로만 제한하는 것이 합리적인 이유가 있다 하여, 설립 신고를 마치고 정당하게 활동 중인 교원노

조의 법상 지위를 박탈하는 것이 항상 적법한 것은 아니다. 교원이 아닌 사람이 일부 포함되어 있다고 하더라도 행정당국은 해직자의 수, 해직자가 노조 활동에 미치는 영향 등을 종합하여 법외노조 여부를 판단하여야 하고, 이러한 행정 당국의 판단에 대하여는 법원이 충분히 판단할 수 있다.'라고 판시하였다. 헌법재판소는 노동조합법 시행령 제9조 제2항에 대한 판단, '노조 아님 통보'의 적법성에 대한 헌법소원은 판단을 내리지 않고 법원이 판단하라고 한 것이다. 시행령 9조 2항은 노동조합법 제2조 노동조합의 정의定義가 관련 법률 조항이긴 해도 그것만을 근거로, 더 구체적인 법률의 위임 없이 곧바로 헌법의 기본권을 침해하는 처분을 하는 것이 가능한지 의문이 들게 한다. 더욱이 노동조합법 제2조 노동조합의 정의 규정의 취지가 노동조합의 자주성의 원칙을 확인하는 것이지 엄격히 적용하여 노동조합을 제재하거나, 활동을 제한하려는 게 취지가 아니기 때문이다.

당시에는 헌법재판소가 교원의 특수성을 언급하며 해직 교원의 단결권, 조합원이 될 자격을 부정한 노동조합 및 노동관계 조정법(노조법) 2조가 헌법에 위배되지 않는다고 판결한 데에 크게 실망하지 않을 수 없었다. 9명의 해직 교원이 조합원이라 하여 6만 명 교원의 단결권을 부정한 노동부의 조치, 그 조치를 인정한 1심, 2심의 판결에 대해 헌법재판소가 바로잡아주기를 바랐기 때문이다.

그러나 4년 뒤인 2020년 5월 대법원 공개변론에서 노조법 시행령 9조 2항의 위헌·위법성 여부, '노조 아님 통보'의 적법성 등이 쟁점이 되면서 헌법재판소의 판시는 대법원의 최종 판결에 일정한 영향을 주었다.[127]

---

127. 노도현, 「'최후 변론' 마친 전교조의 운명은」, 『주간경향』 1379호, 2020.6.1.

효력 정지마저 기각한 대법원, 알고 보니 사법 농단!

2016년 1월 21일, 2심 판결 역시 같은 취지로 전교조의 항소를 기각하였다. 그러나 전교조에 있어 2심 판결 못지않게 중요한 판결은 효력 정지신청에 대한 판결이었다. 1, 2차 효력 정지신청에서 승소하였으나 2015년 6월 2일 대법원 제1부가 2차 효력 정지에 대한 고용노동부 장관의 재항고를 인용해 주었다는 점이다. 효력 정지는 대법에서 최종 판결이 날 때까지, 전교조의 집행부를 맡고 있던 다수 교사의 해직 등 심각한 피해를 예상하여 잠정적으로 '노조 아님' 통보의 효력을 정지시키는 것인데도 대법원에서 그것마저 노동부 편을 들어준 것이다. 이에 대해 서울고등법원 제10행정부가 2015년 11월 16일 다시 한번 효력 정지 결정(3차 효력 정지 결정)을 하였으나 본안 2심 판결로 묻히고 만다. 전교조는 2016년 2월 1일 대법원에 본안 소송의 상고와 함께 다시 한번 대법원에 효력 정지신청을 내었으나 이미 한번 노동부 편을 들어 효력 정지를 기각한 바 있는 대법원은 본안 3심 판결까지 묵묵부답으로 3년 7개월을 보냈다. 그런데, 효력 정지신청마저 노동부 편을 들어준 데에 기막힌 곡절이 있었다!

양승태 대법원장의 대법원에 의한 사법 농단, 있을 수 없는 일이 확인된 것이다. 2018년 5월 25일 발표된 사법행정권 남용 의혹 관련 특별조사단의 조사보고서에는 상고법원 입법추진 등 대법원의 현안 과제를 달성하기 위하여 청와대와 정치적 흥정의 대상으로 법외노조 재판을 진행한 것이 확인되었다.

전교조 재판 거래 사법 농단 수사를 서울중앙지검 특수1부에서 본격적으로 착수하였다. 전교조 법외노조 효력 정지를 대법원에서 파기 환송시킨 고영한 주심 재판관이 파기환송을 전제로 재판연구관들에게 법리검토를 시킨 사실도 당시 재판연구관의 페이스북을 통해 공개되었고, 임종헌 전 법원행정처 차장 사무실 압수수색으로 고용노동부의 법외노조 효력 정지 재항고 이유서를 법원행정처가 대필해 고용노동부에 건네준 상황까지 드러났다. 청와대와의 재판 거래 실체가 사실상 확인되어 박근혜 정부의 독재적인 교원노조 탄압에 더하여 사법부마저 가세한 상황이 밝혀졌다. 진보당 해산 관련 재판과 전교조 법외노조 관련 재판을 둘러싼 사법 농단으로 급기야 전직 대법원장이 구속되는 초유의 사태가 전개되었다. 정의를 지키는 최후의 보루, 사법부가 그것도 대법원에서 정의를 짓밟다니! 온 국민이 개탄을 금치 못하게 하였다.

법외노조 상황으로 인한 피해
- 전임자 불인정으로 인한 34명의 전임 해고자 발생, 전임자 감소에 따른 조직활동의 위축과 막대한 소송비의 지출
- 단체협약의 해지와 추가 단체교섭의 미진행으로 인한 교육개혁과 학교 혁신 등 교육개편 활동의 중단
- 사무실 회수 등 재정적 손실
- 각종 위원회 참여의 제한으로 인한 교육개혁 활동의 제한
- 법외로 인한 조합원 확대와 분회 활동의 활성화에 제약

일자	내용	상황
2013.10.24	고용노동부장관, 전교조에 대한 법외노조 통보 처분	법외노조
2013.11.13	서울행정법원 제13부, 효력정지 인용(1차 효력정지 결정)/관여 법관 판사 반정우(재판장)	법내노조
2013.12.26	서울고등법원 제7행정부, 고용노동부장관 항고기각/관여 법관 민중기(재판장)	
2014.6.19	서울행정법원 제13부, 청구기각 판결(1심 본안 전교조 패소)/관여 법관 판사 반정우(재판장)	법외노조
2014.9.19	서울고등법원 제7행정부, 효력정지 인용(2차 효력정지 결정), 교원노조법 제2조에 대한 위헌법률심판 제청/관여 법관 판사 민중기(재판장)	법내노조
2015.5.28	헌법재판소, 교원노조법 제2조에 대한 합헌결정(2013헌가21 등 결정)	
2015.6.2	대법원 제1부, 고용노동부장관의 재항고 인용, 서울고등법원에 파기환송/관여 대법관 고영한(주심)	법외노조
2015.11.16	서울고등법원 제10행정부, 효력정지결정(3차 효력정지 결정)/관여 법관 판사 김명수(재판장)	법내노조
2016.1.21	서울고등법원 제7행정부, 항소기각 판결(2심 본안 전교조 패소)/관여 법관 판사 황병하(재판장)	법외노조
2016.2.1	전교조, 상고(대법원 특별3부 계속 중, 2016두32292호)	
	전교조, 상고심에 효력정지신청(대법원 특별3부 계속 중, 2016아1011호)	

세 가지 쟁점–시행령으로 '노조 아님' 통보, 해직자의 조합 가입, 법외노조화 과잉조치

2019년 12월 19일 시작된 대법원의 공개변론 쟁점은 세 가지였다. 첫

---

128. 2018.8.7. "전교조 법외노조 직권취소 즉각 이행을 촉구하는 서울지역 각계 단체 대표자 선언문". '전국교직원노동조합에 대한 법외노조 통보처분 취소와 노동기본권 보장에 대한 전교조 입장' 32쪽. 붙임자료 9. 청와대 김의겸 대변인의 브리핑 비판.

째, 법외노조 통보의 근거가 된 노동조합법 시행령 조항이 위헌·위법적인지 둘째, 해직 교원이 가입돼 있긴 하지만 자주성을 유지하고 있다면 노동조합으로 볼 수 있는지 셋째, 법외노조 통보가 재량권을 일탈·남용한 조치였는지다.

노조법 제2조 4호는 노동조합을 "근로자가 주체가 되어 자주적으로 단결하여 근로조건의 유지·개선·기타 근로자의 경제적·사회적 지위의 향상을 도모함을 목적으로 조직하는 단체 또는 그 연합단체"라고 규정한다. 주체성·자주성·목적성 등이 노동조합의 적극적 요건이다. 결격사유가 되는 소극적 요건은 단서로 달았다. 그중 하나가 "교원이 아닌 자의 가입을 허용하는 경우 노동조합으로 보지 아니한다."는 조항이다. 법외노조 통보의 근거는 노조법 시행령 제9조 2항에 있다. 이 조항은 노동조합 설립신고증을 반려할 만한 사유가 생겼을 때 행정청이 노조에 시정을 요구하고, 노조가 이를 이행하지 않으면 '노동조합 아님'을 통보하도록 하고 있다.

전교조 측은 법외노조 통보의 근거가 법률이 아닌 시행령이기 때문에 위법하다고 봤다. 국민의 자유와 권리는 법률로 제한해야 한다는 헌법상 법률유보의 원칙을 위반했다는 것이다. 원고 측 신인수 변호사는 노조법 제2조가 노조를 정의한 규정일 뿐이라며 "정의 규정의 해석과 적용은 사법부의 몫이지 행정부의 행정명령 대상으로 삼을 수 없다. 노조의 적격성, 권리 유무는 사법부가 심사해야 한다."고 주장했다. 문제의 시행령은 1987년 민주 항쟁을 거치면서 폐기된 구 노조법상 노조 해산명령권이 이듬해 밀실에서 부활한 결과물이라고도 했다. 처음부터 법률을 참탈할 의도로 만들어졌고, 법률에 아무런 근거가 없으므로 위법하다는 것이다.

노동부 측은 정당한 법 집행 선언이라고 맞섰다. 노동부 측은 해직 교원이 한 명이라도 있으면 노조법에 의해 곧바로 노조로 보지 않는 법률적 효과가 생긴다고 봤다. 법외노조 통보는 '노조 아님' 효과가 발생한 상황에서 새롭게 권리를 제한하는 것이 아닌 공표 행위였다는 것이다. 피고 측(노동부 측) 김재학 변호사는 "원고가 위법한 규약을 고쳐 법률을 준수하고 재차 설립 신고를 하기만 하면 언제든지 법적 지위를 회복할 수 있다는 점에서 법외노조 통보의 효과는 잠정적이고 제한적"이라고 말했다. 2010년 3월부터 3년 7개월 동안 3차례 규약시정명령을 내렸지만, 전교조가 규약을 바꾸지 않겠다는 입장을 고수해 지금까지 이르게 됐다고 했다.

두 번째 쟁점은 법외노조 통보를 할 사유가 있었냐는 것이다. 노동부 측은 노조가 실질적으로 자주성을 갖추고 있는지와 상관없이 결격사유가 있으면 법외노조 통보를 할 수 있다는 입장이었다. 반면 전교조 측은 설립 후 노조에 대한 심사는 엄격해야 한다고 봤다. 노동조합의 모든 요건은 '자주성'을 확보하기 위한 규정이므로 결격사유도 이런 취지로 해석해야 한다고 주장했다. 형식적으로는 결격사유가 있더라도 실질적으로 주체성·자주성 등을 갖췄다면 노조 지위를 부정해선 안 된다는 것이다. 원고 측 강영구 변호사는 "수천, 수만 명이 있는 노조에서 퇴직·사직·해고 등으로 조합원들의 근로관계가 종료되는 일이 일상적으로 일어난다. 근로자 아닌 사람을 단 한 명이라도 허용할 경우 지위를 박탈한다고 하면 상당수 노조가 법외노조로 전환될 수밖에 없다."라며 "국가가 자주성을 보호한다는 명목으로 자주성을 부정하게 되는 것"이라고 했다.

한마디로 노동부 측 변호사는 헌법재판소의 판시, "교원이 아닌 사람이 일부 포함되어 있다고 하더라도 행정당국은 해직자의 수, 해직자가 노조 활동에 미치는 영향 등을 종합하여 법외노조 여부를 판단하여야 하고, 이러한 행정 당국의 판단에 대하여는 법원이 충분히 판단할 수 있다."를 인정하지 않았다.

전교조는 거듭 '노조 아님 통보'의 폭력성을 호소하였다. 전교조 측은 "0.015%의 자격 없는 조합원이 있다는 이유로 나머지 99.985% 조합원의 단결권을 박탈한 것"이라며 노동부가 재량권을 일탈·남용했다고 주장했다. 이전에도 해직 교원이 조합원이었지만 10년 넘게 합법노조로 활동했다는 점 등을 비춰봤을 때 법외노조 통보는 노동부의 재량적 판단에 따른 것이라고 봤다. 해직자를 조합원으로 둔 다른 노조들은 문제 삼지 않고 오로지 전교조에만 법외노조를 통보한 점도 근거로 들었다. 신인수 변호사는 "설립 후 노조의 기본권 제한은 필요 최소한도에 그쳐야 한다. 기계적 권리 박탈보다는 과잉 금지의 원칙에 따라야 한다."고 말했다.

노동부 측의 법 논리는 헌법이 왜 구체적으로 노동삼권을 보장하고 있는지, 헌법이 보장하는 기본권은 꼭 필요한 경우에만 법률로만 제약할 수 있고, 그 경우에도 권리의 본질적인 내용을 침해할 수 없다는 헌법 제37조[129]가 왜 있는지를 심히 가볍게 보는 형식적인 법 논변이라고밖에

---

129. 헌법 제37조 ① 국민의 자유와 권리는 헌법에 열거되지 아니한 이유로 경시되지 아니한다. ② 국민의 모든 자유와 권리는 국가 안전보장·질서유지 또는 공공복리를 위하여 필요한 경우에 한하여 법률로써 제한할 수 있으며, 제한하는 경우에도 자유와 권리의 본질적인 내용을 침해할 수 없다.

생각이 들지 않는다.

1996년 10월, 대한민국 정부는 결사의 자유, 단체교섭권 등 노동기본권을 국제 기준에 부합할 수 있도록 개정할 것을 전제로 OECD에 가입하였다. 국제노동기구ILO는 대한민국 정부에 각종 협약을 준수할 것과 해직 조합원의 자격 제한을 철폐할 것을 여러 차례 권고하였다.

국제교원노동조합총연맹EI도 한국 정부에 전교조 법외노조 통보를 철회하고 해직 교원의 단결권을 보장하라고 촉구하였다. 1심 판결이 난 후 6월 26일 이루어진 〈시사IN〉 인터뷰에서 오스트레일리아 교육조합AEU 연방 비서관이자 EIEducation International 회장을 맡고 있는 수전 홉굿 씨는 "전 세계 노동조합 대부분은 해직자와 은퇴자를 조합원으로 두고 있다."라며, "오직 조합만이 해직자를 조합원으로 둘 것인지 아닌지 결정할 수 있다. 노동조합을 결성할 권리는 인권"이라면서 "한국 정부에 국제 노동기준을 존중하라고 계속해서 촉구하겠다."라고 하였다.[130]

2020년 9월 3일, 대법원 4년 만에 '노조 아님 통보' 무효 판결

대법에서 공개 변론을 시작한 지도 9개월, 드디어 만시지탄이지만 역사적인 판결이 내려졌다. 12명 전원합의체에서 10명의 대법관이 "전교조에 대한 법외노조 통보가 위법하다."는 의견이었고, 그 가운데 2명의 대

---

130. 전혜원, 「국제적으로 망신살 뻗치겠네」, 『시사IN』 제355호, 2014.7.5. 46쪽.

법관은 별개의 의견을 제출하였다.[131]

　　재판부는 "법외노조 통보는 형식적으로는 노동조합법에 의한 특별한 보호만을 제거하는 것처럼 보이지만, 실질적으로는 헌법이 보장하는 노동3권을 본질적으로 제약하는 결과를 초래한다."며 "적법한 절차를 거쳐 설립된 노동조합에 대한 법외노조 통보는 아직 법상 노동조합이 아닌 단체에 대한 설립신고서 반려에 비해 그 침익성이 더욱 크기 때문에, 강력한 기본권 관련성을 가지는 법외노조 통보에 관해서는 법률에 분명한 근거가 있어야 한다."고 밝혔다. 이어 "노동조합법은 설립신고서 반려에 관해서는 직접 규정하면서도, 그보다 더 침익적인 법외노조 통보에 관해서는 아무런 규정을 두지 않고 있을 뿐만 아니라 이를 시행령에서 규정하도록 위임하고 있지도 않다."며 "그런데도 노동조합법 시행령은 '법외노조 통보제도'를 규정했는데, 이는 법률이 정하고 있지 않은 사항에 관해, 법률의 구체적이고 명시적인 위임도 없이, 헌법이 보장하는 노동3권에 대한 본질적인 제한을 규정한 것으로 법률유보 원칙에 반해 무효"라고 판시했다.

　　이에 대해 김재형 대법관은 "조합원으로 활동하다가 해고된 근로자의 조합원 자격을 부정하고, 이를 이유로 해당 노동조합의 법적 지위까지 박탈해서는 안 된다."는 별개 의견을 냈다. 김 대법관은 "전교조는 교원과 무관한 제3자의 조합원 가입을 허용하거나, 모든 해직 교원의 조합원 자격을 제한 없이 인정하는 것이 아

---

131. 손현수, 「대법원 전합 전교조 법외노조 통보 위법」, 법률신문, 2020.9.3.

니라, 단지 조합원으로 활동하다가 해직된 교원의 조합원 자격이 유지되도록 하고 있을 뿐"이라며 "전교조에 대한 법외노조 '통보'를 판단하기에 앞서 전교조를 '법외노조'로 보는 것 자체에 잘못이 있다. 따라서 전교조가 법외노조임을 전제로 한 통보는 위법하다."는 논리를 펼쳤다.

안철상 대법관도 별개 의견을 통해 "전교조가 법을 위반한 것은 명백하고, 그 위반사항에 대한 시정명령과 시정 요구까지 거부하고 있는 것은 사실이지만, 세계 보편적 기준은 해직 교원의 교원노동조합 가입을 허용하는 것으로 정립되어 있다."며 "전교조가 해직 교원을 조합원으로 받아들이고 있다는 사정만으로 전교조의 노동조합으로서의 법적 지위 자체를 박탈할 것은 아니다."라는 입장을 밝혔다.

이러한 대법원의 판결에 대해 전교조의 변호인으로 활동한 강영구 변호사는 판결의 의미를 정리하였다.[132]

전교조에 대한 법외노조 통보 사건은 3가지 쟁점을 가지고 있다. 첫 번째 쟁점은 법외노조 통보가 법적 근거가 있느냐 하는 것이고, 두 번째 쟁점은 해고자의 노조 가입을 허용한 것이 법외노조 통보의 사유가 되느냐 하는 것이며, 세 번째 쟁점은 9명의 해고자의 노조 가입을 이유로 노조의 지위 자체를 박탈하는 것이

---

132. 강영구 변호사(민주노총 법률원), 「전교조 법외노조 통보 취소 판결의 쟁점과 의미」, 매일노동뉴스, 2020.9.16.

비례의 원칙에 부합하느냐 하는 것이다.

결론적으로 대법원은 3가지 쟁점에 대해 모두 전교조의 손을 들어줬다.

첫 번째 쟁점, '노동부의 법외노조 통보가 법적 근거가 있느냐'는 쟁점에 대해 대법원은 "법외노조 통보의 법적 근거가 없다."고 했다. 우리 헌법은 국민의 자유와 권리를 제한하기 위해서는 반드시 법률에 의하도록 하고 있는데, 법외노조 통보는 국민의 단결권을 심각하게 제한하는 것임에도 법률에 아무런 규정이 없고, 오로지 시행령에만 규정이 있다는 것이다. 따라서 시행령은 무효라는 것이 대법원 판결 다수의견의 요지다. 다음으로 두 번째 쟁점. '해고자의 노조 가입을 허용한 것이 법외노조 통보의 사유가 되느냐'는 쟁점에 대하여 대법원은 "해고자의 노조 가입을 허용한 것은 법외노조 통보의 사유가 될 수 없다."고 했다. 노조법은 임금에 의해 생활하며 단결권 등 노동 3권을 보장해 줄 필요성이 있는 자를 노조법상 노조를 만들 수 있는 근로자로 정의하고 있는데, 해고자는 일시적 실업자 또는 구직자로서 장차 임금에 의해 생활하고자 하고 단결권 등을 보장해 줄 필요성이 있는 자이므로 노조법상 근로자에 해당한다는 것이다. 따라서 해고자의 노조 가입을 금지하고, 이를 허용할 경우 노조 아니라고 봐 법외노조 통보를 하는 것은 우리 헌법상 보장된 단결권, 결사의 자유를 침해한다는 것이 김재형 대법관의 별개 의견이다. 마지막으로 세 번째 쟁점. '해고자 9명의 노조 가입을 허용하고 있다는 이유로 노조의 지위 자체를 부정하는 것이 과연 비례의 원칙에 부합하느냐'는 쟁점에 대해 대법원은 "비례의 원칙에 부합하지 않는다."고 했다. 해고자를 노동조합에서 배제하는 것은 세계 보편적 기준에 반하고, 현재 교원노조가 기업별 노조가 아닌 산업별·직종별 노조의 성격을 가지는 점을 고려하면, 해고자를 조합원으로 두고 있는 것이 노동조합의 본질을 훼손한 것으로 보기도 어렵다는 것 안철상 대법관의 별개 의견이다.

강 변호사는 이러한 대법원판결은 세 가지 점에서 큰 의미가 있다고 하였다. 첫째, 이번 판결을 통해 행정관청이 임의로 노동조합의 법적 지위를 박탈할 수 있는 법외노조 통보 제도는 노동법 역사에서 사라지게 됐고, 둘째, 이번 판결을 통해 해고자의 노조 가입을 금지하고 있는 노조법 및 교원의 노동조합 설립 및 운영 등에 관한 법률(교원노조법) 규정이 개정될 가능성이 커졌고, 마지막으로 정부가 추진하고 있는 국제노동기구ILO의 핵심 비준 역시 빠르게 진행될 것으로 전망하였는데 모두 정확한 예측이었다.

대법의 판결은 너무 늦었으나 역사적인 판결이었다. 결사의 자유, 자유롭게 노조할 권리를 확장하는 의미 있는 판결이었다.

15. 전교조의 법적 지위 회복

'나라다운 나라'는 왜 전교조 앞에서 멈추는가?

후보 시절 약속을 잊었는지 나라다운 나라를 만들겠다는 문재인 대통령은 전교조 문제에는 아무런 결정도 하지 않았고 '촛불 정부'가 들어선 지 1년을 훌쩍 넘겼다. 청와대 앞에서 건강을 돌보지 않고 단식농성을 계속하던 조창익 전교조 위원장은 모처럼 노동부 장관을 만나 '검토하겠다'라는 말을 듣고 와서 '좋은 소식'을 기다리고 있는데 청와대 대변인이 대번에 기대를 꺾고 나왔다. 필자는 경향신문에 기고문을 올려 청와대의 책임회피를 비판하고 전교조의 법적 지위 회복을 촉구하였다. '가장 강한 표현(?)'으로 대통령과 정부를 비판하고 '전교조 법외노조화 적폐'를 청산할 것을 촉구하였다.[133]

지난 19일 전교조 위원장과 고용노동부 장관이 만났다. 김 장관은 박근혜 정부에서 전교조에 내린 법외노조 통보를 노동부가 공문으로 취소할 수 있는지를 법률 검토하여 알려 주겠다고 하였다. 그러나 기대는 하루를 넘기지 못하고 깨졌다.

133. 이성대, 「'나라다운 나라'는 왜 전교조 앞에서 멈추는가?」, 경향신문, 2018.6.24.

청와대 대변인은 이날 정례 브리핑에서 "그것을 바꾸려면 대법원에서 재심을 통해 기존 판결을 번복하는 방법과 관련 노동 법률을 개정하는 방법밖에 없다."면서 장관의 발언이 자칫 노동부가 전교조 법외노조 문제 해결에 나서겠다는 것으로 비칠까 서둘러 진화하였다.

사실 전교조에 '노조 아님 통보'를 한 근거가 된 법 조항은 노동조합법 시행령 9조 2항이었다. 법률 조항도 아니고 행정부가 정한 명령 조항으로 헌법이 보장하는 기본권을 박탈해 버린 데에 문제의 심각성이 있다. 그렇게 무리하게 전교조를 손본 것은 다름 아닌 박근혜 정부 청와대였음이 국정농단의 진상이 밝혀지면서 속속 드러났다. 그런 박근혜 정권의 폭주에 정당성의 비단옷을 입혀 준 게 바로 사법부 권력이었음이 최근 드러났다.[134] 박근혜 정권의 노동부가 공문 한 장으로 수만 명이 가입해 있는 노조를 부정하는 직권남용을 한 사건을 바로잡는 것은 바로 촛불 정권 노동부의 공문 한 장이면 충분하지 않겠는가.

전교조 6만 교사들은 학생들에게 정의와 사회규범을 가르치면서 촛불 시민혁명으로 등장한 정부가 왜 이 문제를 해결하지 않는지 설명할 방법을 찾지 못하고 있다. 혹시 이 정부도 부지불식간에, 민주노총이나 전교조를 소수 좌파로 만들어 정치적인 이익을 누리고 싶은 건가? 절대로 그런 게 아니기를 바란다. 전교조에

---

134. 양승태 대법원은 '노조 아님 통보' 효력 정지 2심 판결(2014.9.19.)을 뒤엎고 노동부 장관의 손을 들어주었는데(2015.6.2.), 후에 이것이 상고심 재판부 설치를 위한 청와대와의 사법거래였음이 밝혀졌다.

인권과 민주주의의 가치를 위해 어려운 길을 마다하지 않고 걸어온 죄밖에 무슨 큰 죄가 있는가. 더 이상 전교조를, 교사들을 억지 심청이로 만들지 않았으면 한다.

한국 사회의 정의와 진실은 지금까지 너무도 험난한 길을 걸어왔다. 그 한가운데를 지나온 전교조 교사로서 너무 힘이 든다. 왜 우리 교사들의 기본권은 촛불 이후에도 보이지 않는가. '나라다운 나라'는 왜 전교조 앞에서, 교사들 앞에서 멈추는가?

박근혜와 한통속 사법부가 전교조에 무슨 짓을 했는지를 알게 된 지금도 전교조 합법화가 부담스럽다면 한 가지만 이야기하겠다. 이번 지방 선거에서 17개 시·도 가운데 14곳에서 진보교육감이, 이 중 10곳에서는 전교조 교사들이 교육감으로 당선되었다. 국민은 전교조와 함께 힘 있게 교육개혁을 추진해달라고 표를 준 것이다. 전교조에 노조할 권리를 보장하고, 함께 교육개혁을 추진하는 길만이 촛불 정신을 받드는 길이 아니겠는가?

청와대 대변인의 브리핑 가운데 '대법원에서 재심을 통해 기존 판결을 번복해야…' 부분은 사실관계도 잘못되었다. 마치 전교조가 본안 소송에서 패소하여 재심 밖에는 방법이 없다는 듯이 발표하였으나 '노조 아님 통보' 취소를 청구한 본안 소송은 당시 대법원에 계류 중이었다. 대법에서 내렸던 판결은 '노조 아님 통보' 효력 정지에 대한 것일 뿐이었다. 기고문에서 이 부분까지 바로잡기는 불가능하여 넘어갔으나 이 잘못된 발표의 영향력을 생각하면 억울한 마음이 더 커진다.

경향신문의 논설실장 칼럼과 사설

또다시 1년이 지나고 창립 30주년을 맞는 전교조는 여전히 '법외노조'인 채로였다. 2019년 5월 20일, (고)백기완 선생님을 비롯하여 곽노현, 김중배, 신학철, 명진, 김세균, 박석운 등 사회 원로들이 청와대 앞에서 전교조의 법적 지위 회복을 촉구하는 기자회견을 하였다.[135] 이날 경향신문은 정부에 '노조 아님 통보' 취소를 촉구하는 논설실장의 칼럼을 내보냈다.[136] 칼럼은 "문재인 정부가 출범한 지 2년이 지나도록 전교조는 여전히 '법외' 처지다. 더불어민주당 선거대책위 국민의나라위원회가 작성한 국정 운영 보고서(2017.5.17.)에서 임기 초반 즉시 시행 가능한 '10대 촛불 개혁과제'로 선정한 사안 가운데 교원노조 재합법화만이 유일하게 미시행되었다. 이명박 정부의 국가인권위조차 노동조합법 시행령(9조 2항)의 삭제를 권고했었고, 전교조가 제기한 '법외노조 통보처분 효력 정지신청'과 '법외노조 통보처분 취소' 소송에서 양승태 대법원과 박근혜 청와대가 '사법 거래'를 한 사실도 드러났기 때문에 정부가 나서 이전에 내렸던 처분을 직권으로 취소하는 것은 하등 문제가 될 게 없다. 청와대와 고용노동부 등 정부 여당이 '대법원 판결을 지켜보자. ILO 핵심 협약을 비준하고 법 개정을 통해 해결하자.'는 입장을 되풀이하는 것은 '하지 말자.'는 얘기나 다름없다. 지난 30년 동안 체벌과 촌지가 일상이던 학교의 풍경을 바꾼 데는 전교조의 역할이 컸다. 혹독한 시

---

135. 권우성, 「'전교조 합법화 투쟁' 예고한 재야 원로들, "문재인 정부, 수구세력 눈치 보나"」, 오마이뉴스, 2019.5.20.

136. 양권모, 「'나라다운 나라'에 전교조는 없는 걸까」, 경향신문, 2019.5.20.

절 '참교육'을 위한 전교조 교사들의 용기와 희생, 눈물이 없었다면 대한 민국 교육의 역사는 참 남루했을 것이다. 전교조 창립 30주년 교사대회 는 '참교육'이 걸어온 길을 성찰하고 미래 교육의 비전을 세우는 자리가 되어야 마땅하다. '촛불 정부'를 자임하는 문재인 정부가 학교 현장에서 참교육을 고민하고 실천해온 교사들을 부정한다면 대체 누구와 더불어 교육개혁을 이뤄나가려고 하는가?"라고 간곡하게 문재인 정부를 설득하 였다.

"혹독한 시절 전교조 교사들의 용기와 희생, 눈물이 없었다면 대한 민국 교육의 역사는 참 남루했을 것이다." 목이 메었다. 한국 사회의 양 심은 전교조 교사들이 남몰래 흘렸던 피와 땀과 눈물을 잊지 않고 있 었다.

경향신문이 30여 년 전교조 활동에 대해 이처럼 함축적으로 평가를 한 적은 없었다. 며칠 뒤, 전교조 창립 30주년을 하루 앞두고 경향신문 은 다시 사설을 실었다.[137] 한 주제를 가지고 영향력 있는 신문이 1주일 만에 논설실장 칼럼에 이어 사설까지 싣는 일은 파격이었다! 오죽 답답 하였으면 그리하였을까?

사설은 창립 30주년을 맞은 조합원 교사 대규모 해직 등 전교조의 초 창기 고난의 역사를 소개하고, "1999년 합법화 이후 전교조가 촌지 추 방, 학생 인권조례 제정과 체벌 금지, 야간자율학습·일제고사 폐지, 무 상급식·무상교육, 내부형 교장 공모제 도입 등 교육 현장 개혁과 참교육 실천에 나섰고, 지난해 시·도 교육감 선거에서 전교조 출신이 절반이 넘게 당선한 것은 전교조의 지향과 가치가 교육 현장에서 수용되고 있

---

137. [사설] 「ILO 협약 비준 앞서 전교조 법외노조 직권 취소해야」, 경향신문, 2019.5.27.

기 때문이다."라고 전교조의 활동을 평가하고 "그러함에도 전교조가 가야 할 길은 멀고 험하다. 학생들은 여전히 경쟁교육에서 벗어나지 못하고 있고, 교사들은 비민주적인 조직에서 격무에 시달리고 있다. 전교조의 최대 현안은 '법외노조'란 장애에서 벗어나는 것이다. 박근혜 정부의 '직권취소'는 국제노동기구ILO 핵심 협약에 위배된다. 전교조를 합법화하는 가장 손쉬운 방법은 정부가 법외노조 처분을 취소하는 것이다. 교육을 바로 세우는 조치이자 과거 적폐를 청산하는 의미도 있다."라면서 정부의 결단을 촉구하였다.

여론은 전교조의 재합법화를 지지하고 있었다.[138] 전교조가 리얼미터에 의뢰해 실시한 여론조사 결과, "응답자의 69.3%가 전교조의 법외노조화 사실을 알고 있고, 64.8%는 법외노조화 과정에서 박근혜 정부와 양승태 대법원의 재판 거래가 있었던 사실까지 알고 있으며, 또한 52.9%가 전교조의 합법화에 찬성하고, 54.5%는 전교조에 대해 신뢰하는"것으로 나타났다. 여론조사가 발표되고, 사회 원로들과 사회단체의 간곡한 권고와 언론의 촉구가 연이었으나 문재인 정부는 꿈쩍도 하지 않았다. 정부와 여당 인사들은 대법원 판결을 기다리라는 동문서답을 하고, 어떤 인사들은 보수 야당의 벽에 막혀 기약도 할 수 없는 국회의 ILO 협약 비준을 추진하겠다고 하였다.

---

138. 양선아, 「국민 52.9% "전교조 재합법화 찬성" …법외노조 취소 촉구 각계각층 기자회견 예고」, 한겨레신문, 2019.5.19.

정부의 '정의'에 대한 무관심

사설에서 말하는 것처럼 전교조의 법적 지위를 회복시키는 방법은 세 가지가 있었다. 정부가 직권취소 처분하는 것, 두 번째는 법원 판결로 바로잡는 것, 세 번째는 한국이 ILO 핵심 협약을 비준하는 것이다.

전교조가 정부에 촉구한 것은 노동부가 자신들이 잘못 '통보'한 것을 취소하라는 것이다. 청와대와 국정원, 노동부, 교육부, 경찰이 합동 작전, '긴 프로세스'를 거쳐 수만 명의 교사가 가입해 활동해온 교원노조를 '법외노조화'한 것은, 거기에 '사법 농단'을 더한 것은 명백한 '국가폭력'[139]이기 때문에 국가가(정부가) 이를 바로잡아야만 정의가 회복될 수 있었다. 문재인 대통령은 '4.3사건', '광주민주화운동', '부마 민중항쟁' 기념식에 참석하여 국가를 대표하여 '국가폭력'에 대하여 사과하였다. 행정부가 공정하게 법률을 집행하지 못하면 법원 판결이 이를 바로잡아야 한다. 그런데 그 '사법부마저' 전교조의 법외노조 취소소송 재판 과정에서 사법 농단의 잘못을 저질렀기 때문에 보통 심각한 일이 아니었다.

대법원은 2016년 2월 1일 전교조의 '법외노조 취소소송'의 상고를 접수하고 무려 3년 10개월이 지난 2019년 12월 19일에 첫 심리를 하였다. 부담 가는 판결을 계속 미루어 온 것으로 볼 수밖에 없다. 상고한 지 4년 3개월여 만인 2020년 5월 20일에 열린 대법원 공개변론에서 이기택

---

139. 박기석(대구대). 「국가폭력 범죄와 피해자」, 『전남대법학연구소 법학논총』 제32집 2호, 2012.8. 317~338쪽. 국가폭력이란 국가가 국민에게 공포감과 복종심을 가질 수 있도록 폭력이나 위협 행동을 의도적으로 행하는 부당하고 과도한 공권력의 남용이라고 정의할 수 있다.

대법관은 문재인 정부가 '노조 아님 통보' 취소 공문을 시행하지 않는데 대해 질책하였다. "정상적인 정부라면 스스로 법을 해석·집행하고, 그 과정에서 정부 조치가 법에 위반된다고 주장하는 국민이 있으면 사후적으로 사법부 통제를 받는 것"이라며 "현행법이 바람직하지 못하다며 정부 스스로 법률 개정안을 제출해놓고 법외노조 통보의 효력을 유지하고자 하는 게 올바른 태도냐."고 비판했다.[140]

2020년 9월 3일 그렇게 기다리던 대법원의 '노조 아님 통보의 무효' 판결이 내려졌다. 법외노조가 된 지 7년, 대법원에 상고한 지 4년 7개월, 문재인 정부 출범 3년 4개월이 지나고서야 내려진 '사필귀정事必歸正', 정의가 살아 있음을 보여주는 판결이었다. 두말할 것도 없이 촛불 혁명, 민주 시민의 힘이었다.

대법원 판결 이후 문재인 정부 고용노동부는 '노조 아님 통보'를 취소하는 공문을 보내왔고, 교육부는 해직교사에 대한 원상회복 조치를 곧바로 취하였다. 정부는 내친김에 ILO 핵심 협약 비준을 위한 노동법 개정에 나서 2020년 12월 9일 실업자와 해고자의 노조 가입을 허용하는 조항을 포함하는 개정안을 통과시켰는데, 이는 대법원 판결을 계기로 전교조와 민주노총의 요구를 수용하는 것과 함께 2019년 7월 한·EU FTA 이행을 두고 발생한 무역 분쟁을 해결하려는 것이었다.

140. 정대연, 「'법외노조 굴레' 서글픈 전교조 31돌」, 경향신문, 2020.5.28.

지루하게 계속되는 'ILO 핵심 협약 비준'

전교조에 대한 부당한 처분을 바로 잡는 세 번째 방안은 입법부가 ILO 핵심 협약[141]을 비준하는 것이었다. 정부는 그동안 전교조 법적 지위 회복 요구가 제기될 때마다 ILO 핵심 협약을 비준하고, 관계되는 노동조합법 법령을 개정하는 절차를 밟겠다고 답변해 왔었다. 문제는 보수 야당의 비준 반대였다.

한겨레신문은 정부가 국회에 제출한 ILO 핵심 협약 비준 동의안에 대해 "정부가 국회에 제출한 비준 동의안은 결사의 자유와 관련한 87·98호 협약과 강제노동을 금지한 29호 협약이다. 이 가운데 이목 집중된 것은 모든 노동자의 단결권, 즉 모든 노동자가 노동조합을 만들거나 가입할 수 있도록 보장하고, 노조 활동을 이유로 차별받아선 안 된다는 결사의 자유 협약이다. 현행법상 소방관은 노조를 만들거나 가입할 수 없다. 해고자·실업자도 마찬가지다. 전국교직원노동조합은 해고자가 있다는 이유로 전교조는 '노조 아님' 신분이 돼버렸다. 이를 바로잡으려는 게 결사의 자유 핵심 협약이다. 그런데도 재계는 만능열쇠 '시기 상조론'으로 핵심 협약 비준에 반대하고, 자유한국당은 돌림노래로 이를 이어받는다. 이번 정기국회에서 반드시 비준 동의안과 관련 법안을 통과

---

141. 김미영. 「ILO 기본 협약 비준의 의미와 쟁점」, 노사관계 제도·관행 개선 위원회 논의사항을 중심으로」. 『사회적 대화』 5호, 2019.5.28. 국제기구의 하나인 ILO는 독특하게도 각국의 노동단체, 사용자 단체, 정부 대표 3 주체가 동등하게 참여하는 3자주의 구조(tripartite structure)로 작동한다. ILO는 국경을 넘어 적용할 수 있는 보편적인 노동기준을 모색하고, 그 결과를 협약 (convention)과 권고(recommendation)의 형태로 만든다. ILO 헌장과 달리, 그 협약과 권고는 그것을 비준하거나 수용한 회원국만이 준수 의무를 부담한다. 구체적으로 '협약'은 회원국이 비준하는 경우 국제조약이 되어 이행할 의무가 발생한다.

시키겠다는 정부와 여당은 역부족이다."고 소개하고 통과 전망을 보도하였다.[142]

ILO 협약[143] 중에서도 가장 중요한 것을 핵심 협약이라고 한다. ILO 핵심 협약은 결사의 자유, 강제노동 금지, 차별금지, 아동 노동 금지 등 4개 분야에 걸쳐 8개 협약으로 이뤄져 있다. 한국은 1991년 ILO에 가입한 이후 30년이 되는 현재까지 핵심 협약을 다 비준하지 않고 차별금지(또는 균등대우)와 아동 노동 금지 2분야의 4개 협약만 비준하고 있다.

결사의 자유와 강제노동 금지 두 분야의 '결사의 자유와 단결권의 보장 협약(87호)', '단결권과 단체교섭 협약(98호)', '강제노동 협약(29호)', '강제노동 철폐 협약(105호)' 등 4개 협약은 아직 비준하지 않은 상황이다. OECD 36개 회원국 중에는 31개국이 8개 협약을 모두 비준했다. 전세계 국가 중 한국이 비준하지 않은 4가지 핵심 협약[144]을 모두 비준하지 않은 나라는 중국과 태평양의 섬나라들인 브루나이, 마셜 제도, 팔라우, 통가, 투발루 등 7개국뿐이다. ILO 핵심 협약 비준은 문재인 대통령의 대표적인 노동 분야 대선 공약 중 하나이다. "ILO 핵심 협약은 ILO 회원국이라면 당연히 준수해야 할 가장 기본적 노동권에 대한 협

---

142. 조혜정, 「ILO 핵심 협약 비준 동의안은 국회 문턱을 넘을까?」, 한겨레신문, 2019.07.30.

143. ILO(International Labour Organization 국제노동기구)는 1919년에 설립된 이후, 지난 100년간 총 189개의 협약과 205개의 권고를 채택했다. 협약은 노동자의 최소한 기본권리를 보장하기 위해 ILO에서 정한 국제노동기준이다. 세계 어느 노동자라도 기본적인 노동권을 보장받아야 한다는 보편적 국제 규범이다. 각 회원국은 ILO 협약을 자국의 국내적 절차에 따라 비준한다. 비준된 협약은 그 국가에 대한 법적 구속력을 갖는다. 즉 협약이 국내법과 동일하게 적용된다는 의미다.

144. 단결권 관련 협약은 누구든 자유롭게 노조를 결성할 수 있고 가입할 수 있는 권리를 보장하는 것(87호)과 노조에 가입·활동을 했다는 이유로 고용을 거부당하거나 해고를 당하는 등의 불이익을 받지 않도록 한다(98호)는 내용이다. 강제노동 관련 협약은 강요된 모든 노동을 금지하고(29호) 강제노동을 철폐하기 위한 국가 차원의 조치를 해야 한다(105호)는 내용이다.

약"이며, "OECD 가입 시(1996년), UN 인권이사회 이사국 선거 시(2006, 2008년) 등 국제사회에 핵심 협약 비준을 여러 번 약속한 바 있다."라고 핵심 협약 비준의 필요성을 강조하고 있다.

ILO 핵심 협약에서 한국이 아직 비준하지 않은 4개 협약 가운데, 정부는 결사의 자유에 관한 제87호, 제98호와 강제노동 금지에 관한 제29호 등 3개의 비준을 추진 중이다. ILO 핵심 협약 비준 정부법안을 정리하면 표와 같다.[145]

국제노동기구(ILO)핵심협약 비준 위한 노동관계법 개정안 주요 내용

ILO 핵심협약 비준은 핵심협약 기준을 반영한 법 개정을 수반해야 함

비준 추진 3개 협약	결사의 자유	제87호 결사의 자유 및 단결권 보호에 관한 협약 제98호 단결권 및 단체교섭에 관한 협약
	강제노동 금지	제29호 강제노동에 관한 협약

관련 정부 입법안 주요 내용

노동조합법	실업자·해고자	노동조합 조직형태와 무관하게 실업자·해고자 노조 가입 인정
	강제노동 금지	사용자의 노조 전임자 급여 지급 금지 규정 삭제
	교섭창구 단일화제도	사용자 개별교섭 동의 시 모든 노조에 대한 성실 교섭과 함께 차별 금지 의무
	사업장 점거	사업장 내 생산 시설과 주 업무 시설 점거 금지
	단협 유효기간	현행 2년에서 3년으로 연장
공무원 노조법	퇴직 공무원, 소방공무원 노조 가입 허용	
교원 노조법	퇴직 교원, 대학 교원 노조 가입 허용	

---

145. 이영재·장예진·김영은, 「ILO 핵심 협약 비준 정부법안 공개… "실업자·해고자 노조 가입"」, 연합뉴스, 2019.7.30.

남은 절차(예정)

자료_ 고용노동부, 연합뉴스 2019.7.30.

한·EU FTA에 따른 EU발 'ILO 핵심 협약 비준' 요구

ILO 핵심 협약 비준이 지지부진한 가운데 문재인 정부는 2019년 7월 EU로부터 한·EU FTA에 따른 'ILO 핵심 협약 비준'이 이루어지지 않은 데 대해 문제 제기를 받았다. 한국과 EU는 양측에서 각 1인, 양측이 합의한 1인으로 3인 패널을 구성하여 실태를 조사한 다음 2021년 1월 25일 패널 보고서를 채택하였다. 보고서는 한국이 FTA를 위반하지 않은 것으로 결론을 내리면서도 특수고용노동자의 노동조합 조직의 권리, 노조 임원을 자유롭게 선임할 수 있도록 하는 결사의 권리를 개선하라고 권고하여 분쟁이 재발할 수 있는 여지 또한 남겨두어 협약 비준은 더 이상 논란만 하고 있을 수 있는 문제가 아니게 되었다. 박화진 고용노동부 차관은 "ILO 핵심 협약 비준 동의안이 2월 국회에서 통과되도록 노력하겠다."라고 말했다. 2020년 12월 ILO 핵심 협약 비준을 위한 노동조합법은 국회를 통과했으나 정작 비준 동의안은 처리되지 않고 있는 상황에서 국회에 비준안 처리를 촉구한 것이다. 박 차관은 이날 정부세종청사에서 '한·EU FTA(자유무역협정) 패널 보고서'와 관련한 브리핑을 열고 "한국 정부는 현재 국회 외교통일위원회에 계류돼있는 ILO 핵심 협약 비준 동의안이 조속히 통과될 수 있도록 노력하겠다."라며 "EU 측에 패널의 권고 사항이 최근 노동법 개정을 통해 해소되었다는 점을 적극적으로 설명할 계획"이라고 말했다. 패널 보고서는 한국이 FTA를 위반하지 않은 것으로 결론을 내리면서도 특수고용노동자의 노동조합 조직의 권리, 노조 임원을 자유롭게 선임할 수 있도록 하는 결사의 권리를 개선하라고 권고하여 분쟁이 재발할 수 있는 여지 또한 남겨두었다. 정부는 패널의 권고가 11월 말, 노동법 개정 전의 상황을 기준으로 이루어진 것이어서, 12월 9일 노조법 개정으로 개선 권고가 이행되었다는 입장이지만, 개정 노조법의 2조는 여전히 특수 고용노동자의 노조할 권리 보장이 미흡하고 23조 1항은 노조 임원은 사업장 종사자 가운데 선출하도록 규정하여 분쟁의 여지를 남겨두고 있다.

노동조합법 개정과 민주노총의 요구

'ILO 핵심 협약 비준'은 노동계의 오랜 염원이었다. 비준하려면 국내 노동법의 독소조항을 고쳐야 한다. 그런데 정부가 ILO 핵심 협약 비준을 이유로 노동법을 개정하면서 기업 측의 요구를 대폭 수용함으로써 민주노총으로부터 '최악의 노동법 개악', '파업을 불사하는 투쟁'의 저항에 직면하였다.

민주노총은 한·EU FTA의 ILO 핵심 협약 비준 문제를 둘러싼 무역 분쟁으로 형성된 노동법 개정 국면에서 '중대재해처벌법', 근로기준법 11조 개정을 통한 5인 미만 사업장에도 근로기준법 적용, 노조법 2조 개정을 통한 택배 노동자·학습지 교사 등의 노동조합 결성 보장[146] 등 '전태일 3법' 제정을 주장하였다. 그 가운데 '김용균법'으로 불리는 '중대재해처벌법'은 2021년 1월 8일 국회를 통과하여 제정되었으나 50인 미만 사업장은 4년 후에 시행되도록 하였고, 원청의 책임회피를 막는 데 미흡할 뿐만 아니라 벌금 하한선이 5천만 원으로 낮추어져 실효성이 떨어진다는 비판을 받고 있다. 근로기준법 11조, 노조법 2조의 개정은 논의 테이블에 올리지도 않았다.

2020년 12월 9일 개정된 노동법의 주요 내용은 해고자, 실직자의 기업 노조 가입 허용,[147] 노조 전임자 급여지급 금지 규정 삭제, 단체협약 유효기간 2년 → 3년 연장, 생산·주요 업무 시설 점거 금지 등이다. 이에 대해 민주노총을 중심으로 아래와 같은 문제가 제기되었다.

> 첫째는, 개정 노동조합법은 실업자와 해고자의 노조 가입을 허용하는 등 결사의 자유를 확대하였으나 여전히 노조 설립 신고를 반려하는 규정을 유지하는 등 ILO 핵심 협약이 규정하고 있는 '자유롭게 노조할 권리'와는 거리가 멀다.[148]
>
> 둘째는, 비종사자 조합원에 대해 노조 활동을 제한하는 조항을 신설하여, 산별노조 위원장 등 노조 집행부의 사업장 방문을 통한 단위 기업노조에 대한 지원 활동 등이 제약을 받게 되었다.[149]

---

146. 2018년 법원은 특수 노동자의 노동조합 설립권을 인정하는 판결을 내려 노조 설립이 가능해졌으나 노조법 2조의 근로자 '정의' 규정으로 기업 측은 여전히 특수 노동자가 노동3권을 누릴 수 있는 근로자로 인정받은 것은 아니라는 주장을 하고 있다.
147. 이 개정으로 전교조 법외노조화의 근거가 되었던 '해고자를 조합원으로 두면 노조가 아니'라고 하는 상황은 해결되었다.

셋째는 파업 시 사업장 점거를 금지하는 조항이 신설되어 "그럼 파업을 운동장에서 하란 소리냐?"는 반론이 제기되었다. 기업 측의 요구가 반영된 이 조항으로 노조의 파업은 상당한 제약을 받게 되었다.

넷째는 단체협약의 유효기간을 2년에서 3년까지로 늘려 노동자와 노동조합의 단체협약체결권을 약화시켰다.

---

148. 뉴스톱(http://www.newstof.com). 2020.11.24. '노동법 논란-정부가 그동안 ILO 핵심 협약을 비준하지 못한 이유는?', 선정수. 개정안은 노조법 2조 4호 라목의 단서 조항(해고 자가 법적으로 해고를 다투는 경우에만 근로자로 인정한다는 내용)만을 삭제하였다. 문제는 정부안대로 단서 조항만 삭제했을 경우 노조법 2조 4호 라목 본문 "근로자가 아닌 자의 가입을 허용하는 경우 노동조합으로 보지 아니한다."는 규정이 또 다른 족쇄가 될 우려가 있다는 점이다. 이 조항이 노동조합 설립신고서 반려제도(12조 3항)와 결합해 행정당국이 노조 설립을 통제하는 결과를 초래할 수 있다. ILO도 노조법 제2조 제4호 '라목 단서'가 아니라, '라목 전체'를 삭제하라고 지속적으로 권고하고 있다. 예를 들면 민주노총에는 택배 노동자들이 만든 전국택배연대노동조합(택배연대노조)이 있다. 이들이 노동자냐, 개인 사업 자냐를 놓고 사회적으로 논란이 지속되고 있다. 택배 노동자들을 비롯해 노동계에서는 회사의 지시를 받아 물류 작업을 하기 때문에 당연히 노동자라고 주장하지만, 사측에서는 이들은 회사와 개별적으로 업무 계약을 맺은 개인 사업자이기 때문에 산재보험 등 4대 보험을 적용할 수 없고 주 52시간 제한도 적용이 되지 않는다고 주장한다.

149. 개정안 5조 2항은 "사업 또는 사업장에 종사하는 근로자가 아닌 노동조합의 조합원은 사용자의 효율적인 사업 운영에 지장을 주지 아니하는 범위에서 사업 또는 사업장 내에서 노동조합 활동을 할 수 있다."고 정했다. 이어 5조 3항은 "종사 근로자가 아닌 조합원이 제2항에 따라 사업 또는 사업장 내에서 노동조합 활동을 할 때는 사업장 출입 및 시설 사용에 관한 사업장의 내부 규칙 또는 노사 간 합의된 절차 등을 준수하여야 한다."고 규정한다. 개정안은 비종사자 조합원은 '사용자의 효율적인 사업 운영에 지장을 주지 않는 범위'에서 사업 또는 사업장 내에서 노동조합 활동을 할 수 있다고 규정한다. 사용자는 당연히 산별노조 조합원, 하청업체 조합원이 자신의 사업장에 출입하는 것이 기업의 효율적인 사업 운영에 지장을 준다고 주장하며 사업장 출입을 제한할 것이다. 지금은 산별노조 조합원이 산하 지부·지회에 출입하는 것이 정당행위로서 위법성이 조각되지만(대법원 2015도6173 판결), 개정안에 의하면 사용자 의사에 반해 사업장 출입 시 주거침입죄, 업무방해죄가 성립할 가능성을 배제할 수 없다. 정부는 개정안 제5조 제4항에서 "사용자는 합리적 이유 없이 종사 근로자가 아닌 조합원의 사업장 출입 등을 거부해서는 아니 된다."고 규정하고 있다. 하지만 '합리적인 이유'는 구체적으로 명시되지 않았다. 사업주가 '합리적 이유'를 주장하면서 산별노조, 하청업체 조합원의 사업장 출입을 제지할 경우 이를 풀기 위해 건건이 가처분 소송을 제기해야 하는 상황에 놓이는 것이다. 이명박, 박근혜 정부 시절 언론사들의 파업을 벌일 때 언론노조 집행부가 개별 언론사 파업현장을 격려 방문한 사례에서 보듯이 현행법상 산별노조 조합원의 개별 사업장 출입은 허용된다. 그러나 문제인 정부의 노동법 개정안은 이명박, 박근혜 정부 시절보다 노동권을 더 후퇴시키는 결과를 낳게 된다.

민주노총은 "개정안의 실제 내용은 결사의 자유에 관한 협약에 부합하거나 노동자의 단결권을 확대하는 내용이 없고, 오히려 노동3권을 옥죄는 명백한 개악안"이라고 반발하고 있다. 이번 노동법 개정에서 가장 눈에 띄는 부분은 '사업 또는 사업장에 종사하지 않는 근로자의 기업별 노동조합 가입 허용'이다. 해고자, 실업자의 노조 가입 허용으로 더 이상 전교조에 가해졌던 '노조 아님 통보' 같은 행정권 과잉은 사라지게 되었다. 개정 노조법 23조1항은 "노동조합의 임원 자격은 규약으로 정한다. 이 경우 하나의 사업 또는 사업장을 대상으로 조직된 노동조합의 임원은 그 사업 또는 사업장에 종사하는 조합원 중에서 선출하도록 정한다."라고 되어 있다. 기업노조에서 실직자 또는 해고자가 임원이 될 수 없도록 규제한 것이다. 민주노총은 "노동조합의 임원과 대의원을 누구로 할지는 조합원들이 스스로 판단하여 결정할 문제지 국가가 법으로 관여할 사항이 아니다."라고 주장한다. 회사가 대표이사, 이사 등 경영진을 구성할 때 회사 외부의 인재를 영입해 경영진을 구성하는 것이 허용되는 것처럼, 노동조합도 외부에서 유능한 인재를 초빙해 임원으로 선임할 수 있어야 한다는 주장이다. 민주노총은 "그것이 ILO 원칙이자 국제노동기준이다."라고 말한다.

결사의 자유에 관한 제87호 협약 제3조는 "노동자단체와 사용자단체는 그들의 규약과 규칙을 작성하고, 완전히 자유롭게 대표자를 선출하며, 관리 및 활동을 조직하고, 계획을 수립할 권리를 가진다.", "공공기관은 이 권리를 제한하거나 이 권리의 합법적인 행사를 방해하는 어떠한 간섭도 삼가야 한다."고 규정하고 있다. ILO 핵심 협약 비준을 위해 바꾼다는 법 조항이 ILO 협약을 위반하고 있는 셈이다.

ILO 협약과 비준한 조항과 비준하지 않은 조항

문재인 정부는 2020년 12월 ILO 협약 비준을 위해 노조법 개정안을 통과시킨 데 이어 2021년 2월 국회에서 ILO 핵심 협약 29호·87호·98호 등 3개 조항의 비준 동의안을 통과시켰다. 그러나 '강제노동 철폐'에 관한 105호를 제외하여 노동 존중 사회를 실현하였다는 평가를 받기에는 부족하다는 비판을 받았다.[150] 김기덕은 "문재인 정부가 ILO 핵심 협약 29호·87호·98호 등 3개 항을 비준 처리한 것을 평가하면서도, 진정으로 노동 존중 사회를 실현하려고 한다면 공약한 대로 '강제노동 철폐'에 관한 105호 협약도 비준했어야 한다고 비판하였다. '강제노동 철폐' 조항은 '기존의 정치적·사회적·경제적 제도에 반대하는 정치적·사상적 견해를 가지거나 발표하는 것에 대한 제재, 경제발전을 목적으로 노동력을 동원하고 사용하는 것, 파업 참가자에 대한 제재, 인종적·사회적·국적·종교적 차별에 의한 강제노동의 금지'를 말한다." 하고, 구체적으로는 공무원의 정치활동에 대한 제재, 파업 등 쟁의행위를 규제하고 파업 참가 노동자를 형사법으로 처벌하는 것 등이 모두 이 조항을 위반하는 것이라고 하였다. 그는 또, "노동자 파업을 징역형 등 국가 형벌권으로 제재하는 법·제도는 영국·프랑스·독일 등에서 이미 150년 전 노동자들의 투쟁으로 폐지되었다는 것을 세계 노동 운동사가 기록하고 있다."고 하였다.

이만큼의 전진도 한국 사회에서는 엄청난 것이라고 하고 넘어가야 할까? 150년 전 영국·프랑스·독일 등에서 철폐한 강제노동의 철폐에 한

---

150. 김기덕, 「'강제노동 철폐'를 위하여」, 매일노동뉴스, 2021.8.3.

국 사회는 또 얼마나 지난한 시간을 보내야 할까?

지체된 정의에 대해

전교조는 7년 동안 단결을 지키는 시험대에 섰고, '정의는 반드시 승리한다.'는 믿음을 지켜내기 위해 어둠을 밀어내는 불빛이어야 했다. 드디어 2020년 9월 3일 대법원 판결로 꿈에 그리던 '법적 지위 회복'을 이루었다. 금과옥조의 노동법 시행령 9조 2항이 폐지되었고, ILO 핵심 협약이 잇따라 비준되었다. '공정과 정의', '나라다운 나라'를 말하는 문재인 정부가 출범한 이후 3년 4개월만으로 박근혜 정부 시기 법외노조 기간만큼이나 긴 세월이 지나고 찾아온, '너무도 늦게 회복된 정의'였다.

전교조 법외노조 문제는 '전교조'라는 법인격의 권익이 침해되었느냐, 아니냐의 차원을 넘는 문제였다. 위원장을 비롯한 본부 집행부 교사들, 지부장과 사무처장 등 지부 집행부 교사 40여 명이 조직을 마비시킬 수 없어 부당한 복귀 명령을 거부하다가 해직되어 2020년 대법원 판결 때까지 6년 동안이나 해직자로 살아야 했던 피해와 고통에 대해서는 차라리 뒤로 미루고 정말로 놓치지 말아야 할 문제의 핵심에 대해 먼저 말하고 싶다. 전교조 법외노조 문제는 한국 사회 문명文明의 문제이고 정의의 문제였다! 학생들 앞에서 한국 사회의 지성과 양심을 자임하는 5만 명의 교사들이, 문재인 대통령(재임 2017.5.10.~2022.5.9.)과 정부에 대해 '한국 사회에 정의가 있는지'를 묻고 있었다. 1989년 군사독재 정부에 맞서 온 몸을 던져 전교조의 깃발을 들었고 오늘 여기까지 십자가를 지고 걸어온 교사들이 자신들의 온 삶을 걸고 물었다! 문재인 정부가 대수롭지 않다는 듯이 전교조의 법적 지위 회복을 위한 조치를 외면했던 것은 지나간 일이 아니다. 그것이 지니는 역사의 무게는 결코, 가볍지 않다. 전교조는 '촛불 혁명으로 탄생한 정부'로부터 법적 지위를 인정받지 못함으로써 까닭을 알지 못하는 체 정당성을 침해당해야 했다. 문재인 대통령의 "나라다운 나라를 만들겠습니다. 기회는 공평하고, 절차는 공정하고, 결과는 정의로울 것입니다."라는 언명은 냉소를 불러일으키게 되었다. 참으로 불행한, 생각할수록 못마땅한 역사의 한 페이지였다.

일곱째 마당

전교조가
가리키는 곳

시대 돌아보기_ 대통령선거와 전교조의 교육정책 대안

전교조와 진보적 교육 시민단체들은, 보육에서 대학까지 무상교육, 전면적인 교육자치, 민주 시민을 기르는 교육과정, 입시 경쟁교육과 학력 차별의 폐지 등을 위해 줄기차게 사회 여론에 호소하고 개혁 세력을 대표하는 정당에 정책화, 입법화를 요구해 왔다. 그러나 이러한 방식, 좀 신랄하게 말하면 청원 운동에 머무는 교육 운동에는 한계가 있다는 점을 분명하게 인식해야 한다. 그러한 의제들은 학력에 따른 임금 격차 해소, 교육의 공공재로의 전환 등 복지 민주사회로의 연장선 위에 있다. 수십 년의 교육 민주화운동에도 불구하고 주요한 교육개혁의 과제들이 실현되지 못하고 있는 것은 진보 정치 세력이 미약하여 사회적 발언권이 약하기 때문이다. 한국의 진보세력도 이제는 정치적 진출을 가능하게 하는 정치 개혁에 눈을 돌려야 한다. 교사·공무원의 참정권 보장, 대통령선거 결선투표제 도입, 국회의원 선거의 권역별 연동형 비례 대표제 도입 등을 위한 정치 사회 운동에 나서야 한다. 교육개혁은 그러한 정치 사회 운동, 진보의 정치 세력화와 함께 추진될 때 비로소 전망을 얻을 수 있을 것 같다.

전교조 조합원 이야기

전교조는 독재정치에 맞서 민주화 투쟁의 주체로 출발하였으나 오랜 과정을 거치면서 쌓은 경험과 역량을 바탕으로 대안의 기획자, 합리적인 실행자로 계속 변화하고 발전해 왔다. 전교조는 교사와 학부모, 학생의 관계 변화에 따르는 교사들의 고충을 들어주고 힘이 되어주는 거의 유일한 단체이다. 극심한 입시 경쟁교육을 개혁하고 공교육을 정상화하려는 교육의 책임 있는 주체이다. 인간은 개인 개인으로는 무기력하지만, 뜻을 함께하는 사람들이 모여서 단체를 만들어 집단 주체가 되면 사회를 바꾸고, 역사를 바꿀 수 있다고 한다. 민주주의는 조직된 시민들, 시민단체들이 활발하게 활동할 때만 발전할 수 있다. 한국의 교사들이 다시 한번 법적 지위를 회복한 '참교육 한길로 달려온' 전교조를 중심으로 교육과 사회를 개혁하려는 의지를 모아갔으면 한다.

종북 공세, 민주주의에 대한 무한 테러

오랜 군사독재 정치, 권위주의 보수 정권 시기에 노동자, 민중의 정당한 생존권 요구는 물론, 민주주의를 요구하는 시민적 정의를 '종북'으로 몰아 존재 자체를 부정하는 방식으로 대응해 왔던 보수 세력의 낡은 대응 방식은 이제 더 이상 위력을 발휘할 수 없게 되었다. 대한민국의 민주주의 발전, 시민 사회의 성장에 따라 '진리'의 독점도, '권력'의 협박도 더 이상 예전처럼 위력을 발휘하지 못하게 되었다.

교육에 대한 사회의 논의도 이제는 달라지고 있다. 교육개혁을 앞장서서 주창해 온 전교조의 교육 대안을 두고 진지하고 정당하게 토론하는 사회 분위기가 마련되고 있다. 보수의 대응도 달라져야만 한다.

노태우 정부 ---

1989.3.24	대통령, 공무원 단결권 인정한 노동법 개정안에 거부권 행사
1989.5.28	전국교직원노동조합 결성

김영삼 정부 ---

1993.5.31	5·31 교육개혁안 발표
1994.3.1	전교조 해직교사 복직
1995.8	국민학교를 초등학교로 개칭

김대중 정부 ---

1999.1.6	교육공무원법 개정, 교원 정년을 62세로 단축
1999.1.29	교원노조법 제정
1999.9.1	전교조 합법화
2001	차등성과급제 추진 발표

노무현 정부 ---

2003.1.6	전교조, 교육 시민단체, 'NEIS 폐기 연석회의' 발족
2004.2.17	'사교육비 경감 대책' 발표하면서 교원평가제 추진 발표
2004.10.28	'2008 대입제도 개선안' 발표
2005.12	사립학교법 개정안 국회 통과
2006.1	대통령 신년 연설에서 교육 개방 언급

이명박 정부 ---

2008.1	보수신문들, 일제히 전교조 비판 보도, 사설
2008.4.1	초등 4~6학년 일제고사 실시
2008.4.15	4·15 학교 자율화 조치-우열반, 0교시, 보충 자율학습 금지 폐지

2008.6.10	첫 전국 동시 교육감 직선제 선거에서 6명의 진보교육감 당선
2008.7.30	서울 교육감 첫 주민 직선 선거
2008.10.8	초·중생 일제고사 실시
2008.11	교육부와 시·도 교육청, 줄줄이 전교조에 단체협약 파기 통보
2008.12.9	서울시교육청, 일제고사에 체험학습 안내한 7명 교사 파면, 해임
2010.4.19	한나라당 조전혁 의원, 전교조 교사 명단 인터넷에 공개
2010.6.2	지방자치 선거에서 진보 교육감 6명 당선
2012.11.30	2008년 서울 교육감 선거 관련 기소된 7명 교사 대법 판결로 해직

박근혜 정부 ··

2013	중앙정부의 예산 미지원으로 보육 대란
2013.10.24	전교조에 '노조 아님 통보' 조치
2014.4.15	세월호 침몰 사고
2014.6.4	지방자치 선거에서 진보 교육감 13명 당선
2015.10.15	국사 교과서 국정화 추진 발표

문재인 정부 ··

| 2018.6.13 | 지방자치 선거에서 진보 교육감 14명 당선 |
| 2020.9.3 | 전교조 대법원 판결로 법적 지위 회복 |

16. 대통령선거와 전교조의 교육정책 대안

전교조의 참교육 운동은 1986년 '5·10 교육 민주화 선언'에 참여한 교사들이 비인간적 점수 경쟁교육과 허위의식을 심는 교육에 반대한다는 점을 밝히면서 시작하였다. 교육이 인간을 목적으로 하지 않고 수단으로만 인식되고 기능하는 뒤틀린 상황, 어디를 향하는지 묻지도 않는 무한경쟁의 굴레를 벗어나야 한다는 것이 전교조의 초심이었고 지금도 변함없는 전교조의 지향이다.

교사들은 야간자율학습, 강제 보충수업에 반대하는 운동을 시작하였고, 학생에 대한 체벌과 두발 단속을 그만해야 한다고 하였다. 학교 교육을 바꾸기 위한 노력과 함께 교장의 명을 받아 교육하게 되어 있는 교육법을 개정하고 교육개혁의 집단 주체인 교원노조 건설로 나아갔다. 1989년 전교조 건설이 극단의 탄압에 직면하였으나 비합법 상황에서도 교육을 개혁하기 위한 투쟁을 계속하였다. 특히, 5년마다 다가오는 대통령선거에 주요 교육과제들에 대한 대안을 제시하고 이를 선거 공약화하도록 사회 의제로 만드는 데에 노력을 기울였다.

전교조는 1992년 12월의 14대 대통령선거를 앞두고 2월 대의원대회에서 교육대개혁과 해직교사의 복직 요구를 결합하는 투쟁을 결정하였다.[151] 3월에 초안을 마련하고 4월까지 5만 명의 현장 교사들을 대상으로 설문 조사를 진행하였다. 그 결과를 모아 '1992년 전교조 교육대개혁안'이 마련되었다.

■ 교육대개혁안 주요 내용

1. 입시 위주 교육에서 인간화 교육으로-보충수업, 자율학습, 우열반 편성, 비교 학력고사 폐지

2. 교원의 권리 보장과 처우의 대폭 개선-교원의 정치적 자유 보장과 해직교사 복직, 주당 수업시수 축소, 근무평정 폐지

3. 교육자치제 실시로 교육 주체의 교육기본권 보장-교무회의 의결 기구화, 민주적 학부모회 구성, 교육감·교육 위원 직선, 교원의 피선거권 보장

4. 교육 내용을 민족·민주·인간화 교육으로 개정할 것

5. 교육환경의 획기적인 개선-교육재정 GNP 5%로 확대, 학급당 학생 수 30명으로 감축, 고교까지 의무교육 확대

6. 학교 교육 정상화로 청소년 문제의 근본적 해결

이 개혁안을 바탕으로 '교육대개혁과 해직교사 원상 복직을 위한 교사 청원 서명'을 전개하였다. 5월 하순 전국교사대회까지 전국에서 3천여 학교의 3만4천 명이 서명에 참여하였고, 6월부터 전개한 범국민 서명에는 102만 3,426명이 참여하여 그 결과를 10월 14일 국회에 청원하였다. 1992년 교육대개혁안은 전교조의 참교육 운동의 성과를 설문 조사와 현장 교사 토론을 거쳐 대중적으로 총화하고 범국민 서명을 통하여

---

151. 이하 교육 대개혁 청원 내용은 『전교조 운동사1』, 644~650쪽. 요약.

교육 문제를 정치 의제로 끌어 올렸다는 데에 그 의의가 컸다.

1997년 대선,
'21세기 교육 복지국가를 향한 15대 교육과제'

1997년 12월 앞두고 전교조는 10월부터 전국 2만2천 명의 교사들의 의견을 조사하여 '21세기 교육복지 국가를 향한 15대 교육과제'를 발표하고 각 정당과 후보들에게 공약화를 요구하였다.[152]

■ 전교조 발표 15대 교육과제

1. 인간교육 실현과 학교 교육의 정상화

2. 학교 교육의 정상화를 위한 입시제도 개혁

3. 교육의 평등성, 보편성, 전문성을 추구하는 학제 개편

4. 무상 의무교육의 확대와 내실화

5. 거대학급 축소와 과밀학급 해소

6. '농어촌교육특별법'의 제정

7. 직업교육, 기술교육 강화

8. GNP 대비 7% 수준 교육재정 확보

9. 교원의 노동기본권 보장

10. 학교운영의 자율화와 민주화

11. 교원처우 개선과 전문성 강화

---

152. 『전교조 운동사1』, 913~914쪽.

12. 학생 인권 보장과 청소년 문화활동 지원

13. 사립학교 민주화와 건전한 사학 육성

14. 교육 행정, 재정 및 지원 체계 개혁

15. 주민 참여를 강화하는 교육자치제 개혁

이에 대해 새정치국민회의 김대중 후보의 10대 교육 공약[153]을 보면, 교육재정 GNP 7% 확보, 교원의 노동기본권 보장 등을 제외한 내용들을 반영하고 있다.

■ 김대중 후보 10대 교육 공약

1. '교육개혁 추진단' 설치, 상향식 교육개혁 추진

2. 교육재정 GDP 6% 확보

3. 과외비 대폭 경감, 입시난 해소-특기 적성 교육, 입시제도 개혁

4. 대학 교육의 자율화, 특성화 추진-국립대학발전계획, BK21

5. 유아 교육 공교육화와 만 5세 아동의 무상교육

6. 교원의 처우, 복지개선, 교원양성 및 인사제도 합리화

7. 교육환경시설의 현대화 추진, 학교폭력 근절

8. 사학의 공공성, 자유성 보장

9. 학력 중심 사회에서 능력 중심 사회로의 전환-실업계고 지원

10. 학교급식 확대와 특수교육 지원

---

153. 한나라당 교육위원회, 「김대중 정부의 교육 실패와 공교육 위기 진단」, 중앙선거 관리위원회, 선거자료. 2001.

정부는 과밀학급 해소와 그에 따르는 학급 증설과 교원 증원, 5세 아동의 무상교육, 중학교까지 의무교육, 중고교까지 급식 확대 등 괄목할 만한 교육투자를 하고 전교조를 합법화하는 등 평가할 만한 정책들을 펼쳤으나 교육정책의 큰 방향을 우열반 편성을 허용하는 것을 포함하는 선택형 중심의 7차 교육과정, 교원 정년 단축·교원평가제·성과급 지급을 중심으로 하는 교원 정책, 자립형 사립고 도입과 고교선택제 등 신자유주의 정책으로 설정하여 교육의 경쟁 기제를 강화하였다. 한나라당은 2001년 교육재정이 GNP 4.3%에 불과하고, 입시제도 개혁을 통한 사교육비 경감, 학교폭력 근절, 교원 정책 등에서 실패하였다고 평가하였다.

2002년 대선,
'민주적 교육 복지국가 실현을 위한 교육 공약안'과
노무현 후보의 공약

전교조는 2002년 12월 19일 대통령선거를 맞아 2월부터 본격적인 준비에 착수했으며 지난 2000년 총선거에서 각 당에 제안한 공약 중 실현되지 않은 부분과 유치원·보건·사립 등 급별·영역별 요구과제를 취합해 공약안을 마련했다. '민주적 교육 복지국가 실현을 위한 교육 공약안'을 마련하여 각 대선 후보자들에게 공약으로 채택을 요청하였다.[154]

---

154. 윤영훈, 「전교조, 대학 평준화 등 대선 공약 제시」, 교육희망, 2002.7.10.

■ 2002년 대선 공약 요구안

1. 행복한 학교 만들기＝교과별 교육과정 축소와 학습 부담 경감, 다양한 교육활동, 동아리 활동, 자치 활동 제도화, 절대평가로 평가 정책의 전환, 수학능력시험의 졸업 자격 고사로 전환, 주5일제 수업 실시와 연간 수업일수 및 주당 수업 시수 축소

2. 학교 교육 정상화를 위한 입시제도 개혁＝고등학교 졸업 자격고사화, 현 국립대부터 대학 평준화, 중등 통합 과정으로 고교평준화 논란 종식

3. 학제 개편＝유아 교육(2년) 초등교육(5년) 중등 교육(5년)

4. 무상·의무교육 확대＝유치원(유아 학교)의 무상 공교육화, 초등학교 무료급식 전면 실시와 중·고등학교로 급식 확대, 통합 무상 의무교육으로 특수교육 발전

5. 거대학교 축소와 과밀학급 해소

6. 농어촌 교육 특별법 제정＝농어촌 소규모학교 폐교 중지, 농어촌 학교 교육 여건 획기적 개선

7. 전문 직업·기술교육 강화＝실업계 고교에 대한 투자 확대 및 첨단 기술교육 기관으로 전환 실업계 교육과정을 전문대학과 연계

8. GDP 대비 7% 수준 교육재정 확보

9. 교원의 노동기본권 보장＝교원노조법 개정 완전한 노동기본권 인정, 교원의 정치활동의 자유

10. 교원 처우 개선과 전문성 강화＝교대·사대의 목적대 전환 및 교원양성·임용제도 개선 교원연수와 재교육 기회 확대

11. 학생 인권 보장과 청소년 문화 활동 지원

12. 사립학교 민주화와 건전한 사학 육성＝사립학교 관계법 민주적 개정, 자립형 사립고 확대 저지 및 철폐, 사립 비정규직 교원 철폐와 예산 정원 확보 공·사립 간 차별 철폐
13. 교육자치제 개혁＝교육위원회를 독립형 의결기구로 격상 학교운영위원회의 기능 강화, 교무회의·학생회·학부모회 법제화

2002년 대선 공약 요구안은 1997년 대선에 제안하였던 15대 교육과제와 대부분 일치하고 있다. 더 구체화하거나 발전시킨 부분은 주5일제 수업, 주당 수업시수 축소, 수능시험 폐지와 자격고사화, 대학 평준화, 유치원의 무상 공교육화, 교대·사대의 목적형 양성, 교육위원회의 격상 등이다. 입시제도 개혁, 학제 개편, 교육재정 GDP 7% 확보 등이 계속 중심 내용을 이루고 있다.

2002년 대선에서 새천년민주당 노무현 후보는 교육 분야 공약으로 5대 과제로 '자율과 다양성의 교육, 머물고 싶은 학교·존경받는 교원, 학벌 사회를 실력 사회로, 획일적인 교육을 다양성 교육으로, 타율적인 학교를 자율적인 학교로'를 제시하여 자율, 다양성을 거듭 강조하고 있다.

■ 노무현 후보 공약
1. 교원 우대정책 추진-담임수당을 현실화하고, 초·중등교원의 경제적 처우를 같게
2. 교원 복지와 근무 여건 개선- 잡무 경감
3. 교원 승진제도 개선-학교장 임용제도 다양화, 계약직 교원의 신분보장

4. 교원의 전문성 향상-교원의 표준수업시수를 법제화, 연수 기회 확대

5. 교원양성·임용체제 개선

6. 학교자치 확대-학교운영위원회 위원·교사회·학부모회 전원으로 교육감과 교육위원 선거인단 확대, 교사회·학생회·학부모회 법제화

7. 사학개혁과 사학진흥-「사립학교법」개정

8. 고교평준화 정책의 기조를 유지하되 특성화·다양화-자율학교, 특성화고, 특수목적고 등 학교 형태의 다양화

9. 교육과정 개혁과 교육 평가체제 재정립

10. 수학능력시험제도의 기조를 유지, 대학의 자율성 강화와 학생들의 선택권 확대

11. 사교육비 부담 경감-입시제도 개선과 학벌주의 해소

12. 교육 여건 개선-대안교육 제도화, 초·중등학교 학급당 학생 수를 적정규모로 줄이고, '작은 학교'를 지향

13. 학교도서관의 활성화와 교육정보화체제 구축

14. 대학 교육의 자율화·특성화

15. 지방대학 육성

16. 교육복지 확대

17. 유아 교육의 공교육화-만 5세 아동에 대한 무상교육 전면 실시

18. 학교 보건교육의 강화와 학교급식의 내실화

19. 실업계 고교 지원 확대

20. 교육재정 GDP 6% 확충

노무현 후보 공약을 전교조 요구안과 비교하면 교원 처우 개선과 전문성 향상, 학교자치, 사학개혁, 학급당 학생 수 감축과 작은 학교, 유아교육 공교육화, 실업계고 지원 확대는 의견 차이 없이 받아들여지고 있는 반면에, 고교평준화는 다양화를, 대학입시는 대학의 자율성을, 교육재정은 GDP 6% 확충으로 차이를 보이고, 교원의 노동기본권 보장과 정치활동의 자유 보장은 언급하지 않고 있다. 이러한 차이는 교육을 바라보는 철학의 차이에서 비롯되었고 노무현 정부 교육정책을 좌우하였다.

교육 시민운동가 김정명신은 "지난 03년 출범한 참여정부의 교육 공약은 대부분 지켜지지 않거나 왜곡 표류하고, 교육시장 전면화 정책에 따라 원칙 없이 흔들렸다.[155] 그 이유는 애초부터 노무현 대통령의 교육철학이 미흡하고 교육 문제에 대한 적극적 관심이 부족한 채 문제 해결 능력을 갖춘 정책대안이 부재했기 때문이다. 참여정부의 교육정책은 고교평준화와 고교 다양성 확보 등 서로 모순되고, 교육 시장화 방향은 내용과 속도에서 차이가 있을 뿐 한나라당과 크게 다르지 않았다. 교육부 관료들을 장악하지 못하여 전교조와도 갈등하고, 각종 교육 현안과 교육정책에 따라 교육 운동진영과 정부, 보수 세력 사이의 갈등하였다." 라고 평가하였다.

김대중 정부가 전 정부의 신자유주의 교육정책을 계승하고 구체화한데 이어 노무현 정부마저 자율, 다양성, 선택 등 경쟁과 시장 기능을 강조하는 신자유주의 교육정책에 기울어 대학입시 경쟁의 문제점을 인식하면서도 제대로 된 개혁을 추진하지 못하였다고 하겠다.

---

155. 김정명신, 「노무현 정권의 교육정책」, 대학원 신문, 2007.6.10.

2007년 대선에 교육복지와 입시경쟁교육 철폐를 내걸다

2007년 12월에는 17대 대통령선거가, 2008년 4월에는 18대 총선이 있었다. 전교조는 2007년 6월에 여러 시민 사회 단체들과 함께 〈교육복지실현 국민운동본부〉를 출범시켰다. 이를 중심으로 많은 논의가 이루어졌고 10월 16일 〈교육복지실현 국민운동본부〉는 12가지 대선 공약을 발표하고 대통령 후보들에게 공약화할 것을 요구하였다.

■ 교육복지실현 국민운동본부의 대선 교육 공약 12대 과제
1. 교육인적자원부를 교육복지부로 전환
2. 영아부터 고등학교까지 완전 무상교육-교육재정 GDP 7% 확보
3. 대학등록금 상한제 및 후불제 도입
4. 교육 소외계층의 교육권 확보-농산어촌, 빈곤 저소득층, 장애인, 이주민 교육권 보장
5. 입시체제의 전면 개편과 대학서열체제의 타파-생활기록부 중심 대입 전형, 3불 법제화
6. 고교평준화 전면화와 외고 등 특수목적고교와 자립형 사립고 폐지
7. 학교자치-학부모회, 학생회, 교사회 법제화, 학교운영위원회 의결 기구화
8. 초·중등 교육 정상화를 위한 교육과정 전면 개편-일제고사 폐지, 주5일제 수업, '사회적 교육과정 위원회' 설치
9. 평생 교육과 직업교육체제의 실질적 구축

10. 대안 교육에 대한 지원 확대와 자율성 보장

11. 학생·청소년 인권 중시, 건강증진 교육체제

12. 자율성과 전문성 중심의 교원 정책-교원 양성 목적형으로 개편, 교장 선출보직제, 표준 수업시수 법제화, 교원의 정치활동 자유 보장

12대 과제는 교육복지, 입시경쟁 교육개혁, 학교자치와 민주화, 학생인권, 교원 정책을 내용으로 하였다. 전교조가 연대단체와 함께 본격적으로 대선 후보들에게 교육 부문의 정책 대안을 제시하고 공약에 반영하도록 하는 운동에 나선 것이다. 참교육 운동과 정책대안 연구 과정에서 확보한 전문 역량이 뒷받침되었다. 제도 개혁 운동을 중심으로 활동해 온 전교조가 교육 부문에서 주권자들을 대변하여 정책과제를 공론화한 데 의의가 있었다.

2007년 대통령선거를 몇 개월 앞두고 전교조는 각 정당의 대통령 후보들에게 교육정책 대안을 전달하고, 후보의 입장을 질의하는 등 최대한 선거 공약에 반영하도록 다양한 활동을 전개하였다. 민주노동당[156]의 심상정 대선 예비후보는 진보교육연구소와 전교조 활동가들이 마련한 교육정책 토론회에 직접 참석하는 등 가장 적극적인 관심을 보였다. 심

---

156. 민주노동당 : 2000년 1월 30일 민주노총을 기반으로, '자본주의 사회의 질곡을 극복하고, 민족 통일국가를 건설한다.'는 기치를 내걸고 창당하였다. 2002년 12월 19일 제16대 대통령 선거에서 권영길 후보가 출마하여 3.9%의 지지율로 노무현, 이회창에 이어 3위를 차지하였다. 2004년 4월 15일. 제17대 국회의원 총선거에서 총 10석을 차지하였으며, 2007년 12월 19일 제17대 대통령선거에 권영길이 다시 출마하여 3.0%를 득표하였다. 2008년 2월 당내 노선 갈등으로 민중민주 계열의 노회찬·심상정 등이 탈당하여 진보신당을 창당하였고, 같은 해 4월 9일 치러진 제18대 국회의원 총선거에서 총 5석을 차지하는 데 그쳤다.

후보가 당내 경선에서 제시한 교육 공약들은 권영길 후보의 교육 공약에 반영되었다.

심상정 후보 캠프는 대선후보 당내 경선[157]을 앞두고 2007년 5월경 전교조의 교육정책 대안을 대부분 수용하여 〈사람 잡는 7가지 교육 현실과 사람 살리는 7가지 교육 대안〉으로 교육정책을 정리하였다.

심상정 후보의 7대 교육 대안

	사람 잡는 7가지 교육 현실	사람 살리는 7가지 교육 대안
1	무한 입시경쟁과 천문학적인 사교육비	입시제도 폐지, 학벌 해소로 사교육비 문제를 원천적으로 해결하고 대학의 교육 역량을 강화
2	계층 간 교육 불평등 심화, 교육이 가난을 대물림하도록 만들고 있음	고등학교까지 무상교육, 대학등록금 절반으로 인하
3	영·유아 보육과 교육-아이 낳는 게 두렵다!	유아교육을 공교육으로 제도화하여 영·유아의 보육과 교육을 사회가 책임지도록 한다.
4	싸구려 공교육은 이제 그만!-미래 세대에 대한 예의가 아니다!	획기적인 교육 여건 개선으로 '모두가 내 아이-제대로 된 공교육' 확립
5	철학도 없고 문화도 없는 교육-청소년들이 갈 곳이 없어요!	교육인적자원부를 교육문화부로 개편-인권과 창의성, 활력이 넘치는 교육 문화 활성화
6	시대에 뒤떨어진 교육과정	교육 주체가 함께 만드는 창의적 교육과정
7	민주주의가 교문을 들어오다 멈추었어요!	사학의 민주화와 학교자치의 실현

공약은 입시 폐지로 사교육비 문제 해결, 고고까지 무상교육, 대학등록금 절반으로 인하, 영·유아 보육과 교육의 공적 책임, 획기적인 교육 여건 개선 등 교육복지의 확대, 청소년 문화 육성, 교육과정 개편, 교육

---

157. 당시 민주노동당 대통령 후보 당내 경선은 권영길, 노회찬, 심상정 후보가 나와 TV 토론회를 벌이는 등 진보적인 의제들이 테이블에 올라오는 활발한 정책 대결이 전개되었고 여론의 관심도 높았다.

민주화 등을 포함하였다.

대통합민주신당[158]의 정동영 후보는 수학능력시험 폐지, 내신 성적 중심으로 대학 신입생 선발, 국·공립대학 통합 전형 등을 교육 공약으로 내걸어 극심한 입시경쟁 교육을 해결하겠다는 의지를 보여주었다. 입시 문제와 관련해 정 후보는 "현행 입시제도를 손보는 정도가 아니라 아예 입시 자체를 없애야 한다."는 혁신적 공약을 내놓았다. 입시를 없애기 위한 수단의 하나로 '6-3-3-4'인 현행 학제를 '5-3-3-5'제로 개편해야 한다고 하였다. 대학을 교양 2년, 본과전공 3년으로 나눠 고교 졸업생이 교양과목을 배우는 2년 과정의 지역별 국립 교양 대학에 진학하도록 한 뒤 2년 후 전공과목을 배우는 본과로 진학하게 하자는 것이다. 이렇게 되면 명문대 진학을 목표로 한 현행 입시제도가 자연스럽게 사라져 입시지옥에서 벗어날 수 있고 사교육 문제도 해결할 수 있을 것이라 하였다.

고교평준화정책과 관련해서도 이명박 후보는 3불 정책[159] 폐지와 함께 특성화고 300개 설립 등 현행 평준화 정책을 해체하는 공약을 제시한 데 반하여, 정 후보는 평준화 정책의 유지를 약속하였다. 대선 후보 수락 연설에서 정 후보는 "한나라당의 공약은 고교입시의 부활이자 평준화 정책의 해체"라면서 "입시가 부활하면 초등학교, 중학교는 입시지옥이 되고 30조에 달하는 사교육비는 40조, 50조로 늘어날 것"이라고 비

---

158. 참여정부 시기인 2003년 11월 11일 열린우리당이 창당되어 민주당 계열 정당은 열린우리당과 호남 출신 의원들로 구성된 민주당으로 나뉘었다. 2004년 4월 15일 제17대 총선에서 국회의원 152명이 당선되었고, 대선을 앞두고 2007년 8월 5일 두 정당이 합당하여 대통합민주신당이 되었다.

159. 1999년 김대중 정부 시대에 도입되어 우리나라 대학입시 및 공교육 제도의 근간이 되어온 본고사, 고교등급제, 기여입학제의 3가지 금지사항을 말한다.

판했다.

전교조와 민중 진영의 교육개혁에 대한 열망은 이명박 후보의 당선으로 철저히 외면당하였고, 정부 인수위원회 시기부터 영어 몰입교육 등 즉흥적이고 무리한 교육 정책들이 쏟아져 나와 현장 교육은 다시 한번 몸살을 앓게 되었다. 교육과학기술부[160]는 대통령 업무보고를 통해, 고교 다양화 300 프로젝트, 대입 3단계 자율화 등을 과제로 내세웠다. 학교 교육 만족도 제고를 위해 초등학교부터 영어교육을 대폭 확대하고, 일제고사를 실시하여 기초학력 미달 학생이 없도록 만드는 교육 복지 제도를 실시하겠다는 등 마치 기업 경영에 새로운 아이템을 도입하듯이 파격적인 정책들을 쏟아냈다. 학생을 대상으로 실험을 해서는 안 되기 때문에 어떤 정책이건, 정책 의도나 목표를 논하기 전에 치밀한 시뮬레이션이 필요한데 교육부 실무를 담당하는 관료들의 전언에 의하면 이명박 정부 들어서는 그런 과정조차 거치지 않았다고 한다. 교육 비전문가인 당선인의 아이디어 차원 발상이 여과 없이 정책화되었다. 영어 회화 전문 강사 제도 도입만 하더라도 영어 몰입교육을 한다고 일시에 8,000여 명의 비정규직 강사를 채용하여 노동인권 보장, 정규직 교사와 역할 분담, 학생 지도 등 그 이후 일파만파 얼마나 많은 후유증을 남겼던가?[161] 교사가 담당해야 하는 교육을 교사가 아닌 사람에게 담당하도록 한다는 발상 자체가 문제였다. 상시 노동자이므로 정규직으로 채용하고 연금을 보장해주어야 하는데 대책이 없었다!

2008년 4월 18대 총선에서 한나라당이 압승을 거둔 후 이명박 정부

---

160. 김대중 정부 시기인 2001년 1월 교육부를 교육인적자원개발부로 개편하였고 이명박 대통령 당선 이후인 2008년 2월 교육과학기술부로 개편되었다.

의 경쟁 중심의 교육정책은 더욱 강화되었다. 총선 1주일 후 발표한 '학교 자율화 조치'는 고교평준화, 학원 심야 교습 금지 등을 학교장이나 교육감이 결정할 수 있도록 하였다. 0교시 부활, 학원 심야 교습 허용 등에 항의하여 학생들이 촛불 집회를 벌이자 배후에 전교조가 있다고 남 탓을 하였다.

2012년 대선에 교육혁신 12대 과제를 제안하다

2012년 12월, 18대 대선에 전교조는 다시 한번 교육개혁안을 제안하였다. 전교조는 그해 4월에 치러진 19대 총선에도 각 정당에 '전교조 2012 총선 교육정책 요구안'[162]을 제시한 바 있는데, 다시 한번 이를 가다듬어 제출한 것이다.

전교조는 2012년 12월 대선을 앞두고 학교혁신정책자료집 1,000부를 발간하여 교육정책을 공론화하였다.[163] 자료집은 제1장 한국교육의 개혁 방향과 과제, 제2장 교육혁신을 위한 교육 관계법의 제·개정, 제3장 교

161. 김태균, 「내년 초·중·고에 100% 영어 회화 강사 배치」, 연합뉴스. 2012.10.15.
현재 전국 초·중·고교 10곳 중 7곳에 근무하는 영어회화 전문강사가 내년에 추가 채용돼 모든 학교에 배치된다. 교육과학기술부는 2010~2011년 초교 영어 수업 시수가 늘어났고 실용영어를 강조하는 2009 개정 교과서가 내년 중·고교 1학년에게 적용됨에 따라 내년도에 영어회화 강사를 2천300명 더 뽑아 전체 정원을 8천400명으로 운영한다고 15일 밝혔다. 이에 따라 전국 초·중·고교의 영어회화 강사 배치율은 올해 73%(중등 61%, 초등 84%)에서 내년 100%로 늘어난다. 1년 단위로 임용 계약을 맺고 한 학교에 4년 이상 일할 수 없었던 제한 조항도 일부 변경돼 같은 학교에 최장 8년까지 근무할 수 있게 된다. 교과부는 초·중등교육법 시행령을 개정해 학교장이 4년을 임용한 영어회화 강사를 심사를 거쳐 1년 단위 계약으로 4년을 더 임용할 수 있도록 할 예정이다. 영어회화 강사는 2009년 9월 처음 도입돼 현재 6천104명이 초·중·고교에서 말하기와 쓰기 중심의 영어 수업을 맡고 있다.

육혁신 교육정책 과제-전교조의 10대 우선 입법 과제/교육혁신 12대 영역별 정책과제로 구성되었다.

■ 교육혁신 12대 영역별 정책과제

1. 국가가 책임지는 보편적 교육복지의 실현

   - 유치원 공교육화, 고교 무상교육, 국공립대 무상·사립대 반값
     등록금

2. 모든 학생을 위한 혁신적인 학습 복지의 실현

   - 학생 수 감축, 법정 교원 확보, 농산어촌 학교 살리기, 다문화가
     정 자녀·장애 학생 교육권 보장, 학습 부진 학생 돌봄

3. 차별 없는 배움과 돌봄, 책임의 혁신학교 확대

   - 모든 학교 혁신학교로 전환, 학교 업무 개혁, 대안학교 지원

---

162. 모든 국민과 함께하는 전교조 핵심 13대 요구안, 「'모두가 행복한 학교 혁신'을 위한 총선 교육 의제」, 복지 국가형 교육복지 실현, 혁신학교 확대, 학습 환경 개선, 대학 체제 개편
   1. 교육재정 GDP 6%(고등교육 재정 1%) 확보(2011년 4.42%)
   2. OECD 수준의 학급당 학생 수 감축 및 교원 법정 정원 확보(2010년 기준 OECD 평균 학급당 학생 수는 초등 21.6명, 한국 30.0명, 중학교는 23.9명, 한국 35.3명)
   3. 국·공립 유아교육시설 확대 및 고교까지 무상교육 실시
   4. 유치원 원장, 교장, 교육장의 선출공모제 확대
   5. 일제고사 및 고입 연합고사·선발 고사 폐지
   6. 자사고 폐지 및 특목고 정상화와 혁신학교 확대
   7. 학교자치위원회 구성(교직원회, 학생회, 학부모회 법제화)
   8. 사립학교 부패방지 방안의 제도화(2011년 국정감사 결과 재단 이사장의 친인척 725명이 사립중고등학교에 근무하고 있으며, 신규 교원의 70.9%가 기간제 교원으로 채용되었다.)
   9. 수능 자격고사화와 국·공립대 통합네트워크 구축(사교육비 연 20조 원 초과, 학생들의 학습 시간이 세계 최장)
   10. 성과급 및 현행 교원평가제 폐지
   11. 독립기구인 국가교육위원회 설치
   12. 교원·공무원의 정치기본권 보장
   13. 89년 해직교사 원상회복과 2012년 현재 해직교사 복직
163. 전교조 제420차 중앙집행위(2012.8.11.) 회의자료. 27~30쪽.

4. 학생 청소년의 학습권·인권·건강권·참정권 확보

5. 교육자치, 학교자치의 실현

   - 교직원 회의·학부모회의·학생회 법제화, 교육지원청의 교육지
     원센터로 전환, 국가교육위원회 설치

6. 자율성, 전문성 중심의 교원 정책

   - 교원연수 체제 구축, 교원 근무평정 폐지, 교장 선출보직제, 교
     원평가개선·성과급제 폐지, 학교직원의 정규직화

7. 고교 입시제도 폐지 및 고교체제 개편

   - 자율고 자사고 특성화고 등 고교체제 개편, 절대 평가제 실시

8. 초·중등 교육 정상화를 위한 교육과정 전면 개편

   - 사회적 교육과정 위원회 설치

9. 입시체제의 전면 개편과 대학교육의 공공성 강화

   - 대입 자격고사화, 국공립대 통합네트워크, 직업 중심대학·학문
     중심대학 체제 개편

10. 사립학교의 공공성 확보 및 부패 비리 방지 방안의 제도화

    - 개방 이사제도, 학교운영위·대학평의회 민주성 확보, 부패 사학
      의 공립화

11. 교육재정 GDP 7% 확보

12. 교원의 정치기본권 보장

    - 교원의 정치기본권 보장, 교원노조의 노동3권 보장, 해직교사
      원상회복

〈교육혁신 12대 영역별 정책과제〉는 전교조의 교육정책을 집대성한

것이었다. 모든 교육 주체들의 요구, 다양한 영역에 걸친 개혁 방안을 망라하고 가다듬은 것이라고 할 수 있다. 교육정책의 방향을 보편적 교육복지, 인권, 자치, 교육의 공공성에 두고 교원 정책·교육과정·고교체제·입시체제를 개편하고 사학의 공공성을 확보하는 것으로 하였고, 교원의 정치기본권 보장을 요구하였다.

전교조는 2012년 하반기에 대선을 앞두고 '교육정책 100만 서명 운동', '이주호 장관 퇴진 교사 서명 운동', '2013 교육희망 대행진(지역별 원탁토론)', '11.3 교육부문 총궐기 국민대회' 등 2013 진보적 교육체제 수립을 위한 대선 투쟁을 전개하였다.[164]

11월 3일 서울광장에서 열린 대회에서는 대학등록금 반값·고교까지 무상교육, 모든 학교를 혁신학교로, 대학서열타파·국공립대 공동학위제, 교육 비정규직 철폐, 농어촌 작은 학교 살리기를 5대 핵심 요구로 정하고, 중심 요구로 아동·청소년 인권 보장, 대입제도 개편, 학급당 학생 수 20명으로 축소, 교육재정 GDP 7% 확보, 사립학교법 개정, 국가교육위원회 설치를 제안하였다.

대선을 앞두고 전개한 전교조의 교육정책 대안 공론화는 민주당 문재인 후보는 물론 한나라당 박근혜 후보의 대선 공약에 상당한 영향을 주었다.

■ 문재인 후보의 교육 공약
1. 국가교육위원회 설치
2. 유치원부터 고등학교까지 무상교육

---

164. 전교조 423차 중집(2013.10.9.) 121~130쪽.

3. '일제고사' 폐지, 자사고, 국제고·국제중 등 고교서열화 체제 해결, 혁신학교 성공모델 전국적 확산

4. 교육격차 해소를 위한 교육복지법 제정, 학습부진아의 기본 학습권 보장, 농산어촌 작은 학교 지원

5. 학급당 학생 수, OECD 수준으로 감축-교원 인력 충원, 교원 업무 경감 지원, 교장 공모제를 확대, 학습연구년제 확대, 학교 비정규직의 정규직 전환과 교육공무직 신설

6. 꿈을 찾는 진로 교육

7. 대학입학 전형 단순화

8. 대학교 '진짜' 반값 등록금

9. 대학생 복지 강화

10. 대학 서열화 해소와 학벌 철폐-국립대 통합네트워크 구축, 사학의 투명성·민주성 강화를 위한 사립학교법 개정

11. 평생학습 지원강화

문재인 후보의 공약은 전교조의 12대 정책과제의 1, 2, 3, 7의 과제가 반영되었고, 5. 교육자치에서 국가교육위원회 설치, 6. 교원 정책에서 교장 선출보직제의 취지를 일부 반영한 교장 공모제, 9. 입시체제 전면 개편에서 국공립대 통합네트워크 등이 일부 반영되었다. 수능 시험의 대입 자격고사화, 교원평가제와 성과급제 폐지, 학생 인권과 학생회 법제화, 교원의 정치기본권 보장 등은 반영되지 않았다. 교육개혁의 핵심이라고 할 '입시 경쟁교육 전면 개혁'에 대해 수능의 대입 자격고사화가 대학입시 전형의 단순화로 약화된 점은 아쉬움이 있으나 국립대학통합네트워

크 구축이 포함된 것은 개혁의 가능성을 남겨둔 것이었다. 정책과제 가운데 주로 교육복지에 해당하는 1, 2, 3이 문재인 후보의 공약 2, 3, 4, 5, 8에 반영되었는데, 고교서열화 해결, 교원 충원을 통한 OECD 수준으로 학급당 학생 수 감축, 학교 비정규직의 정규직 전환 등은 의미가 큰 공약이었다.

박근혜 후보의 주요 교육 공약은 과제별로 정리되어 있지 않고 세부 항목을 일일이 나열하고 있다.

- 중학교 과정에서 한 학기를 '자유학기제'로 운영
- 초등학교 국가수준 학업성취도평가 폐지·중학교 국가수준 학업 성취도 평가 시험과목 감축
- 영유아 보육과 교육 완전 국가 책임제
- 초등학교의 '온종일 돌봄 학교' 도입
- 고교 무상교육 단계적 실시
- 사교육비 경감 정책 추진
- 수시는 학생부 또는 논술 위주, 정시는 수능 위주로 대입제도의 단순화 추진
- 교원의 행정업무 경감, 교원평가제도 개선(교원 능력개발·근무성적평가·성과급평가 일원화)
- 신규 교사 채용 확대 및 교원 수업시수 경감
- 2017년까지 교사 1인당 학생 수를 OECD 상위 수준으로 개선
- 표준 수업시수 제정으로 교사의 주당 수업시수를 감축
- 학급당 학생 수 OECD 상위 수준으로 개선

- 폭력 전문 상담·치료인력 대폭 확충, 정서·행동발달 선별검사 사후관리 강화 및 학교폭력 예방 교육강화
- 대학에 대한 정부재정지원 규모를 GDP 대비 0.7%에서 1% (OECD 평균수준)로 대폭 확대
- 학비 지원-소득연계 맞춤형 반값 등록금 지원
- '지방대학발전사업'을 통해 지방대학의 교육·연구 여건 개선과 특성화에 집중투자-'지역대학 출신 채용 할당제'를 공공기관부터 확대 시행
- 현장밀착형 직업교육-특성화고 집중 육성, 제조업 이외의 특수분야 마이스터고 지정 다양화, 전문대학 특성화 100개교 집중 육성
- 100세 시대를 대비한 평생학습체제 구축

박근혜 후보 공약에는 초등 학업성취도평가(일제고사) 폐지, 중학교 자유학기제, 표준 수업시수 제정과 교사 1인당·학급당 학생 수 감축 등 개혁적인 공약이 들어 있고, 고교 무상교육, 대학생 반값등록금 지원, 영유아 보육과 교육 완전 국가 책임제, 초등학교의 '온종일 돌봄 학교' 도입 등 교육복지 공약이 주목할 만하였다. 대학입시 경쟁교육의 해결 방안을 제시하지 않고 '대학입시 간소화'에 그친 것은 최대 교육 현안에 대한 안이한 인식을 보여주었다.

박근혜 대통령은 기대 이상의 교육 공약들을 내놓았으나 그뿐으로 당선이 되자마자 너무도 쉽게 교육 공약을 백지화해 버렸다. 교사 충원도, 고교 무상교육도, 대학등록금 인하도 공염불이 되어 날아갔다. 영유아

보육과 교육에 필요한 예산을 마련해 주지 않고 시·도 교육청에 부담하라고 하여 임기 내내 예산 전쟁을 초래하였다. 박근혜 정권은 교육복지 공약을 저버리고 교원에 대한 통제의 강화, 반전교조 정책에 몰두하였다. 집권 2년 차에는 세월호 침몰 사건에 대한 무책임한 대응으로 민심의 이반을 불러왔고, 3년 차인 2015년에는 역사 교과서 국정화를 발표하여 이념 전쟁을 일으켜 사회 갈등을 폭발시켰다.

2017년 대선, 교육 공약의 후퇴

박 대통령에 대한 탄핵으로, 2017년 5월 치러진 대선을 맞아 전교조, 참교육학부모회, 평등교육실현학부모회, 민주화를 위한 교수협의회 등 교육 시민단체들은 〈새로운 교육체제 수립을 위한 사회적 교육위원회〉를 구성하고 2017년 4월 5일 원탁 대토론회를 열어, 교육정책 대안을 마련하였다.

■ 교육체제 개혁을 위한 5대 핵심 과제
1. 대학입학 자격 고사 도입
2. 대학 통합네트워크 구성
3. 국가교육위원회 설치
4. 학교 민주주의 실현
5. 교육재정 확대-무상교육실시

■ 교육 정상화와 공공성 강화를 위한 10대 주요과제

1. 특권학교 폐지

2. 농어촌 작은 학교 살리기

3. 혁신학교 확산

4. 사립학교 민주화

5. 질 높은 유아 교육과 유보 통합

6. 학급당/ 교원당 학생 수 감축

7. 성과급-교원평가-일제고사 폐지

8. 학교 비정규직의 권익 향상

9. 교원의 정치기본권 보장

10. 학생의 인권 보장과 민주 시민교육 활성화

5대 핵심 과제, 10대 주요 과제는 모두 2012년 대선을 앞두고 발표한 정책과제에 포함되었던 내용이다.

■ 문재인 후보의 교육 분야 5대 공약

1. 국가가 교육을 완전히 책임지는 시대-누리과정 예산 확보, 고교 무상교육, 대학등록금 감축

2. 교육의 계급화 타파, 공평한 교육기회 보장-고교서열화 해소(외고, 자사고, 국제고 폐지), 대입 단순화, 지역 국립대 육성

3. 교실 혁명-기초 학력 보장, 일제고사 폐지, 고교 학점제 도입

4. 교육 적폐 척결-대입 투명성, 공정성 강화

5. 국가교육위원회 설치

문재인 후보의 교육 분야 5대 공약은 대선 준비가 촉박하였음을 감안해도 문 후보의 2012년 대선 공약보다 많이 후퇴한 내용이었다. 특히 국립대통합네트워크 구축이 제외되었고, 대입제도 개혁이 단독 항목이 되지도 못하고 '대입 투명성 강화'로 그 수준이 크게 약화된 것은 문재인 후보와 캠프가 대입제도 개혁이 얼마나 시급하고도 핵심적인 과업인지 인식하지 못하고 있음을 보여주었다.

교육의 공공성을 강화하는 교육개혁

지금까지 2007년 12월의 17대 대선 시기에 〈교육복지실현 국민운동본부〉가 마련한 12대 과제, 2012년 12월 18대 대선을 앞두고 전교조가 발표한 '12대 영역별 정책과제', 2017년 5월의 19대 대선 시기에 〈새로운 교육체제 수립을 위한 사회적 교육위원회〉가 제안한 5대 핵심 과제와 10대 주요 과제를 비교 검토해 보고, 17대 대선에서 정동영, 심상정 후보가 제시한 공약, 18대 대선의 문재인, 박근혜 후보의 공약, 19대 대선 문재인 후보의 공약에 어떤 내용이 반영되고 어떤 부분이 반영되지 못하였는지 살펴보았다.

전교조와 교육 시민단체들은 교육복지, 교육의 공공성을 강화하고 공교육을 정상화하기 위한 대안을 제출하고 가다듬어 왔다. 그러한 교육 대안들은 공론의 장에서 대부분 그 필요성, 타당성을 인정받고 상당 부분이 후보들의 공약에 반영되었다. 교육운동의 성과이고 교육 시민 사회, 공론의 장의 성과라고 할 것이다.

그러나 여전히 한국교육의 핵심 개혁과제인 대학입시제도의 전면 개편과 교사들을 교육개혁의 주체로 나서게 하는 교원 정책들, 교원평가제 폐지와 교장선출 보직제실시, 교원의 노동기본권·정치 기본권 보장은 후보들의 공약으로 채택되지 못하고 있다.

전교조와 진보적 교육 시민단체들은 보육에서 대학까지 무상교육, 전면적인 교육자치, 민주 시민을 기르는 교육과정, 입시 경쟁교육과 학력 차별의 폐지 등을 위해 줄기차게 사회 여론에 호소하고 개혁 세력을 대표하는 정당에 정책화, 입법화를 요구해 왔다. 그러나 이러한 방식, 좀 신랄하게 말하면 청원 운동에 머무는 교육 운동에는 한계가 있다는 점을 분명하게 인식해야 한다. 전교조와 진보적 교육 시민단체들이 제기해 온 의제들은 학력에 따른 임금 격차 해소, 교육의 공공재로의 전환 등 복지 민주사회로의 연장선 위에 있다. 수십 년의 교육 민주화운동에도 불구하고 주요한 교육개혁의 과제들이 실현되지 못하고 있는 것은 진보 정치 세력이 미약하여 사회적 발언권이 약하기 때문이다. 한국의 진보세력도 이제는 정치적 진출을 가능하게 하는 정치 개혁에 눈을 돌려야 한다. 교사·공무원의 참정권 보장, 대통령선거 결선투표제 도입, 국회의원 선거의 권역별 연동형 비례 대표제[165] 도입 등을 위한 정치 사회 운동에 나서야 한다. 교육개혁은 그러한 정치 사회 운동, 진보의 정치 세력화와 함께 추진될 때 비로소 전망을 얻을 수 있을 것 같다.

165. 정당의 득표율에 연동해 의석을 배정하는 방식. A 정당이 10%의 정당 득표율을 기록했다면 전체 의석의 10%를 A 정당이 가져갈 수 있도록 하는 것이다. 연동형 비례대표제는 지역구 후보에 1표, 정당에 1표를 던지는 '1인 2표' 투표방식으로 이뤄지는데, 각 정당이 획득하는 총 의석 비율을 정당 득표율과 최대한 일치시키는 데 목적이 있다. 따라서 정당 득표율로 각 정당이 의석수를 나눈 뒤 배분된 의석수보다 지역구 당선자가 부족할 경우 이를 비례대표 의석으로 채우게 된다. 이를 택하고 있는 대표적 국가로는 독일·뉴질랜드 등이 있다. 특히, 독일은 권역별 연동형 비례대표제를 실시하고 있는데, 우리나라처럼 지역별로 특정 정당의 절대 우세가 유지되는 경우 열세 정당에도 권역을 대표하는 비례대표 의원을 당선시켜 지역 편중을 완화하게 된다. 예컨대 영남, 호남 등 특정 지역에서 우세한 정당이 지역구 의석을 석권하여 정당 지지율을 넘는 의석을 차지하게 되면 그 정당에는 해당 권역의 비례대표 의석을 배분하지 않고 차순위 정당에 비례대표 의석을 배분하게 된다.

17. 전교조 조합원 이야기

전교조 결성 시기의 조합원의 단결된 힘

전교조는 1989년 5월 28일 창립 이후 6월 12일까지 11개 시·도지부에 42개 시·군·구 지회, 111개 분회를 조직하였고 17,639명의 교사가 조합원으로 가입하였다. 시·도지부 결성식에는 광주 3,000여 명, 전남 2,000여 명, 서울 1,500여 명 등 15,000여 명이 참여하였다.[166]

노태우 정부는 전교조를 와해시키기 위해 청와대를 정점으로 사정 기관은 물론 관련 부서를 망라하는 범정부 대책기구를 구성하여 전방위 탄압을 가하였다. 전교조 교사들을 탈퇴시키기 위해 반상회에까지 전교조를 좌경 폭력 조직으로 비방하는 홍보물을 대대적으로 배부하고 연일 신문광고를 내는 등 탄압에 물불을 가리지 않았다. 전교조는 7월 9일 여의도에서 '전교조 탄압 저지 및 합법성 쟁취를 위한 범국민대회'를 가졌다.

7·9 대회는 전교조 창립 이후 최초로 개최된 전국 단위 교사 집회였다. 무지막지한 정부의 탄압에 맞서, 공개적인 대규모 집회를 개최하여 단결된 힘과 의지를 보여주고, 조합원들의 결의를 다지려는 집회였다. 전

---

166. 『전교조 운동사 1』, 440~445쪽.

국에서 모인 교사들은 오전 9시경부터 여의도 순복음 교회 주변과 한강 시민공원에 흩어져 있다가 10시 56분, 고은수 사무차장이 치는 징 소리를 신호로 일제히 집결하여 대회를 진행하였다. 미리 대기하고 있던 경찰들은 10분도 안 되어 교사들을 포위한 채 닭장차에 교사들을 연행하기 시작하였다. 1,500여 명이 경찰서로 연행되었고 대회에 참가하지 못한 교사들이 2, 3차 집결지인 종묘공원, 서울역 앞 등지에서 산발적인 거리 시위를 하다가 또 400여 명의 교사와 시민이 연행되었다.[167] 나는 강남경찰서에 연행되었는데 전국에서 모인 조합원 교사들은 전교조 가입 동기와 결의를 나누며 의지를 다졌다. 40여 교사들은 한 사람도 흔들리지 않고 일체 묵비권을 행사하면서 버틴 끝에 이틀 만에 모두 풀려나올 수 있었다. 경찰서에서는 의례 하던 대로 폭력과 폭언으로 조사를 하려다 교사들의 강력한 항의에 주춤거리는 행태를 보였다. 그 자체가 공권력에 대한 막연한 공포를 극복하는 과정이었고 국민 위에 군림하던 경찰의 관행을 바꿔 놓는 민주주의의 발전 과정이었다. 전교조는 이 대회를 통해 수천의 교사들이 어떠한 고난도 마다하지 않겠다는 굳은 결의를 다지고 전교조를 결성하였다는 사실을 분명히 보여주었다.

7·9 대회 이후 전교조는 시·도지부별로 조합원 명단공개 투쟁을 전개하여, 정부의 극소수 교사 운운하는 선전이 사실과 다르다는 점을 알리고 끝까지 탈퇴각서를 거부할 결의를 다졌다. 7월 12일 전남을 시작으로 15개 시·도지부에서 1만 2천여 명의 명단이 공개되었다.[168] 전교조는

---

167. 위의 책, 442쪽. 이날 경찰에 연행된 사람은 교사 1,804명, 일반인 81명, 대학생 46명으로 모두 1,931명이었다. 연행된 사람들은 대부분 11일 오후까지 석방되었으나 고은수 교사(서울 상신중) 등 8명이 구속되고 노웅희 교사(서울 공항고) 등 47명이 불구속 기소되었다.
168. 위의 책, 437쪽.

방학을 맞아 7월 26일부터 8월 5일까지 600여 명의 교사가 명동성당에 들어가 단식농성을 전개하면서 전교조에 대한 탄압을 중단하고 교원노조를 인정할 것을 요구하였다. 나는 군산제일고 은사님이신 이광웅 선생님과 함께 농성에 참여하였다. 선생님은 힘든 가운데서도 시인답게 "이 싸움은 질래야 질 수 없는 싸움이다."고 하셨다. 연로하신 데다 체구가 작으신 선생님께서 뜨거운 여름날 힘겹게 단식농성을 이어가시는 것이 몹시 마음 아팠다. 전교조의 결의와 사회 여론을 일으키는 강력한 투쟁에도 불구하고 파면·해임 협박과 와해 공작은 집요하게 진행이 되었다. 그리고 끝까지 탈퇴각서를 내지 않은 1,515명의 조합원 교사들을 여름방학이 가기 전에 파면·해임하여 교단에서 쫓아냈다.

용광로처럼 뜨거웠던 그해 여름이 지나고 전교조는 해직교사와 반공개 현장조합원으로 조직 활동을 계속해 나갔다. 1994년에 해직교사들이 복직되고 1999년 전교조가 합법화될 때까지 전교조 조합원 수는 약 8천 명 정도를 유지하였다. 해직교사들은 현장조합원들이 내는 조합비를 모아서 가족 수와 형편에 따라 20~50만 원의 활동비와 생활보조금을 받았다. 해직교사들은 받은 돈으로 1달분 쌀부터 사고 사무실까지 걸어 다니면서 전교조가 합법화되어 교단으로 돌아갈 날을 꿈꾸며 활동을 계속해 나갔다.

전교조의 합법화와 조합원의 증가

IMF 외환위기 사태의 혼란 속에서 집권한 김대중 정부는 노사정 합의를 타결해야 IMF로부터 구제금융을 받을 수 있다는 압박 속에서 노사정위원회를 구성하여 협상에 나섰다. 정부는 민주노총에 전교조 합법화, 노조의 정치활동 보장 등을 제시하고 정리해고제와 근로자파견법의 입법화를 추진하였다. 노사정위 합의안은 민주노총 대의원대회에서 부결이 되었고 민주노총 지도부가 총사퇴하였으나 정부는 교원노조 특별법 제정을 약속하고 정리해고제와 근로자파견법을 통과시켰다. 이 두 제도는 비정규직이 정규직보다 더 일상이 되는 사회를 만들어버린 엄청난 노동권의 후퇴였으므로 전교조는 정치적 부담을 안게 되었다.

1999년 1월 29일 드디어 교원노조 특별법이 제정되어 전교조는 법적 지위를 얻게 되었다.[169] 1999년 4월 13일 치러진 8대 위원장 선거를 앞둔 시기에 조합원 수는 30,839명으로 1998년 2월보다 3배 이상 증가하였고, 노조 설립 신고서를 제출한 1999년 7월 1일 조합원 수는 62,654명이었다.[170] 단기간에 크게 조합원이 증가한 것은, 많은 교사가 '교육 민주화'를 위해 투쟁해 온 전교조에 공감하고 있었기 때문이었다.

이후 조합원 수는 김대중 정부, 노무현 정부가 들어서는 민주화 국면에서 큰 폭으로 증가를 거듭하여 노무현 정부가 출범한 2003년 12월에 93,860명으로 최고치를 기록하였다.

169. 김창우. 「1998년 2월 노사정 합의와 민주노총의 대응」, 『한국사회학회 사회학대회 논문집』 2018.12.
170. 『전교조 운동사 1』, 775쪽.

'1998년 2월 노사정 합의와 민주노총의 대응'

(1998년 노사정 합의 관련 부분 요약)

민주노총이 2월 3일 중앙위원회를 통해 2월 6일 2시간 경고 파업을 하는 것으로 투쟁 일정을 확정하자, 그때야 여당은 전교조 합법화, 노조 정치활동 보장, 노조 전임자 임금 지급 등의 카드를 제시하면서 협상을 서두르기 시작했다.

13시간에 걸친 마라톤 협상 끝에 2월 6일 정리해고제·근로자 파견제 법제화 조항과 전교조 합법화, 공무원 직장협의회 설치, 노조 정치활동 보장 등을 핵심으로 하는 노동기본권 조항을 서로 맞교환하는 방식으로 노사정 협상을 타결지었다.

정리해고제는 1996년 날치기로 통과되었던 '날치기 노동법'보다 더 개악된 것으로 1년 전 수백만 명이 총파업 투쟁을 통해서 이루어냈던 성과를 완전히 헛수고로 만들어버리는 매우 심각한 내용이었다. "경영악화를 방지하기 위한 사업의 양도·인수·합병의 경우"에도 정리해고를 할 수 있게 됨으로써, '날치기 노동법'의 "지속되는 경영악화로 인한 양도·인수·합병"보다 훨씬 정리해고하기가 쉬워졌다.

민주노총의 대부분 대의원은 "조합원 목을 자르는 걸 어떻게 동의해 줄 수 있는가?", "투쟁역량이 없다고 우리 모가지를 내줄 것인가?", "천만 노동자가 뒤에 있는데 무엇이 두렵단 말인가?", "전교조 합법화, 정치활동 보장 등을 얻었다는데 이것은 떡 주고 떡고물 얻은 것에 불과하다. 우리는 천만 노동자의 희망인 민주노총의 지도력과 50만 조합원의 신뢰를 잃었다. 조직의 파괴와 천만 노동자의 희망을 주고 우리가 얻을 것은 무엇인가?"라며 노사정 합의안 반대와 함께 민주노총 지도부 또한 강력하게 비판하였다. 이런 분위기 속에서 표결이 진행되었고, 표결 결과 재석 대의원 272명 중 찬성 54명, 반대 184명, 기권 34명으로 노사정 합의안은 부결되었다.

김대중 정권은 정리해고제와 근로자파견제는 1주일 만에 입법 처리하는 반면에 부패방지법 제정, 구속자 석방과 사면 복권 등 노사정 합의사항을 거의 지키지 않았다. 심지어는 민주노총 지도부가 노사정 합의의 최대 성과로 내세웠던 전교조 합법화 문제조차도 합의 이행을 하지 않고 있다가, 이갑용 민주노총 위원장의 26일간에 걸친 단식과 민주노총의 농성 투쟁의 결과 겨우 입법 조치를 했다.

전교조 조합원 수 감소

조합원 수는 노무현 정부 시기에 9만 명 선을 유지하다가 노무현 정부 마지막 해인 2007년 12월에 8만 2천 명으로 떨어지고, 이명박 정부 1년 차인 2008년에 7만 명대로, 마지막 해인 2012년에는 6만 명을 간신히 넘는 수준까지 대폭 감소하고, 박근혜 정부 시기인 2013년부터 5만 명대로 더욱 감소하였다.[171] 2013년 6월 보고에 의하면, 조합원 수

---

171. 434차 중집 7쪽.

는 2013년 6월 58,490명으로 2013년 1~6월 가입 1,306명, 탈퇴는 2,328
명으로 1,158명 감소하여 처음으로 6만 명 이하가 되었다. 71차 대의원
대회 자료집을 보면, 조합원 수는 2013년 12월 58,322명, 2014년 8월
55,066명(전월 대비 1,750명 감소), 2014년 12월 53,470명으로 박근혜 정
부의 법외노조 통보(2013.10.24.) 이후 더욱 감소하였다.

연도별 조합원 증감

전교조 서울지부 조합원 수 변동

전교조 서울지부의 조합원 수는 2013년 1월에 8,399명이었다가 2월
에서 11월 사이에 243명 가입, 384명 탈퇴로 조합원이 감소하고, 2월에
108명의 조합원이 퇴임하여 11월에 8,150명이 되었다. 2014년에는 1월 1
일부터 6월 4일까지 147명이 가입하고 389명이 탈퇴하여 7,919명이 되

었다. 초등은 27명, 중등 125명, 사립 90명이 감소하여 '노조 아님 통보' 이후 중등과 사립에서 더 큰 조합원 탈퇴가 있음을 알 수 있다. 가입자를 보아도 초등은 86명, 중등은 38명, 사립은 23명으로 나타나 상대적으로 초등 교사들에게서 조직의 활력이 나타나고 있음을 알 수 있다.[172]

서울지부의 조합원 수는 2003년 12월에 15,445명으로 가입률 22.9%였다. 고등학교의 경우, 국공립 83개교, 사립 199개교로 사립의 비중이 월등하고 중학교까지 합하여 국공립 333개교, 사립 309개교로 사립학교의 비중이 높았다. 사립학교에 재직 중인 교사들은 전교조에 가입하기가 어려워 사립조합원 수는 공립 조합원 수의 40%에도 미치지 못하였고, 초등학교 교사들도 상대적으로 가입률이 낮아 공립 중등교사의 조직률이 지역별로 30~45%에 이르렀음에도 전체 조직률은 낮았다.[173] 조직률이 가장 높았던 공립 중등의 관악동작지회와 남부지회는 조직률이 45%에 이르러, 상당수 학교에서는 전교조 조합원이 전체 교사의 과반을 차지하기도 하였다. 그러나 이명박, 박근혜 정부를 거치면서 조합원 수가 대폭 감소하여, 서울지부 조합원 수는 2010년 12월에 9,001명에서 2015년 12월 7,433명, 2016년 12월 7,093명, 2017년 12월에 6,767명, 2018년 12월 6,342명으로 감소하여 조직률이 10% 이하가 되었다.

---

172. 전교조 서울지부 집행위원회 회의 자료. 조직현황보고 종합.
173. 교육개발원. 교육통계. 2003년 서울시 교원 수는 초등 26,417명, 중학교 19,395명, 고등학교 21,665명으로 67,477명이었다.

조합원 감소의 원인-보수 정권의 탄압과
집행부 교사의 업무 과중

2013년 새롭게 구성된 16대 집행부(위원장 김정훈)의 김성애 조직실장
이 제출한 사업계획안은 '조합원 감소, 지회장 미선출 증가, 활동가 충원
부족' 등으로 조합의 활동력이 위축되고 있다고 진단하였다. 조합원 감
소의 원인으로는 정파 갈등으로 인한 지도력의 위기와 중장기적인 전망
의 부재, 정체성의 기반이 되는 교육 철학의 부족 등을 꼽았다.[174] 이명
박 정부 시기 계속된 압박과 탄압으로 8만이 넘던 조합원이 5만 명대로
감소한 상황에서 조직 문화의 혁신, 전교조의 방향성 재정립이 필요하
다고 진단한 것이다.

조합원 감소와 조직력이 약화한 조직 내부의 원인에는 여러 요인이 있
겠으나 김성애 실장도 꼽고 있는 지회장, 활동가 부족이 무엇보다 심각
한 문제였다. 전교조의 시·군·구 단위 조직인 지회를 이끌어가는 지회
집행부를 맡는 조합원 교사들이 새롭게 충원되고 임기를 마친 집행부
교사들이 학교로 돌아가 재충전을 할 수 있어야 하는데 어느 순간 '한
번 집행부는 영원한 집행부'가 되어버려 누구도 새롭게 지회 집행부에
들어오려고 하지 않는 악순환에 빠져들게 된다. 시·도지부와 본부는 전
임자와 상근자가 집행부를 구성하고 있으나 지회 집행부는 현직에 근무
하는 조합원이 퇴근 후에 사무실에 다시 출근하는 꼴로 일을 해야 하니
어려움이 클 수밖에 없었다.

단체협약으로 노조 전임자를 늘려 지회장들이라도 전임 근무를 하도

---

174. 전교조 서울지부 집행위원회 회의 자료.

록 했다면 그런 어려움은 크게 줄어들었을 것이지만, 전교조는 단체교
섭을 제대로 한 적이 손에 꼽을 정도였고, 법적 지위마저 보장받지 못한
기간이 길다 보니 지회 전임자를 두는 것을 교섭한다는 것은 꿈같은 얘
기였다. 학교 책임자인 분회장의 경우, 학교의 교사 업무 분담에서 교원
단체 담당을 맡을 수 있다면 조금은 도움이 될 수도 있었을 테지만 이
역시 들어줄 리가 없었다. 다른 노조의 전임자 급여가 사용자에게서 나
오는 것과 달리 전교조의 경우, 상근자와 전임자의 급여 모두 조합비로
지급함에도 교육부는 전임자를 좀처럼 늘려주려고 하지 않았다.

　전교조는 단순히 교원들의 사회 경제적 권익 향상만을 꾀하는 것만
이 아니라 교육의 대안을 요구받는 교육 주체였으나 그 집행력에 대한
배려는 너무도 부족하였다, 아니 철저하게 견제 제한받았다. 사실 전교
조의 조합원 대비 노조 전임자 수는 민주노총의 여타 노조와 비교하여
도 매우 적은 숫자에 불과하다. 2015년 12월 기준 조합원은 53,579명,
전임자는 82명으로 조합원 653명당 1명꼴이었다. 전국 250여 개 지회,
17개 시·도지부를 맡기에는 턱없이 적은 숫자이다. 2012년 87.9%였던
지회장 선출률이 2013년에는 75%로 급격히 떨어진 것과 조직력이 감소
한 것은 정확하게 일치하고 있다.

　필자가 속한 공립중등관악동작지회의 경우만 보아도 사정을 잘 알 수
가 있다. 1989년 합법화 이후 지회의 집행부를 맡아 보았던 조합원 교
사는 최홍이, (고)최용기, 이창국, 정영배, 차용택, 현인철, 이인호, 서인
호, 정종연, 마윤종, 김용호, 정갑현, 고정희, 김정선, 장경진, 조병호, 오
명철 등 손에 꼽을 정도이고, 장두만, 김제택, 김용대, 이원철, 송재혁, 김
희숙, 신기숙, 박민경, (고)백인석 등 활동가들이 10년 넘게 지회장, 사무

장, 총무부장, 조직부장, 대의원 등 집행부 역할을 맡아 왔다. 너무도 마음이 아픈 것은 백인석 선생님이 한 번도 힘들다는 지회장을 2012년, 2014년, 2015년 세 번이나 맡아 일하다가 2015년 연말 지회 감사를 마치고 기분 전환할 겸 혼자서 영종도 해변에 갔다가 40대 중반의 젊은 나이에 우리 곁을 떠난 거였다. 당시 백 선생님과 번갈아 지회장을 맡았던 김제택 선생님은 퇴임을 2년 남겨 놓은 지금까지 지회 일을 놓지 못하고 있다.

지회장 선출 현황(2013.1.31. 현재)

지부	2012년				2013년			
	미선출	선출	총계	선출율	미선출	선출	총계	선출율
강원	3	14	17	82.4	5	12	17	70.6
경기		30	30	100.0	3	27	30	90.0
경남	4	21	25	84.0	4	21	25	84.0
경북	5	22	27	81.5	9	18	27	66.7
광주		9	9	100.0		9	9	100.0
대구		13	13	100.0	3	10	13	76.9
대전		4	4	100.0	2	2	4	50.0
부산		8	8	100.0	1	2	4	50.5
서울	2	22	24	82.4		24	24	100.0
울산	1	7	8	82.4	2	5	7	71.4
인천		10	10	100.0	1	9	10	90.0
전남	1	23	29	82.4	21	8	29	27.6
전북		17	17	100.0	2	15	17	88.2
제주	2	5	7	82.4	2	5	7	71.4
충남	3	13	16	82.4	4	12	16	75.0
충북	5	8	13	82.4	5	8	13	61.5
총합계	31	226	257	82.4	64	192	256	75.0

전교조의 본부와 각 지부는 매년 사업 계획에 조합원 대중 강좌, 참교육 연수, '2030 청년위원회' 조직 등 조직 확대와 강화를 위한 사업을 추진해 왔다. '노조 아님 통보'를 받고 위기를 겪고 있던 2014년 1~4월에도 1,628명의 교사가 전교조에 가입하고, 매년 일정한 신규 가입자가 있게 된 것은 그러한 노력의 결과라고 해야 할 것이다. 전교조가 창립 30년을 넘기면서 초창기에 가입한 교사들이 대거 퇴임하기 시작하면서 조합원 수가 많이 감소하는 가운데서도 2018년까지 5만 명 정도의 조합원을 계속 유지하고 있었는데, 이는 젊은 교사들이 일정하게 가입하고 있기 때문이다.

조합원 감소의 가장 큰 원인은 무엇보다 보수 세력의 집요한 전교조 탄압에 있다고 할 수 있다. 이명박 정권은 집권 직후, 연가나 조퇴를 내고 집회에 참석한 교사들을 징계 조치하고 비정기 전보하도록 하였다. 미국산 쇠고기 수입 문제로 발생한 촛불 집회에 많은 중·고등학생들이 '미친 소 미친 교육 중단'을 외치면서 거리에 나서자 그 배후 세력으로 전교조를 지목하고 집중적인 탄압에 나섰다.

이명박 정부의 전교조 탄압

2008.1	전교조 연가투쟁 참가 교사에 대한 비정기 전보 추진
2008.14	동아일보 사설, '좌편향 통일안보교육의 무서운 전염병' 실어 전교조 비판
2008.8	한나라당 신지호, 허태열 의원. 전교조 지원금 중단 공세
2008.11.14	교육과학부, 전교조에 단체협약 효력상실 통보
2008.12.10	공정택 서울 교육감, 일제고사 반대한 전교조 교사 7명 파면·해임
2008.12.11	교육감 선거법 위반으로 전교조 서울지부 압수수색
2008.12.19	한나라당, 교원노조 단체협약 범위를 축소하는 교원노조법 개정안 제출

2008.12.31	교육감 선거법 위반으로 송원재 전교조 서울지부장 구속
2009.6.18	교과부, 전교조 시국 선언을 문제 삼아 중집위원 해임 등 중징계
2010.2	전교조 전임 신청자 61명 중 25명 불허 한나라당 정두언 정책실장, 지방 선거에서 전교조 심판하겠다 발언
2010.4.2	고용노동부 전교조에 해직교사를 조합원으로 인정하는 규약에 대해 시정명령
2010.4.19	한나라당 조전혁 의원, 전교조 조합원 명단 홈페이지에 공개
2010.5.6	민주노동당 후원금 낸 전교조 교사 검찰 수사 시작, 7.29 1,318명 기소
2012.11.30	교육감 선거법 위반으로 전교조 서울지부 집행부 7명 직권면직
2013.10.24	박근혜 정부, 전교조에 '노조 아님 통보'

이명박 정부의 교육과학부는 2009년 시국 선언에 대해 정치활동 금지 의무를 어겼다며 중집 위원들을 해임하는 등 중징계하였으며, 2010년에는 민주노동당에 소액 후원금을 낸 교사들을 정치활동 금지 위반으로 1,318명의 교사를 기소하고 대량 해고를 시도하였다. 이러한 계속된 탄압은 조합원 교사들에게 교감, 교장 승진에 불리하게 작용하거나, 교원평가와 성과급에서 불리하게 작용할 수 있지 않을까 하는 불안감을 주었다. 보수 언론의 전교조에 대한 색깔론 공세가 계속되었고 심지어는 보수 여당 국회의원과 동아일보가 조합원 명단을 인터넷으로 공개하기까지 하여 부담이 커졌다.

정년 퇴임, 명예 퇴임자의 증가도 조합원 감소 원인 가운데 큰 비중을 차지하였다. 70년대 후반~80년대 초반에 대학을 다녔던 민주화 세대들이 대거 퇴직하는데 신임교사들의 가입이 저조함에 따라 조합원 수가 계속 감소하고 있다. 서울지부 조합원의 나이 구성을 보면 조합원 가운데 가장 많은 수를 차지하고 있는 연령층은 60년대에 출생한 교사들이다. 1960년대생 조합원 교사들이 정년을 맞게 되면서 조합원 자연 감소가 가속화되고 있다. 반면에 20~30대 조합원들은 수가 많지 않다. 전체 교사에서 차지하는 30대 교사의 비중이 26.9%인데 조합원들을 보면 15.8%이고, 20대는 9.8%인데 조합원에서 차지하는 20대 교사의 비중은 1.2%에 머물러 있다.

전교조 교사들은 누구인가?

2006년 경상대 정진상 교수는 전교조와 함께 전교조 조합원 교사들과 조합원이 아닌 교사들의 사회의식을 조사하여 『교사의 사회의식과 전교조』라는 책을 냈다. 그리고 많은 연구자가 전교조 교사들의 의식을 조사하였다. 전교조 교사들은 어떤 사회의식을 지니고 있는지 살펴보는 것은 전교조를 이해하는 데에 도움을 줄 것이다.

정진상은 일반교사 1,478명(유효표본 544부), 조합원 교사 1,592명(529부), 분회장 398명(유효표본 148부), 지회장 이상 435명 전수조사(유효표본 214부) 등 설문 조사 방법으로 조사를 하였다.[175]

교사들의 정치 사회 의식

주관적인 〈정치 성향〉을 묻는 항에서 일반교사들은 보수 28.7%, 진보 31.1%로 조합원들은 보수 15.8%, 진보 51.8%로 응답하였다. 2004년 〈4·15총선에서 어느 당에 투표하였는가〉 질문에 일반교사 민주노동당 14.4% 열린우리당 42.5% 한나라당 19.9%,

---

175. 정진상, 「교사의 사회의식과 전교조」, 2006. 19쪽.

조합원 민주노동당 33.3% 열린우리당 47% 한나라당 6.7%라고 응답하였다. 〈지지하는 정당〉을 묻자 일반교사들은 민주노동당 15.7% 열린우리당 11.4% 한나라당 10.8% 없음 60.6%, 조합원들은 민주노동당 38.1% 열린우리당 11.7% 한나라당 2.3% 없음 46.2%로 나타났다. 〈시민단체 참여율〉은 일반교사 93.1%, 조합원 90.4%가 참여하고 있지 않다고 응답하였다.

정치 성향, 지지 정당을 보면 조합원들의 진보 성향이 예상보다 높지 않고 일반교사와도 정도의 차이만 있다. 교사들의 정치 사회의식을 조사한 결과 두 가지를 알 수 있다. 교사 일반의 정치 사회 의식이 상대적으로 진보적이고 일반교사들과 조합원들 간에 큰 차이가 없다는 점과 조합원 교사들의 정치 사회 의식이 보수 언론에서 보도하는 것처럼 진보 편향만은 아니라는 점이다. 교사들은 직업 특성상 보수 성향을 갖기 쉽고 1997년 IMF 사태 이후 안정적인 중간층의 보수 회귀 현상에서 예외가 아니라는 짐작을 할 수가 있다.

비슷한 시기에 전교조 교사인 박복희의 〈전교조 교사들의 의식연구-서울 공립 남부지회 조합원들을 중심으로〉라는 논문이 나왔다.[176] 연구자는 자신이 속한 지회[177]의 교사들을 대상으로 설문 조사, 구술 작업을 하고 전교조의 내부 자료, 전교조 신문 등을 활용하여 분석하였다고

---

176. 박복희, 「전교조 교사들의 의식연구-서울 공립 남부지회 조합원들을 중심으로」, 2006, 성공회대 석사논문.
177. 전교조의 조직 단위. 전교조는 전국 단위 본부 산하에 17개 시·도지부를 두고 지부 산하에 시·군·구 단위로 지회를 두고 있다. 서울의 경우 11개 교육청을 기준으로 초등, 공립중등, 사립으로 나누어 모두 25개 지회를 두고 있다. 학교 단위로 분회가 있다.

한다.

조사 결과, 남부지회[178] 조합원 교사들의 '연가나 조퇴 투쟁에 참가'하는 비율은 38.8%, 자신의 정치 사회 의식을 '진보 이상'이라고 답한 교사들은 60.5%, 지지하는 정당은 민주노동당 50.7%, 열린우리당 13.4%, 한나라당 3.0%로 나타났다. 단체 행동 시에는 '국민의 지지를 심각하게 고려해야 한다.'에 76.1%, '파업이나 연가도 학생의 수업권을 고려해서 결정해야 한다.' 85.1%로 응답하였다. 박복희는 조사 결과를 바탕으로 교사들의 의식을 '전통적인 교원 의식',[179] '시민적 교원 의식',[180] '교육노동자의 계급의식'[181]으로 유형화하고, "남부지회 교사들은 자신의 노동자로서 권리 찾기보다는 교원으로서 교육 문제를 해결하고자 한다. 그들은 자신들의 권리를 이야기하는 것보다는 대의명분을 좇아 노동조합의 활동에서 학부모의 지지를 받고자 하며 학생들의 학습권을 중요시한다. 노동의 문제를 자신의 문제라기보다는 객관적인 입장에서 바라보는 일정한 거리 두기를 하고 있다. 결국, 교육과 사회의 민주화를 지향하고, 학교 내의 권위적 틀에 저항하지만, 학교를 넘어 자신과 교육 문제의 사회·경제적 관계를 제대로 이해하고 실천하는 데까지 이르지 못하고 있으며 노동자 계급과의 연대 의식도 낮은 '시민적 교원 의식'에 머무르고 있다."고 요약하였다.

---

178. 서울의 서남부인 영등포, 구로, 금천 지역을 단위로 하고 있고, 1984년 최초의 지역 소모임인 '남부지역 교사 모임'이 만들어졌으며, 1989년 전교조 창립 시 해직자 수가 198명으로 전국에서 가장 많았고, 2005년 현재 전체 교사 2,842명 가운데 1,039명이 조합원으로 가입하여 조직률이 36%로 전국 조직률 26%에 비해 상당히 높았다. 각종 집회 참가율도 높아서 서울 조합원의 7.27%인 남부지회에서 집회 참가자는 서울 전체의 13.9%나 되었다고 한다(박복희, 2006, 21~22쪽).

179. 전통적인 이데올로기를 믿고 실천하며 국가와 사학재단이 만든 교육제도와 교육문화를 개별적으로 수용한다(박복희, 2006).

손준종은 전교조 교사의 정체성을 조사하여 "전교조 출범 초기에는 참교육을 위해 소명 의식과 계몽적 태도 그리고 탈세속적 희생을 강조하는 저항적 정체성을 특징으로 하였다. 그러나 전교조 안팎으로부터 제기된 저항적 정체성에 대한 비판 때문에 교사 정체성이 수업 전문성, 학교 혁신, 개방성 등을 특징으로 하는 기획적 정체성으로 재구성되었다. 전교조는 교사 정체성을 둘러싸고 정부와 지속적인 긴장 관계를 보였으며, 내부적으로도 이념과 세대에 따라 정체성에 차이를 보였다. 전교조는 출범 초기의 저항적 및 노동자 정체성이 약화되었으며, 교사들 또한 정체성 혼돈을 경험하고 있었다."고 면접 조사 결과를 요약하였다.[182]

보수 세력은 전교조에 대해 끊임없이 이념 공세를 계속해 왔다. 그러나 연구자들의 조사 결과를 보면, 전교조 조합원 교사들의 정치 사회 의식은 일반교사들과 큰 차이가 없고, 교육과 사회의 민주화를 지향하는 '시민적 교원 의식'을 갖고 있으며, 출범 초기의 저항적인 정체성이 약화되고, 기획적 정체성이 강화되고 있는 것으로 나타났다. 전교조의 위원장 선거와 대의원대회의 흐름을 보거나, 법외노조 상황에서 일부 활동가들이 전교조에서 이탈하여 '해직교사의 조합원 배제를 수용'하는 합법노조, 교사들의 권익 대변을 중심으로 내걸고 '새 노조'를 결성하여 상당한 조합원을 모으고 있는 것을 통하여 교사들의 정치 사회 의식이 점차 보수화되고 있음을 알 수 있다.

---

180. 사회적 상승 이동의 가능성에 의문을 갖고, 학생들의 자율과 자치를 중요하게 여기고 자율성을 확보하고자 자발적으로 노력하여 단체를 조직하거나 참여하여 주체적인 활동을 하기 시작한다(박복희, 2006).

181. 교육을 둘러싼 사회·경제적 관계를 인식하고 노동자 계급의 연대와 투쟁을 통해 자본가 계급에 맞서면서 새로운 생산조직의 원리를 제시하고 이를 위해 실천한다.

182. 손준종, 2015, 239쪽.

새로운 전교조의 꿈

　노동조합은 무엇보다 단결의 힘, 조합원 수가 중요하다. 7년 만에 법적 지위를 회복한 전교조의 큰 관심사의 하나는 차세대 젊은 교사들을 많이 가입하도록 하는 것이다. 신세대 교사들은 어려운 교원임용고사를 통과하여 교사가 된 사람들로서 전문직이라는 정체성이 강하고, 이미 민주화되어 있는 학교 문화 속에서 교직을 시작했기 때문에 상대적으로 노조가 필요하다는 생각이 적다고 볼 수 있다. 그들은 대학교 생활에서도 집단적 경험이 적어 조직에 가입하는 것에 익숙하지 않고, 선배 교사가 다수인 전교조 조합원들과 사고방식, 문화에서 적지 않은 격차를 갖고 있어 조합 가입을 어렵게 하는 요소가 되고 있다.

　그러나 최근 초등을 중심으로 신세대 교사들 가운데 전교조에 가입하는 교사들이 늘고 있는 것은 희망적이다. 이에 대해서는 담당하는 교과에 따라 칸막이가 되어 있는 중등교사들과 달리, 초등 교사들은 학년 단위로 교과 지도와 생활지도의 경험을 서로 나누고 함께 문제를 해결해 나가는 것이 도움이 되는 교직 환경의 차이 때문이 아닌가 하는 의견이 있다. 학창 시절부터 민주주의를 몸에 익힌 세대의 교사들이 학교 교육의 주체가 되기 위해서 전교조에 가입하여 함께 어려움을 해결하고 자신을 성장시켜 가는 것이 좋겠다고 판단하면서 전교조에 가입하는 것으로 보인다.

　직무의 특성상 사회 문화의 소통의 주체인 교사들에 있어 전교조는 자기 발전의 기회를 제공한다는 면으로나 집단 주체 형성으로 보나 매우 소중한 자산이 아닐 수 없다. 그러나 전교조 앞에 놓인 여정은 어렵기만 하다. 민주화 이후 교원 정책은 교사들 간 경쟁을 강화하는 방향이었고, 정부와 교육부가 전교조를 집단 주체로 인정하고 단체교섭이나 정책 참여를 통해 정상적인 관계를 발전시키기보다는 하위 파트너로 삼을 수 없는 불편한 존재로 인식함으로써 갈등 관계가 주를 이루었다. 특히 보수 정부는 무리하게 '전교조 없는 나라'를 만들려고까지 하였다. 촛불혁명으로 집권한 문재인 정부가 법외노조 상황에 침묵함으로써 전교조는 큰 타격을 입었다. 법적 지위를 회복하고 촛불 혁명 과정에서 형성된 참여의 분위기를 바탕으로 새로운 활력을 얻을 절호의 기회를 놓쳐버린 점은 크게 아쉽다.

전교조는 독재정치에 맞서 민주화 투쟁의 주체로 출발하였으나 오랜 과정을 거치면서 쌓은 경험과 역량을 바탕으로 대안의 기획자, 합리적인 실행자로 계속 변화하고 발전해 왔다. 전교조는 교사와 학부모, 학생의 관계 변화에 따르는 교사들의 고충을 들어주고 힘이 되어주는 거의 유일한 단체이다. 극심한 입시 경쟁교육을 개혁하고 공교육을 정상화하려는 교육의 책임 있는 주체이다. 인간은 개인 개인으로는 무기력하지만, 뜻을 함께하는 사람들이 모여 집단 주체를 형성하면 사회를 바꾸고, 역사를 바꿀 수 있다고 한다. 민주주의는 조직된 시민들, 시민단체들이 활발하게 활동할 때만 발전할 수 있다. 한국의 교사들이 다시 한번 법적 지위를 회복한 '참교육 한길로 달려온' 전교조를 중심으로 교육과 사회를 개혁하려는 의지를 모아갔으면 한다.

18. 종북 공세, 민주주의에 대한 무한 테러

반공에서 '종북'까지

교육 현실을 개혁하려는 전교조 30년 여정의 가장 큰 걸림돌은 바로 보수 언론의 계속되는 종북 공세이다. 전교조는 구성원들이 교사들로서 그 어떤 단체보다도 국민의 신뢰를 받을 수 있는 위치에 있으면서도 계속되는 색깔론 공세에 적지 않은 '신뢰 자산의 손실'을 보고 있다.

국가 공무원이기도 한 현직 교사들의 단체이자, 교원노조법에 따라 설립된 합법노조이고, 2018년 지방자치 선거에서 14명의 진보교육감(그 가운데 8명은 전교조 조합원 출신)을 배출한 '대한민국'의 대표적인 교사 단체인 전교조에 대해 터무니없는 '종북' 공세를 가하고 존재 자체를 부정하는 것은 아무리 보아도 억지 공세가 아닐 수 없다. 교육개혁을 논의하는 공론의 장을 허심탄회한 소통의 공간으로 넓히기 위해서, 한국 사회의 '노동이 있는 민주주의'를 위해서도 전교조에 가해지는 '사회문화적인 테러'라고 해야 할 '종북 공세', '색깔론 공세'는 철저히 검증할 때가 되었다.

특정 단체나 집단에 대해 가해지는 '종북' 공세는 반공 이데올로기 공세의 변질된 형태이다. 정치영역에서 벌어지는 반공주의가 사회문화적으로 변용되어 나타난 것이라고 할 수 있다.[183] 한국 사회는 해방공간의 정치·계급 투쟁이 내전으로 발전하는 과정에서 저항 운동이 초토화되었다. 한국 전쟁 시기에 국가는 보도연맹원 학살, 거창양민학살 등을 통하여 이미 국민으로서 존재하는 대중을 국민이 아니라고 배제함으로써 저항의 싹을 제거하고 생존을 위해서는 복종해야만 함을 보여줌으로써 국민에 대한 지배력을 확고히 하였다. 반공이라는 하나의 논리가 여타의 모든 논리를 압도하는 '반공 규율사회'가 되었다. 박정희는 5·16 쿠데타 직후의 '용공 세력' 검속,[184] 1975년 4월 9일 '인민혁명당재건위' 사건 관련자들에 대한 사형 집행 등 반공주의 인권탄압을 통해 권력을 유지하였다. 그렇게 강화되어 온 반공주의는 1970년대 이후 전개된 탈냉전과 1990년대 사회주의의 몰락, 사회주의 국가와 교류 확대로 정치적 효력이 크게 약화되었고, 그 자리를 북한에 대한 적대감과 경계심을 자극하는 '종북' 공세가 차지하게 된 것이다. 핵무기를 개발한 북한에 대한 거부감과 공포가 더욱 커진 오늘 한국 사회에서 누군가를 '종북'이라고 호명하는 순간, 이성과 철학이 합리적으로 발현될 여지는 거의 없다.

오랜 기간 지속된 '반공 규율 국가체제'[185]의 '반공' 이데올로기는 '종북' 논란으로 이어져 오고 있다. '반공'과 '종북'은 단순히 북한에 대한

183. 한성훈, 국가권력과 정초적 폭력:증오의 정치와 추방된 시민, 『종북 담론의 실체를 밝힌다』 토론회 2013, 정리 요약.
184. 체포된 사람들은 정당인 606명, 사회단체 256명, 학생 70명, 교사 546명 등 2,014명에 달했다(조국, 〈역사비평〉 계간 2호, 1988.334~335쪽.). 박정희는 당시 합법노조였던 한국교원노동조합총연합회(4.19 교원노조)의 활동가 1,500명 이상을 체포하여 교단에서 추방하고, 핵심 간부 54명을 서대문 형무소에 구금·기소하였다. 이른바 혁명재판소는 이들 교사를 반공법, 국가보안법 따위를 적용하여 중형을 선고했다(『전교조 운동사 1』, 63~64쪽).
185. 조희연, 『한국의 국가·민족주의·정치변동』, 당대, 1998, 94~95쪽. 한성훈, 「국가권력과 정초적 폭력:증오의 정치와 추방된 시민」, 2013년 6월 10일 국회 의정관에서 열린 토론회 '국가권력 기관의 종북 척결론 무엇이 문제인가?' 토론 자료집, 2013년, 16쪽에서 재인용.

태도를 결정하는 것에서 그치지 않고 대한민국 사회를, 사회의 지향점을 규정해 왔다. '반공'과 '종북'은 모든 사회 집단, 단체, 운동을 규정하고, 모든 진보적 사회 의제를 일차적으로 판단하는 잣대로 작용해 왔다. '반공'은 분단국가 체제를 유지함과 동시에 단기간에 진행된 산업화에 따라 급격히 그 수가 늘어난 노동자들의 조직화를 억제하고 그들의 사회 경제적 요구를 최대한 억누르는 기능을 가졌다.

'반공'은 증오의 정치, 국경 내부에서의 추방, 상대의 절멸을 추구하는 전쟁 정치의 개념으로서 한국의 현대사에서 반대 세력을 탄압하는 이데올로기로 사용되어 왔기 때문에 사회의 비전과 전망을 축소하고, 시민들의 자유로운 사상과 민주주의를 위협해 왔다. 한국 사회에서 이러한 살벌하기 그지없는 '종북' 공세에서 빗겨나 자유로울 수 있는 개인이나 단체는 없다. 불행하게도 '종북' 덧씌우기가 가장 끈질기게 이어진 곳이 바로 이성과 철학의 빛이 넘쳐나야 할 교육 분야, 전교조이다.

보수 언론은 교육은 정치의 수단이 아니며, 교육을 정치의 오염으로부터 지켜내야 한다면서 민주주의를 요구하는 전교조에 대해 정치투쟁을 한다고 공격해 왔지만, 전교조 창립, 역사 교과서 개정, 교육감 선거, 법외노조화 조치 등 기회 있을 때마다 그들 스스로 교육을 정치에 예속시켰다. 전교조가 제기하는 교육 대안을 사회 의제로 토론하기보다는 진영 논리로 접근하여 전교조가 하는 주장이니 문제 삼는 방식으로 정치화해 왔다. 보수 언론이 이념적 편 가르기를 지속하여 강요하면서 소통이 사라지는 심각한 폐해가 초래되었고, 이는 교육의 공공성을 왜곡시키고 있다.[186]

조선일보 '전설'의 보도와 보수신문들의 '양치기 소년 놀이'

조선일보는 2010년 12월 7일 "전교조의 '친북형 인간개조' 무슨 수로든 막아야"라는 사설을 내보냈다. 서울 시내 초·중·고교생 1,240명을 대상으로 국가관·안보관을 묻는 테스트를 했더니 연평도 피폭被爆이 북한에 의한 공격이라는 사실을 모르거나 '우리 군軍 군사훈련이 원인 제공을 했기 때문'이라는 식으로 대답한 학생이 전체의 43%였고, 천안함 폭침爆沈에 대해선 '정부의 자작극,' 또는 '4대강을 덮으려는 시도'라는 대답이 36%에 달했다면서 전교조 교사들이 학생들의 머릿속을 점령해 버렸다고 비방하였다. 심지어 전교조 교사들이 초·중·고교에서 12년 동안 학생들 머리에 집어넣은 이런 생각은 대학에 들어가 젊은 좌파 강사들의 강의를 들으면서 고착固着돼 가고, 졸업 후 교사임용시험을 통과해 제2세대 전교조 교사로 교단에 서면 전교조식式 인간 개조사업은 완결된 재생산再生産 구조를 갖게 된다고 삼류 소설을 써 댔다. 그러면서 "그 결과 대한민국 육군사관학교 가假입교생 중 34%가 '우리 주적主敵은 미국'이라고 답하는 지경에 이르렀다. 전교조가 친북親北형 인간을 벽돌 찍듯 찍어내는 것을 무슨 수를 써서라도 막아내지 않으면 대한민국은 등 뒤에 적의 수십 개 사단師團을 기르고 있는 거나 다름없는 꼴이 되고 만다."고 불안감을 한껏 부추겼다.

사설은 전교조 교사들이 모두 같은 생각, 같은 의도를 갖고 일사분란一絲紛亂하게 '세뇌사업'을 하는 것처럼 강변하고 있다. 심지어는 '적의 수

---

186. 김대용, 「보수 언론의 교육 관련 보도에 나타난 이념적 편향성」, 『한국교육사학』 제36권 제1호.

십 개 사단을 기르고 있는 거나 다름없다.'라고 한다. 사실이라면 정말 큰 일이 아닐 수 없다. 그러나 정작 답답한 것은 '서울 시내 초·중·고교 생 1,240명을 대상으로 국가관·안보관을 묻는 테스트'라는 게 어떤 기관에서 무엇을 어떻게 조사했다는 것인지 밑도 끝도 없다는 것이다. 사회 조사를 통해 어떤 잠정적 결론을 도출하려면 변인을 통제하여 인과관계가 드러나도록 해야 한다. 조선일보가 책임 있는 주장을 하려면, A 그룹은 전교조 교사들에게 해당 사실을 수업 시간에 들은 적이 있는 학생들로 구성하고 B 그룹은 전교조 조합원이 아닌 교사들에게만 수업을 들은 학생들로 구성하여 대조해야 한다.

2010년 서울의 초·중·고 교사는 63,780명이었고[187] 전교조 서울지부 조합원은 8,493명으로 8명 가운데 한 사람을 조금 넘는 정도였다. 2010년 서울은 311개 고등학교 가운데 사립학교가 200개교였고, 중학교를 포함한 사립학교 353개교 가운데 전교조 조합원이 있는 학교는 216개교, 한 사람의 조합원도 없는 학교는 137개교였다. 사립조합원은 1,820명으로 조합원이 있는 학교에 8.4명꼴이었다. 공립중·고교가 전체 390개교 가운데 387개교가 조합원이 있는 학교였고, 조합원 수도 4,327명으로 학교별로 11.2명의 조합원이 있었던 것과 대조를 이룬다.[188] 전체적으로 전교조의 조직률이 매우 낮았고, 사립학교에는 전교조 조합원이 없거나 소수에 불과하였음을 알 수 있다. 전교조 교사들이 학교 교육을 좌지우지했던 것처럼 이야기하는 것은 상상에 불과하고, 보수 언론의

---

187. 교육개발원 교육통계 서비스, 2010년 서울의 교사 수는 초등학교 29,335명, 중학교 18,618명, 고등학교 22,827명으로 63,780명이었다.
188. 전교조 서울지부 제41차 대의원대회 자료집, 26쪽.

사설은 과장된 공격에 불과하다. 최근 20대의 보수 성향은 전교조의 무혐의(?)를 입증해 주기에 충분하다! 전교조가 왜 대학의 젊은 강사들과 공동으로 책임을 져야 하는지 이해가 안 된다.

사설은 연평도 피폭, 천안함 사건을 학교에서 잘 가르치지 않거나 일부 전교조 교사가 왜곡해서 가르친다고 시작하여 육군사관학교 가假입교생들의 사상 이야기로 이어졌는데, "육군사관학교 가입교생의 34%가 미국을 주적으로 대답하였다."는 이야기는 조선일보의 '전설적인 주장'이다. 바로 조선일보가 2008년 4월 5일자에 내보낸 "육사 생도들까지 오염시킨 좌파 선전 선동" 제하의 사설이 그 '이야기'의 출처이다.

김충배 전 육군사관학교 교장이 "2004년 1월 육사에 합격한 가假입교생 250명을 대상으로 한 설문 조사에서 '우리의 주적主敵은 누구냐'는 질문에 무려 34%가 미국이라고 답하고, 33%가 북한이라고 답한 것을 보고 숨이 막혔다."고 4년 전 기억을 말했다는 것이다. 또 같은 해 국방부가 실시한 입대 장병 의식조사 결과 75%가 반미 감정을 드러냈고 공산주의에 비해 자유민주주의가 우월하다고 답한 장병은 36%에 불과했다고 한다. 이러고서는 사설은 대뜸 "지난 정권들(김대중, 노무현 정권-필자)과 TV 방송들, 전교조는 이 사실과 진실을 뒤엎었다. 그 해독을 지금부터 빼내야 한다."고 전교조에 '종북' 공세를 가하였다.

사설이 나간 후 논거로 제시한 '육사 신입생 설문 조사'에 대한 오마이뉴스 기자의 사실 확인 보도가 있었다.[189] 김충배(61) 전 육사 교장이 4년 전인 2004년 1월에 벌인 육사 신입생 의식조사 결과를 근거로 동아일보는 "전교조가 미국을 주적이라 가르쳤다(2008.4.5.)."고 보도하고, 조

---

189. 윤근혁, 「4년 전 '주적 설문'으로 색깔론 덮씌우기」, 오마이뉴스, 2008.4.8.

선일보는 "육사 생도들까지 오염시킨 좌파 선전 선동(2008.4.5.)"이라고 주장했는데 설문 결과를 알려준 김 전 교장도 설문지를 갖고 있지 않은 데다 기사를 처음 쓴 〈조선일보〉 기자도 설문지를 보지 못한 채 기사를 작성한 것으로 확인되었다. 발언 당사자인 김 전 교장은 "보도가 잘못됐다. 7일 총선이 있으니까 나를 정치적인 것과 연결시킨 의심이 든다. 언론중재위에 회부할 생각도 해봤다. 2004년 진행된 설문지와 설문 결과를 갖고 있지 않으며, 다만 전역 뒤인 2005년에 육사로 전화를 걸어 '우리의 주적이 누구냐'는 문항에 대해서만 응답 수치를 받아 적었을 뿐"이라고 말했다는 것이다. 조선일보 4월 4일 치에 처음 기사를 쓴 유 아무개 기자도 "설문지는 직접 보지 못했고 김 원장의 얘기를 듣고 기사를 썼다."고 인정했다 한다.

이는 조선일보와 동아일보가 전교조에 대해 얼마나 무책임하게 '종북' 공세를 펼쳤는지를 보여주는 하나의 사례이다. 이 '육사 신입생들 34%가 미국을 주적이라고 응답'의 생명력은 여기서 그치지 않았다. 〈문화일보〉의 '反대한민국적 교과서는 배제해야(2008.9.10.)', 〈세계일보〉의 '하루가 급한 좌편향 역사 교과서 수정'(2008.10.14.), '통일·안보 교육에 등 돌린 서울시교육청(2010.11.18.)' 등 보수신문들은 2008년 4월 조선일보를 시작으로 그해 9월, 10월, 2년 뒤인 2010년 11월 연타로 '전설'을 다시 들먹이며 '안보관'을 강조하고 전교조를 비난하는 '개구리 합창'을 하였다. 2008년 '잃어버린 10년'에서 벗어나, '그들 세상'이 되자마자 맘 놓고 '종북 타령'을 다시 시작한 것이다. 그리고 끝난 게 아니다. 그 무슨 설문인지, 육사 생도들 머릿속인지 하는 그 타령을 동아일보는 2014년 또다시 들먹였다. "친북·종북 軍 간부 두고 北 위협에 맞설 순 없다."는 사설을 쓰는데 또 우려먹은 것이다.[190] 한민구 국방부 장관 후보자가 국회 인사청문회에서 "정확한 통계를 가지고 있지 않지만, 극소수 친북·종북 성향의 군 간부가 있을 수 있다는 가능성을 보고 있다."고 밝혔다면서, 국방부 장관 후보자가 이런 말을 공개적으로 할 정도로 군 내부가 붉게 물들었다니 경악할 일이라고 하였다. 그러고서는 구체적인 근거나 되는 양, 2004년 육군사관학교 생도들은 주적으로 미국(34%)을 북한(33%)보다 많이 꼽아 충격을 주었다. 주적으로 미국을 꼽은 응답자들은 "전교조 교사들에게 그렇게 배웠다."고 답했다며 '전설'을 또 우려먹었다.

참으로 무책임하고, 뻔뻔스러운 선동이 아닐 수 없다. 종북 성향의 군 간부가 있다면 조사를 해서 뿌리를 뽑아야지 그냥 떠들고 넘어갈 일인가? 그들이 그렇게 말한 이후, 심각한 사안에 대해 수사했다는 말을 들어보지 못했다. 근거가 애매한 조선일보의 보도가 6년에 걸쳐 몇 차례나 다시 보수신문들의 사설의 논거로 등장하고 그때마다 전교조는 영문도 모른 채 끌려 나와 뭇매를 맞았다. 그들이 해방 정국에서 군사독재 시기까지 휘두른 '반공'의 칼날에 얼마나 많은 사람이 말 한마디 못하고 희생을 당해왔던가? 1980년 광주의 민중들을 "빨갱이들이니 죽여도 좋다."고 공수부대원들을 선동하던 그 무시무시한 '배제의 칼날', '종북 공세'를 오늘까지 교사들에게 휘두르다니, 모골이 송연하다. 진실보다는 저급한 '안보의 정치화', '교육의 정쟁화'에 골몰하는 보수신문들이 너무도 가증스럽다.

---

190. [사설] 「친북·종북 軍 간부 두고 北 위협에 맞설 순 없다」, 동아일보, 2014.6.30.

예비역 장성 단체, 성우회의 전교조에 대한 우려

예비역 장성들의 단체인 대한민국 성우회는 "전교조가 실시하는 계기 수업의 내용이 '통일 교육으로 한민족이 하나 되어야 한다.'는 기치 아래 친북 좌경 이념교육과 반미교육으로 일관되어, 국가 안보에 막대한 영향을 미치고 있다."[191]는 문제 인식으로 군 교육기관(신임 장교, 신병 중심), 군단급 이상 작전부대 실무 요원 등 군인 606명, 대학생 137명을 대상으로 설문 조사를 하여 안보관을 실증 분석하고 전교조 관련 문건, 자유교조 등 교육단체의 비판 문서 등을 통하여 전교조의 실체를 분석하였다고 한다. 학술단체도 아니고 교육 관련 단체도 아님에도 불구하고, 성우회가 역량을 기울여 작성한 논문은 몇 가지 사실을 잘못 파악하고 있었으나,[192] 전교조의 창립 과정, 조직 상황은 비교적 정확하게 파악하

191. 대한민국 성우회, 「전교조 계기 교육이 안보 인식에 미친 영향과 대책-대학생·장병의 인식비교를 중심으로」, 2006, 5쪽.

192. 논문은 전교조에 대하여 "1989년 창립 당시 해직되었던 교사들이 10년 만에 민주투사로 영웅이 되어 학교로 복귀하였고 〈민주보상심의회〉가 해직 기간에 대하여 보상까지 해주었다고 하면서 정치권은 전교조를 정치적으로 이용했고 전교조 또한 정치권을 이용하여 합법화에 성공하였고, 학교운영위원회 진출, 정년 단축을 통한 교장, 교감 배제, 사학법 개정을 통한 사학경영 참여 등 정치와 교육의 불순한 야합이 이루어졌고, 전교조는 도시, 농촌 어디에도 존재하고, 초·중·고에 뿌리를 박은 정치단체"로 파악하고 있다. 대한민국 성우회, 2006, 23쪽.
사실을 바로 잡자면, 전교조 해직교사들은 1994년 민주자유당 김영삼 정부시기에 전교조 탈퇴각서를 쓰는 조건으로 특별채용 형식으로 복직하였고 해직 기간에 대한 보상은 전혀 없었다. 아니, 보상은커녕 해직 기간 4년 반의 호봉이 인정되지 않고 연금이 인정되지 않아 평생 수억 원의 손해를 감수하며 살아가고 있다. 또 김대중 정부의 교원정년 단축은 전교조도 반대하였고, 사학법 개정으로 친인척들의 이사진 참여를 일부 축소하였으나 사학은 여전히 재단 중심으로 운영되고 있고, 교사들이 이사가 되어 사학경영에 참여하는 일은(2005년 개정되었던 사학법으로도) 전혀 가능한 일이 아니다. (2005년 개정된 사학법은 새누리당의 강력한 요구로 2007년 재개정되어 예전으로 환원되었다.) 전교조는 김대중, 노무현 정부에 대해서도 신자유주의 교육정책에 반대하여 투쟁하였고 그 과정에서 여전히 교사들이 해직되고 구속되었다. 두 정부와 전교조가 한 편이기는커녕(⋯) 또, 교육 문제를 중심으로 투쟁을 전개해 온 전교조를 정치단체라고 단정하는 것도 무리한 판단이다.

고 있었다. 늦은 감이 있으나 그분들의 지적에 대해 성의껏 답을 하고 싶다.

논문은 2001년 6월 전교조 통일위원회가 발행한 자료집 〈이 겨레 살리는 통일〉, 〈2004년 국가보안법 철폐 교양일꾼 자료집〉을 집중 분석하여 전교조를 비판하고, 계기 수업자료를 만들어 하부 조직에 내려보내는 좌파 관료주의라고 비판하고 있으나, 통일위원회는 그 분야에 관심을 가진 교사들 중심으로 운영되는 하나의 분과 조직이어서, 군 조직처럼 전교조 본부가 하부 기관에 그 자료를 내려보내고 그에 따라 학생들을 가르치는 등의 일은 개연성이 전혀 없다는 점을 먼저 말하고 싶다. '전교조 교사들 가운데에 북한의 정치와 사회를 관심을 가지고 연구하는 교사들이 있었다.'고 이해하는 것이 정확할 것이다.

특정한 시기에 하게 되는 계기 수업은 전교조의 조합원 교사들에게 홍보하는 것이고, 수업자료는 하나의 참고자료로 제공하는 것이지 무슨 지시를 내린다든지 하는 일은 없다. 당연한 이야기지만 전교조는 관료주의 상명하복의 위계 조직이 아니다! 사안별로 차이가 있지만, 실제로 자료를 활용하여 계기 수업을 하는 교사들은 많지 않다. 또 계기 수업이 안보 의식을 와해시킨다고 보았으나 논문에서도 기술하고 있는 대로[193] 총선, 이라크 파병, SOFA 개정, 대통령 탄핵, 사립학교법, 6·15 공동선언 등 매우 다양한 내용으로 이루어져 안보 의식과 관련되는 수업은 찾기가 쉽지 않다.

이제 그 자료들의 내용을 살펴볼 차례다. 성우회 논문은 설문 조사 표본 집단의 구성이 적절한지 의문이나 그 설문 결과를 정확하게 처리하

---

193. 대한민국 성우회, 2006, 55쪽.

고 있다. 그 결과 논문이 우려한 계기 수업의 악영향은 〈가장 위협이 되는 나라〉, 〈북한 위협의 크기〉, 〈미국에 대한 경제 군사 인식〉, 〈대북 지원에 대한 인식〉, 〈미군 철수와 전쟁 가능성〉, 〈6·25 전쟁에 대한 인식〉 등 항목에서 계기 수업을 들은 경우나, 듣지 않았다는 경우나 차이가 거의 없어 오히려 반증 자료로 이용될 만하다. 예를 들면 6·25 전쟁을 북한이 시도한 통일 전쟁이라고 응답한 사람은 계기 교육을 경험한 경우 41.4%, 경험한 적 없는 경우 43.6%로 나타났다.

논문은 〈이 겨레 살리는 통일〉에 '4·3항쟁, 여·순 항쟁을 단독정부 수립에 저항한 민중 항쟁으로 보고 그 연장선에서 6·25 전쟁이 일어났다.'는 대한민국의 정통성을 부정하는 역사관이 실려 있다고 하였다. '4·3항쟁, 여·순 항쟁'을 민중 항쟁으로 보는 것이 대한민국의 정통성을 부정하는 것인지는 논의해 보아야 한다고 생각한다. '대한민국의 주권은 국민에게 있고', 국민은 건국 과정부터 오늘날까지 스스로 '대한민국'을 주장하고 만들어 왔다. 이보다 더 큰 정통성이 어디에 있겠는가? 해방 정국에서 남북이 제각기 정부를 수립하는 것에 반대한 국민의 투쟁을 교과서에 담는 것은 당연한 일일 것이다. 그렇게 하는 것이 더 당당하고 자신감 있는 대한민국의 정통성을 확립하는 일이 될 것이다.

〈2004년 국가보안법 철폐 교양 일꾼 자료집〉을 분석하여 국가보안법 폐지를 주장하는 것은 북한을 이롭게 하는 것이라고 하면서 일반인들은 국가보안법으로 아무런 불편도 없다고 주장하였다. 그러나 4·19 교원노조 교사들과 1989년 전교조 창립 조합원들은 국가보안법으로 기소되었다. 1975년 소위 '인민혁명당재건위' 사건, 1985년 진도 간첩단 조작 사건, 2013년 서울시 공무원 간첩 혐의 사건 등 무고한 사람들이 국가보안법으로 억울한 피해를 보았고 독재정권에 반대하는 사람들을 탄압하는 도구로 사용되었다. 대한민국의 민주주의를 위해서 국가보안법을 개정, 또는 폐지하자는 주장에 대해 일방적으로 비난할 일은 아니다. '남북이 화해와 공존, 통일의 미래를 지향하는 상황에서 국가보안법은 폐지 또는 개정되어야 한다.'는 여론이 더 높아진 것은 대한민국의 발전에 따른 자신감에서 비롯한 것이다.

성우회가 전교조에 대해 '심각하게 우려'하는 데 대하여 분단 상황에서 가장 일선에서 국가 안보를 담당하였던 분들로서 가질 수 있는 견해라고 이해를 하고 싶고, 국가 안보를 정치화하지 않는 것이 진정으로 국가를 위하는 길이 아닐까 하는 의견을 말하고 싶다.

전교조 명예훼손 보수단체 고소·고발 및 대응 계획

이명박 정부 시기의 중요한 특징 가운데 하나는 이른바 '보수 시민단체'가 우후죽순 격으로 설립되어 보수 정권, 보수 언론과 보조를 맞추어 활동하게 되었다는 점이다. 전교조는 보수 정권 동안 날로 심각해지는 극우 보수 세력의 공격에 대해 대응책을 마련하지 않을 수 없었다.[194]

극우 보수단체들의 전교조 비방 활동이 극단에 이르고 있다.
2010년 3월 6.2 지방 선거에서 반전교조 교육감 후보 단일화를
추진하기 위해 '바른교육국민연합'이 결성된 이후 2011년 3월 '전

---

194. 430차 중집 회의(2013.3.12.) 자료 39~43쪽.

교조추방시민단체연합' 결성되었고, 2013년 2월 80여 개의 단체가 참여하는 '전교조추방범국민운동'이 결성되었다. 전교조 추방 범국민운동(상임대표 김진성)은 출범식에서 고용노동부에게 노조 설립신고서 반려 등을 촉구하는 1,000만인 서명 운동을 전개하겠다고 밝혔다. 사이버 공간을 통한 비방 활동에서 진화되어 오프라인을 통한 전교조 척결, 법외노조화 등을 촉구하고 있는 이들 단체에 대한 시급한 조직적 대응이 필요하다.

〈바른교육국민연합〉, 〈전교조추방범국민운동〉 등 보수단체는 한결같이 스스로 어떤 교육개혁의 청사진을 제시하는 것이 아니라 오로지 '反전교조'를 단체의 취지로 삼고 있다. 그들이 전교조에 반대하는 이유를 보면, '전교조가 대한민국을 사회주의 국가로 만들려 한다.' '전교조를 종북 좌파 세력으로 간주한다.' '대한민국의 정통성을 부정하고 북한 정권을 비호(한다.)'와 같이 일방적인 주장으로 일관하고 있다. 조선 시대의 사화와 당쟁에서 상대방을 모함하던 수준을 못 벗어나고 있다.

2013년 박근혜 정권의 집권 이후 전개된 보수단체의 '종북 공세'는 단순한 공격을 넘어 '법외노조화' 프로젝트의 일환이었다. 정권을 중심으로 하는 보수 세력의 총체적인 '전교조 말살 공작'이 진행되었고 그 결과가 2013년 10월 24일 전교조에 대한 박근혜 정부의 '노조 아님 통보'였다.

오랜 군사독재 정치, 권위주의 보수 정권 시기에 노동자, 민중의 정당한 생존권 요구는 물론, 민주주의를 요구하는 시민적 정의를 '종북'으로 몰아 존재 자체를 부정하는 방식으로 대응해 왔던 보수 세력의 낡은 대응 방식은 이제 더 이상 위력을 발휘할 수 없게 되었다. 대한민국의 민주주의 발전, 시민 사회의 성장에 따라 '진리'의 독점도, '권력'의 협박도 더 이상 예전처럼 위력을 발휘하지 못하게 되었다.

　교육에 대한 사회의 논의도 이제는 달라지고 있다. 교육개혁을 앞장서서 주창해 온 전교조의 교육 대안을 두고 진지하고 정당하게 토론하는 사회 분위기가 마련되고 있다. 보수의 대응도 달라져야만 한다.

닫는 마당

교실에 말과 생각을 살려내다.
내릴 수 없는 깃발이여!

전교조가 한국 사회와 교육에 어떤 긍정의 변화를 만들어냈는가를 묻는다면 주저 없이 맨 먼저 교무실과 교실에서 완고한 권위주의 문화를 타파하여, 조금 더 자유롭고 발랄한 분위기를 만들어낸 것이라고 말하고 싶습니다. 교육법에 교사들은 교장의 명을 받아 교육하도록 규정되어 있었고, 학생들은 체벌과 엄격한 교칙을 지켜야 했습니다. 그렇게 긴장되어 있던 교정이 교사와 학생들의 활기로 넘치게 변화한 것은 문화의 혁명이라고 해야 할 것입니다.

두 번째 성과는 '노동'이라는 말을 살려내고 '반공' 구호의 공포와 위압으로부터 해방을 가져온 것입니다. 노동을 멸시하던 풍토 속에서 점잖을 것을 요구받던 교사들이 거침없이 '노동조합'을 만들고 노동자를 자처함으로써 '노동'이 있는 사회를 만드는 데에 함께 하였습니다. 이와 함께 시도 때도 없이 가해오는 '빨갱이' 공세에 굴복하지 않고, '반공' 공세의 야만성에 반대한다고 말함으로써 그 을씨년스러운 풍경의 한국 사회를 조금은 밝게 만들었다고 생각합니다. 그러한 반지성에 맞섬으로써 교육은 논리와 토론의 공간을 조금씩 넓혀 왔습니다.

또 잘 알려진 이야기지만 전교조의 참교육 운동은 교육 내용과 수업 방법은 물론 독서 교육, 생활지도 등 교육 전반을 일신하였습니다. 전교조의 교과 모임 교사들은 교과서와 학생들이 읽을 수 있는 도서를 저술하여 교육의 기반을 다져왔습니다.

그러나 전교조는 30여 년의 동안 많은 한계를 보여 왔습니다. 무엇보다 정치의 한계를 보여주었습니다. 복지 민주사회를 전망하는 연장선에서 교육의 공공성을 추구하면서도 진보의 정치 세력화에 거의 참여하지 않는 무관심으로 일관해왔습니다. 그에 따라 사립학교법 개정을 비롯하여 법률 개정이 필요한 과제들에 대해 여론을 일으키는 것 이외에는 방법을 찾지 못하였습니다. 그러다 보니 참정권이 금지된 불리한 상황을 타파하려는 노력은 미미하였습니다. 유럽의 대표적인 민주주의 선진국인 프랑스와 독일은 교사 출신 국회의원들이 상당히 큰 비중을 차지하고 있습니다. 그들이 앞장서서 교육의 막힌 부분을 해결하는 입법 활동을 전개하기 때문에 교육이 시대의 흐름을 따라갈 수 있습니다. 한국의 교육이 사회의 다른 부문에 큰 지체 현상을 보이는 원인이 아닌가 생각합니다.

전교조는 출범 당시 독재정치에 저항하는 민주화운동의 성격을 강하게 갖고 있었습니다. 교사 단체, 교육단체였으나 출범 자체가 저항이었고 민주화운동의 일환이었습니다. 이러한 성격은 합법화 이후로는 교원노조로서 대안의 기획자, 합리적인 제안자로 전환함으로써 전체 교사를 대표하는 교원단체가 되는 것이 바람직하였으나 제대로 역할을 하는 진보정당이 부재하고 민주노총 역시 진보세력을 대표하는 위상을 확보하지 못하는 상황에서 전교조는 역량 이상으로 마치 진보세력을 대표하거나 상징하는 단체인 것처럼 정치적 부담을 지게 되었습니다. 진보정당이 우산으로 버텨주고 전교조는 대중조직으로서, 교육 부문을 책임지는 주체로서 제 몫만큼을 담당해야 한다고 생각합니다. 전교조 또한 진보 정치와 민주노조 운동에 작으나마 힘을 줄 수 있어야 하는데 그러한 관점도, 역량도 거의 없었습니다.

노동운동의 시야에서 볼 때, 노동조합은 있으나 노동운동은 없는 퇴행, 노동자의 집단 이기주의는 예사로 넘기지 말아야 할 문제입니다. 정규직 노동자들이 비정규직 노동자들을 대상화하는 분열상이 한국 노동운동의 가장 큰 아킬레스건이 되고 있고, 교사도 예외일 수 없습니다. 법적 지위를 박탈당한 어려운 상황에서 전교조의 일부 조합원이 전교조를 탈퇴하고 나가 '합법노조'를 만들어 전교조처럼 정치투쟁을 하지 않고 교사 권익을 대변하겠다면서 실리 위주 노선을 내세워 전교조를 흔들고 있습니다. 그분들이 말하는 '탈정치', '교사 권익 대변'이 한 사회의 교육을 담당하는 교사 집단이 마땅히 가져야 할 책임마저 소홀히 하는 것은 아닌지, 교사들이 염치 불고하고 집단 이기주의로 가는 것은 아닌지 염려가 큽니다. 그런가 하면 비정규직(기간제) 교사의 정규직화, 학교 비정규직노동조합의 투쟁 현안에 대해 연대하기보다는 교사 권익과의 충돌에 더 주목하는 현상들이 나타나고 있습니다. 평등과 연대의 정신을 벗어난 곳에 노동운동의 사회적 의의가 발현될 수는 없을 것입니다.

전교조에는 지금 '보수'나 '권력'으로부터의 도전만 있는 게 아닙니다. 민주화의 진전이 민주화운동을 약화하고 노동운동의 성공이 노동조합을 약화한다고 합니다. 교육의 주체로서, 살아 있는 노동운동으로서 자기를 재정립하지 못한다면 노동조합으로서나 교원단체로서 존재 의의를 잃게 되지 않을까 우려됩니다. 전교조는 2년마다 위원장, 지부장 선거에서 더 많은 표를 얻기 위한 경쟁을 치릅니다. 선거는 조합원들의 의사를 반영하는 민주주의 과정이지만 함정도 도사리고 있습니다. 노동조합의 보수화, 집단 이기주의 경향을 가속화 하는 포퓰리즘이 바로 그것입니다.

달리지 않는 자전거는 넘어지게 마련입니다. 이제 전교조가 다시 한 번 교육과 사회의 발전에 힘이 되는 주체가 되기 위해서는 반독재, 민주화, 탈권위주의의 성과를 넘어서는 전망을 찾는 데에 적극 나서고 이를 함께 실천할 수 있는 사회 주체들과 교류하고 소통해야 합니다. 시대의 변화에 따라 기후 환경 위기, 젠더 갈등, 노령화에 따르는 세대 갈등, 새로운 단계의 복지 민주주의, 4차 산업 혁명에 대한 사회문화적 대응 등 새로운 사회의 과제가 지금까지 씨름해 왔던 민주주의, 민족의 화해와 통일, 경제적 불평등, 노동인권 문제에 더해지고 있습니다. 집단 주체로서 교사들은 이러한 문제를 강 건너 불구경하듯 넘어갈 수 없습니다. 이러한 문제에 대해 누구보다도 더 집단지성을 발휘하고 미래 세대를 만나는 교육 주체답게 시행착오를 두려워하지 않는 실천에 나서야 합니다. 전교조 내에 다양한 과제들을 연구하고 대응하려는 주체들을 구성하고 실천 방안을 마련해 내야 합니다.

이러한 실천을 통해서만 더 넓은 시야를 가지고 새로운 교육과정, 새로운 교육목표, 입시 경쟁교육을 넘는 공교육의 전망을 만들어 갈 수 있을 것입니다. 그동안 전교조는 법적 지위마저 보장받지 못하고, 정책 협의나 단체교섭을 정상적으로 진행하지 못하는 가운데서도 비인간적이고 비교육적인 입시 위주 경쟁교육이 철폐되고 공교육이 교육답게 개혁되어야 한다는 공감대를 계속 넓혀 왔습니다. 이제 이 과제는 교육 문제를 넘는 정치 사회 문제로 확대하는 실천 방안이 필요합니다.

교사들이 이렇게 '다시 사회와 역사 속으로' 들어갈 때, 전교조는 내부 노선 경쟁에서 나타날 수 있는 포퓰리즘의 함정을 피하고, 교사 집단 이기주의, 탈정치 등의 한계를 넘을 수 있을 것입니다. 지향과 의지를 새롭게 하고 조직의 활력을 되찾을 수 있을 것입니다. 시민 사회는 교사들에게 더 이상 교문 안에만 있기를 요구해서는 안 될 것입니다. 교사들은 계층, 세대, 지역을 넘을 수 있는 사회의 주요한 주체입니다. 교육이 사회 변화에 지체되지 않고 사회 변화에 도움이 되도록 하려면 교사들이 사회의 책임 있는 주체가 되어야 한다는 점을 인식해야 할 것입니다. 교사들의 참정권 보장, 교원노조의 사회 연대 활동에 대해 더 관심을 기울이고 힘을 실어 주어야 할 것입니다.

무엇보다 전교조에 젊은 교사들이 더 많이 들어와 더 적극, 실천함으로써 한국교육의 변화와 진보를 이끌어가는 힘이 되었으면 합니다. 지금까지 축적해 온 전교조의 소중한 경험과 대안의 자산을 교사들과 교육 시민 사회가 디딤돌로 삼고 나아갔으면 합니다.